Katharina Pommer

STOP MOM SHAMING

Miteinander statt gegeneinander

Wie Mütter sich gegen Besserwisserei, ungebetene Ratschläge und ungerechtfertigte Kritik zur Wehr setzen – für mehr Gelassenheit und Selbstbewusstsein

Bildrechte Autorenfoto: © Katharina Pommer/Manfred Baumann
Umschlaggestaltung und Motiv: Hauptmann & Kompanie Werbeagentur, Zürich

Alle Rechte, insbesondere das Recht der Vervielfältigung und Verbreitung sowie der Übersetzung, vorbehalten. Kein Teil des Werks darf in irgendeiner Form (durch Fotokopie, Mikrofilm oder ein anderes Verfahren) ohne schriftliche Genehmigung des Verlags reproduziert werden oder unter Verwendung elektronischer Systeme gespeichert, verarbeitet, vervielfältigt oder verbreitet werden.

Die Autoren und der Verlag haben dieses Werk mit höchster Sorgfalt erstellt. Dennoch ist eine Haftung des Verlags oder der Autoren ausgeschlossen. Die im Buch wiedergegebenen Aussagen spiegeln die Meinung der Autoren wider und müssen nicht zwingend mit den Ansichten des Verlags übereinstimmen.

Der Verlag und seine Autoren sind für Reaktionen, Hinweise oder Meinungen dankbar. Bitte wenden Sie sich diesbezüglich an verlag@goldegg-verlag.com.

Der Goldegg Verlag achtet bei seinen Büchern und Magazinen auf nachhaltiges Produzieren. Goldegg Bücher sind umweltfreundlich produziert und orientieren sich in Materialien, Herstellungsorten, Arbeitsbedingungen und Produktionsformen an den Bedürfnissen von Gesellschaft und Umwelt.

ISBN: 978-3-99060-176-1

© 2020 Goldegg Verlag GmbH
Friedrichstraße 191 • D-10117 Berlin
Telefon: +49 800 505 43 76-0

Goldegg Verlag GmbH, Österreich
Mommsengasse 4/2 • A-1040 Wien
Telefon: +43 1 505 43 76-0

E-Mail: office@goldegg-verlag.com
www.goldegg-verlag.com

Layout, Satz und Herstellung: Goldegg Verlag GmbH, Wien
Printed in the EU

Inhaltsverzeichnis

Danksagung 10
Vorwort, oder: Warum Mamas Rockstars sind 14

Mom-Shaming – Was ist das überhaupt? 17

Du hast es schon erlebt … 21
Die Wahrheit ist: Niemand bereitet dich vor! 23
Du brauchst Mut, um eine Idee öffentlich zu machen – das Unwesen im Kopf 26
Zwei rosa Streifen – gesellschaftliche Herausforderungen in der Schwangerschaft 28
Muttersein ist deine persönliche Reise mit deinen Kindern 31

Mom-Shaming – Mütter-Mobbing de luxe 35

Die Suche nach der einheitlichen Bedienungsanleitung für Mütter 35
Wann sind Mütter zum Allgemeingut geworden? 45
Mutterliebe macht verletzbar 47
Wenn alles einfach zu viel wird – das innere Mom-Shaming 49
Home-Mom versus Working-Mom – vom Makel beruflich engagierter Mütter 50
Die ganz geheimen Wünsche 53
Wann willst du denn wieder arbeiten gehen? 57
Spinnst du? Fremdbetreuung – jetzt schon? 60
So fühlte sich der Schmerz an, Mutter zu werden 69
Deine mütterliche Intuition ist größer als alles theoretische Wissen 74
Digitalisierung & Mom-Shaming – Missbrauch der digitalen Öffentlichkeit und Anonymität 81
Die unterschätzte Macht – Mom-Shaming in sozialen Netzwerken und Gruppen 85

Mom-Shaming – im Kreuzfeuer der Kritik 87

Warum das Rudel für uns wichtig ist 88
Es tut weh! – Die Folgen von Mom-Shaming 92
Die Angst vor der Verurteilung 93
Kreativkurs Mom-Shaming – was Mütter alles falsch machen können 98
Unperfekt ist das neue »sexy« – endlich mal so richtig Mutter sein 104
Attacke! – 31 Angriffspunkte für Mom-Shamer 110
Der Druck von »Mama ist die Beste« – Selbstwert und Selbstwirksamkeit 121
Wer greift an? Zähnefletschender Topdog und schnurrender Underdog 126
Ich möchte gern – aber ... Im weiten Land der Ängste 130
Lass dich nicht beirren – die fünf Ebenen des Selbstwerts 132
Viel Freizeit und eh nichts zu tun? 135
»Nur Mama?« – Mutter-Sein 24/7 unter dem Radar 137
Nicht gehört und nicht verstanden? 140
Vergleichen – die Saat des Mom-Shamings 142
Wenn dein Kind in den Schrank pinkelt – zwischen Fassaden, Sehnsüchten und Müttervisionen 144
Willkommen in der Müttermafia – über Grenzen der Unantastbarkeit 150
Babyzeit – sei bereit und bis an die Zähne bewaffnet 151

Die Macht einer einzigen Mücke, oder: die eigene innere Müttermafia 156

Stop Mom-Shaming – Befreiung von der inneren Müttermafia 158
Mom-Shaming als Projektion eigener Unzulänglichkeiten 162
Die unsichtbare Schnur – Warum Mom-Shaming bei der eigenen Mutter beginnt 167

Traumata, verschwiegen, aber nicht vergessen – über
Schweigen und betäubte Gefühle 174
Wenn sich das innere Kind irrt – eine Last, die du
nicht verantworten musst 177
Der Kreislauf der Gewalt – wenn Mütter schlagen ... 181
Spieglein, Spieglein an der Wand – schau der Wahrheit ins Gesicht 184
Tretminenfeld Schuldgefühle – was inneres Mom-Shaming steuert 189
Die ewige Mama-Frage 193

»Best of« Mom-Shaming Was typische Mom-Shamerinnen antreibt und was dahinter steckt 197

Helikopter-Mom 197
Hexen-Mom 203
Tiger-Mom 206
Jammermama 209
Killing-Mom 211
»Rabenmütter« unter sich? – Wenn die Mama geht . 213
Wenn die Bindung schiefgeht … 220
Spuren, die Beziehungen hinterlassen, und das Gefühl
eines emotionalen Mangels 234
Zerreißprobe Wiegezeit – Angriffszeit für Mom-Shamer und Mom-Shaming in der Partnerschaft 238
Wieso hast du ein Kind, wenn du es dir nicht leisten
kannst? Oder: Geld ist nicht alles 240
Die anderen sind schuld 242

So entwaffnen wir Mom-Shamerinnen und die Müttermafia 246

Du bist keine Zauberfee – tue dir Gutes und erzähle
anderen davon! 247
Miteinander statt gegeneinander 252
Selbstzweifel, die uns weiterbringen – die Kunst der
Selbstreflexion 255

Sei stolz auf deine Leistung – du bist nicht allein! 264
Brich dein Schweigen, sprich an, was dir missfällt, und ziehe deine Konsequenzen 269
Im Spiegel findest du die Lösung für alle Mom-Shaming-Probleme 272
Handle! Mit 10 Punkten, die dir weiterhelfen 276
Ein Satz, der dich groß macht 278

Von Mom-Shaming zu Mom-Healing 281

Anhang 283
Seminare und Links 283
Quellen und Buchempfehlungen 283

Dieses Buch widme ich dir.
Wir lassen uns von bedingungsloser Liebe überschwemmen, lassen uns aufschneiden, zusammentackern, wachhalten, wir lesen vor, trocknen Tränen, pusten »heile, heile Segen«. Es gibt Mütter, die sich feiern, Mütter, die sich hassen, Mütter, die sich verstecken müssen, Kinder verloren haben, geschlagen, gefoltert und unterdrückt werden, und Mütter, die glücklich, erfolgreich und erfüllt leben dürfen. Diesen Frauen widme ich dieses Buch. Uns allen. Und unseren Müttern.

Denn neben all den Genderfragen und dem Ringen um Gleichberechtigung finde ich es wichtig, daran zu erinnern, dass eine Frau, die ein Kind erwartet, etwas Heiliges umgibt.

Ich wünsche mir, dass wir uns innerlich genauso bedeutsam fühlen, nachdem wir einem Kind das Leben geschenkt haben, wie zuvor. Mindestens.

Niemand urteilt schärfer als derjenige, der unwissend ist. Deshalb ist es so wichtig, die Hintergründe von Mom-Shaming aufzuzeigen und Wissen zu vermitteln.

Ich habe mich der Persönlichkeitsbildung verschrieben, denn sie macht Heilung möglich, sie verbindet, versöhnt, vereinigt.

Dialog findet dann statt, wenn Menschen Bescheid wissen.

Auch über Mom-Shaming. Mom-Shaming findet immer dann statt, wenn sich eine Frau ungerechtfertigter Kritik oder ungefragten Ratschlägen stellen muss, die ihre Mutterschaft betreffen.

Wenn wir die Ursachen erkennen und benennen, können wir diese Anklagen ändern. Mom-Shaming kann dadurch zu Mom-Healing werden.

Das sollten die Schulen des 21. Jahrhunderts, neben Mathematik, Sprachen und Geschichte, unsere Kinder lehren.

 DAS ENTDECKEN DES SELBST IST SO WICHTIG, WEIL DU WICHTIG BIST.

Danksagung

Zuerst möchte ich mich bei dir, meiner Mama, bedanken. Nicht nur, weil du mich geboren hast, sondern auch, weil du mich gelehrt hast, jemand zu sein, der hinsieht, hinhört und niemals schweigt. Von dir habe ich gelernt zu sagen, was ich fühle und denke und dass ich die Erlaubnis dazu habe, eine glückliche und unabhängige Mutter und Frau zu sein, egal wie widrig die Umstände sind. Ich danke dir für jede einzelne, wertvolle Lektion, die du mich gelehrt hast, und vor allem für deine Liebe, die grenzenlos ist. Ich liebe dich.

Ich bedanke mich bei euch, meinen Kindern. Vanessa, Anton, Johanna, Ben und Anna und meinen beiden Sternchen. Ich danke euch dafür, dass ich euch in mir tragen durfte, ihr euch mir anvertraut habt und ihr durch euer Dasein aus mir einen deutlich besseren Menschen gemacht habt und immer noch dabei seid, aus mir herauszuholen, was ich schon längst vergessen hatte. Ich bedanke mich für die Art, wie ihr mich anseht, mit mir diskutiert, in den Austausch geht und mich berührt.

Jede Einzelne und jeden Einzelnen von euch liebe ich auf eine einzigartige, besondere und andere Weise und keines von euch Kindern will ich jemals missen. *Vanessa,* ich liebe deine bodenständige Art, das Leben und die Menschen darin zu betrachten, du hast die Gabe zu erkennen, wer Masken trägt und wer davon befreit lebt, du hast dein Wissen auch an mich weitergegeben, danke dafür. *Anton,* ich liebe deine Art, Dinge, die scheinbar feststehen, zu hinterfragen, wie du dein Leben träumst und unbeirrbar deinen Weg gehst. Du hast die Gabe, die Masken der Menschen zu enttarnen, du hast auch mich gelehrt, ich selbst zu sein, danke dafür. *Johanna,* ich liebe deinen Elan, deine Lebenskraft, deinen Willen und dein Lächeln. Deine Gabe ist es, den Menschen ein Lächeln ins Gesicht und in ihr Herz zu zaubern, du hast auch mich verzaubert, danke dafür. *Ben,* ich liebe die Art und Weise, wie du mit deinen Mitmenschen umgehst und sie einfach durch dein Dasein daran erinnerst, dass hinter jeder Ecke ein Zauberland schlummert. Deine Gabe ist es, an das Mitgefühl und die Magie zu erinnern, du bringst mich jeden Tag zum Lachen, danke dafür. *Anna,* ich liebe deine Art, die Welt zu betrachten und zu entdecken. Du ermöglichst mir eine Perspektive, die ich manches Mal schon dabei war zu vergessen. Du hast die Gabe zu erinnern, du hast auch mich wieder erinnert, dass es Wunder gibt, danke dafür.

Ihr seid mit Abstand das Beste, was mir dieses Leben schenken konnte, und ich fühle mich geehrt und glücklich, dass ihr mich als Mama gewählt habt und wir gemeinsam einen Teil des Weges miteinander gehen können. Ich weiß, dass es nicht immer leicht mit dem Leben, aber auch mit mir ist, und vermutlich wird es auch so bleiben. Und doch könnt ihr sicher sein, dass, was auch immer das Leben für euch bereithalten wird, mein Herz und meine Arme immer weit für jeden Einzelnen von euch geöffnet sein werden.

Der Zauber, den ich durch euch erfahren habe, wird mein Herz bis ins hohe Alter in einen Glanz hüllen, der mich zufrieden zum Lächeln bringt, weil er mich in emotionale Welten führt, von denen ich nur zu träumen wagte.

Ich danke euch, den Vätern meiner Kinder, dafür, dass ihr mir unsere wundervollen Kinder geschenkt habt, Wegbegleiter geblieben seid und ich in Dankbarkeit auf die gemeinsame Zeit blicken kann.

Ich danke dir, du wunderbarer Mann an meiner Seite. Dafür, dass du dir die Nächte um die Ohren geschlagen hast, um diesem Buch Struktur und Form zu geben. Aber viel mehr, dass du mir den Halt gibst, es zu veröffentlichen. Ich danke dir dafür, dass du mich immer wieder daran erinnerst, dass ich ein wundervoller Mensch bin, und dranbleibst, dass ich es auch in dunklen Stunden nicht vergesse. Ich danke dir für deine Liebe und die Art, wie du mich zum Lachen bringst. Ich danke dir dafür, dass du mir den

Raum gibst, ich zu sein, und ich ihn mir an deiner Seite auch nehmen kann. Ich danke dir, dass unsere Liebe etwas BeWIRkt, das weit über unser Ego hinausgeht, und wir dranbleiben.

Ich danke meiner Familie, meinem Papa, meinem Bonus-Papa, meinen Brüdern, meinen Freundinnen und Freunden, meinen Klientinnen und Klienten und Kolleginnen und Kollegen für euer Dasein. Denn jede Begegnung mit euch führte mich zu den Zeilen in diesem Buch und bereitete mich darauf vor, eine Frau zu sein, die ich gernhaben kann. Jeden Tag ein bisschen mehr.

Ich danke jeder meiner Lehrerinnen und jedem meiner Lehrer, Mentorinnen und Mentoren, Wegbegleiterinnen und Wegbegleitern. Ich habe unfassbar viel von euch gelernt.

Ich danke dem Leben selbst, denn auch von dir habe ich unfassbar viel gelernt.

Ich danke dir, Sam, dass du dich meinen Zeilen mit so viel Hingabe gewidmet hast und immer ein offenes Ohr für mich hast, und das seit über einem Jahrzehnt.

Ich danke dem 90-jährigen Schamanen, dessen Namen ich vergessen habe, der meinen Babybauch, als ich erst 18 Jahre alt war, berührte, mir fest in die Augen sah und zu mir die Worte: »*Du wirst das Leben der Mütter und deren Kinder verändern. Gib niemals auf, dir selbst und ihnen mitzuteilen, dass sie nichts falsch gemacht haben*«, ins Ohr flüsterte. Du hast mein Leben berührt, bis heute und vermutlich auch bis morgen. Wo auch immer du gerade bist, deine Seele sei gegrüßt.

Ich danke meiner Verlegerin dafür, dass sie dranblieb, mich bestärkte, mir Mut machte und vor diesem Thema nicht zurückwich. Ich danke ihr dafür, dass sie genau das Richtige zu mir sagte, in einem Moment, in dem ich meine Pläne ändern wollte.

Jede und jeder hat einen bedeutsamen Einfluss auf den anderen, ohne zu wissen, auf welche Weise.

Deshalb danke dir, liebe Leserin, dir, lieber Leser, dafür, dass du mit mir gemeinsam auf diese Reise gehst und wir miteinander ein Stück des Weges zusammen verbringen. Ich glaube, dass alles im Leben eine Bedeutung hat und wir nur danach Ausschau halten müssen, auf welche Weise wir uns voneinander berühren lassen. Die Tatsache, dass du diese Seiten berührst, berührt mich auf eine Weise, die du nicht erahnen kannst. Dafür danke ich dir von ganzem Herzen.

Ich danke auch der »Müttermafia«. Ihr habt dazu beigetragen, dass dieses Buch entstehen konnte und wir ein wenig mehr darüber nachdenken, wie wir uns gegenseitig besser behandeln und unterstützen.

 ICH DANKE ALLEN, DIE SIND, WEIL ICH BIN, UND ICH SEIN KANN, WENN IHR SEID.

Katharina, am 20. 2. 2020, an einem kleinen See in Bayern

Vorwort, oder: Warum Mamas Rockstars sind

Mamas sind wie Rockstars. Sie machen die ganze Nacht durch, ihre Fans krabbeln nachts zu ihnen ins Bett und sie werden, sobald sie erscheinen, mit lautem Geschrei empfangen, egal, ob die Nägel brüchig, zwei Augenringe tief sind oder die Stimmung im Keller ist: »The Show must go on« – und rund um die Uhr, 24/7.

Mütter sind die wahren Superheldinnen dieser Welt und deshalb stehen sie im Rampenlicht, nicht nur für ihre Kinder, sondern auch für den Rest der Welt. Und weil Superhelden nicht nur Freunde haben, werden Mütter oftmals zur Zielscheibe für *Mom-Shaming*. Sobald die Superheldin etwas tut, was dem Mainstream widerstrebt, oder das Verhalten ihrer Kinder nicht mehr in diesen hineinpasst, bildet das den idealen Nährboden für negative Kommentare, herablassende Blicke, unsachliche Meinungsäußerungen, Besserwisserei oder tobendes Mit-dem-erhobenen-Finger-Zeigen. Ob sich eine Mutter »nur« für ihre Mutterschaft entscheidet, Familie und Beruf unter einen Hut bekommt, trotz Schwangerschaft auf die Ausübung der Mutterschaft danach verzichtet, ihre Kinder stillt oder eben nicht, sie per Kaiserschnitt zur Welt bringt oder sich für eine Hausgeburt entscheidet, ob sie ihre Kinder allein großzieht oder in der Patchworkfamilie lebt, Fotos ihrer Kinder auf Instagram postet oder sich aus den sozialen Medien zurücknimmt, ihre Kinder die Regelschule oder ein alternatives System besuchen – sie wird für all ihre Entscheidungen gern infrage gestellt und dazu aufgefordert, sich zu rechtfertigen. Hier gibt es eine Diskussion mit der eigenen Mutter oder der Schwiegermutter, dort mit einem Social-Media-Freund, dem Arbeitskollegen oder wildfremden Menschen auf der Parkbank.

»Sie wissen schon, dass in dem Müsli, mit dem Sie gerade Ihr Baby füttern, Plastikteile sind und Sie dadurch

seinen Magen zerstören? Wie kann man in so einer Zeit noch Kinder in die Welt setzen?«, sagte ein mir völlig unbekannter Mann am Bahnhof zu mir, als ich gerade dabei war, guten Gewissens mein Kleinkind zu füttern.

Die Wahrheit ist, Mom-Shaming passiert schnell, meist unbedacht, aber auch offenkundig. Es kommt von Menschen, die wir lieben, aber auch von jenen, die wir nicht einmal kennen. Doch niemand hat das Recht, eine Mutter ungefragt aufgrund ihrer Entscheidungen zu belehren, zu beschämen, zu diffamieren, zu hinterfragen oder herabzuwürdigen. Denn Mom-Shaming hinterlässt oftmals Spuren, die nicht einfach mal so wieder aus dem mütterlichen Herzen zu entfernen sind. Es ist deshalb wichtiger denn je, dass Mütter ihr Schweigen brechen und offen, ehrlich und schonungslos darüber sprechen, auf welche Weise Mom-Shaming ihr Leben beeinflusst hat. Denn nur so kann Veränderung geschehen und diese ist dringend notwendig.

In diesem Buch kläre ich über dieses Tabuthema auf. Ich zeige dir effektive Wege, wie du als Mama wieder mehr Selbstvertrauen und intuitive Kompetenz aufbauen kannst und wie wir alle dazu beitragen können, dass Mutterschaft und Kinder großzuziehen wieder deutlich mehr Spaß machen.

Ich werde dir sehr persönliche Geschichten erzählen, von mir selbst und aus meinem Umfeld. Ich schreibe über Hintergründe und stelle Lösungsansätze vor. Vor allem im zweiten Teil des Buches gehe ich auf psychologische und systemische Hintergründe dieses Phänomens ein. Hier kannst du lesen, warum wir sind, wie wir sind, was unsere Persönlichkeit ausmacht und warum deine Ahnengeschichte beeinflusst, ob es dir gelingt, dich als Mama wohlzufühlen oder gleichfalls ins Mom-Shaming zu verfallen. Du bekommst eine wirksame Methode an die Hand, mit der sich Lösungen für zwischenmenschliche Probleme finden lassen.

In meiner Praxis denken neun von zehn Müttern, sie wären nicht gut genug, würden zu viele Fehler und keinen guten Job als Mama machen. Sie leben im Gestern und grübeln darüber nach, an welcher Stelle sie versagt haben.

 LASST UNS EINANDER ENDLICH DAS JA GEBEN, DAS WIR AUCH VERDIENT HABEN!

Werde Teil der Mindshift Family! *Erhalte kostenfreien Zugang zu unserer Plattform mit wertvollen Video- und Audio-Kursen für mehr Selbstvertrauen in Business und Family. (Bitte scanne den Code mit der Kamera an deinem Smartphone*

MOM-SHAMING – WAS IST DAS ÜBERHAUPT?

»Hast du schon gehört, XY ist schon wieder Mutter geworden! Ich bin ja mal gespannt, wie sie das hinbekommt. Bei dem Job wird sie die Doppelbelastung nicht lange durchhalten. Ich wette, sie gibt auf und wird eine von diesen frustrierten Frauen, die nur noch in Jogginghosen am Spielplatz das Kind hin und her schaukeln und deren Ehemänner mit Jüngeren fremdgehen.«

»Oder sie wird eine von denen, die ständig nur auf Achse ist, ihr Kind höchstens am Wochenende sieht und es irgendwann mit Ritalin vollstopfen muss, um es überhaupt durch die Schule zu kriegen. Manche Frauen sollten einfach keine Kinder bekommen.«

Neulich las ich einen Kommentar dieser Art auf einer Facebookseite. Zu diesem Zeitpunkt gab es sage und schreibe 256 Likes und 54 weitere Kommentare dazu. Die »Müttermafia« hat es durch Social Media geschafft, eine Bühne für Diffamierung, öffentliche Beleidigungen und Verurteilung zu erschaffen, vor der keine Mutter sicher ist. Jede Bemerkung, die uns als Mutter degradiert, sitzt präzise und schmerzhaft wie der Faustschlag eines Profiboxers, egal ob in den sozialen Netzwerken, im Foyer des Kindergartens oder am Sonntagstisch der Schwiegermutter.

Mom-Shaming bedeutet, dass eine Mutter aufgrund ihrer Entscheidungen und Lebenseinstellungen im Hinblick auf ihr Kind von anderen ungerechtfertigt kritisiert, verurteilt, ungebeten zurechtgewiesen, belehrt, beschimpft, benachteiligt oder gar diffamiert und ausgegrenzt wird. Dabei unterscheide ich ungerechtfertigtes, unreflektiertes und völlig unnötiges Mom-Shaming und jenes, das wir betreiben, wenn wir einen inneren und völlig gerechtfertigten Aufschrei fühlen, weil ein Kind offensichtlich und tatsächlich in seinem seelischen und körperlichen Wohl gefährdet ist. Dieses Buch handelt von Ersterem.

Diese Art von Mom-Shaming ist ein weit verbreitetes Virus, dessen Ausmaße in der Gesellschaft tabuisiert und großteils ignoriert werden.

 MOM-SHAMING IST MÜTTER-MOBBING DE LUXE UND KEINE VON UNS IST DAVOR GESCHÜTZT.

Vor allem in den sozialen Netzwerken fühlt sich die Müttermafia, wie ich Menschen nenne, die ungefragt und unangemessen Müttern Ratschläge erteilen, dazu aufgerufen, anderen Frauen durch herablassende Kommentare, oftmals ungefragt, ihre Meinung kundzutun und die mütterliche Entscheidung der Einzelnen in ein schlechtes Licht zu rücken. Aber auch die Gesellschaft und die Politik betreiben, meist unwissend, Mom-Shaming. Immerhin verzichtet jede Mutter mit der Entscheidung für ein Kind im Vergleich zum berufstätigen Vater des Kindes nicht nur auf einen Teil ihrer Rentenansprüche, sondern auch auf einen Großteil ihrer Karrierechancen. Es hat einen Grund, warum von den 26% aller Frauen in der Führungsetage der großen Konzerne – ohnedies wenig genug – lediglich die Hälfte Mütter sind. Diese Zahlen zeigen, wie schwer es für Frauen in unserer Gesellschaft ist, die Rolle der Mutter mit der Erfüllung eigener Visionen und beruflicher Ziele zu verbinden.

Niemals hätte ich auch nur annähernd gedacht, wofür und auf welche Weise Mütter als Zielscheiben und Sündenböcke herhalten müssen, sobald irgendetwas mit ihrem Kind »nicht stimmt« oder sie in den Augen Dritter als Mütter »versagen«. Die Mutter wird, wie damals zu Zeiten der Inquisition, ohne Anwalt, ausreichende Kenntnisse oder Hintergrundwissen laienhaft belehrt und augenblicklich auf den Scheiterhaufen gestellt, sobald das Kind aus der gesellschaftlichen Norm fällt oder entschieden wird, sie selbst würde sich falsch verhalten.

Kerstin, 27, Mutter eines Sohnes, sagt: »*Als mein Sohn in die erste Klasse kam, sagte die Lehrerin zu mir am Elternabend vor versammelter Mannschaft: ›Also Frau S., wenn ich mir Ihr Kind im Unterricht so ansehe, ist mir alles klar. Wenn man so jung Kinder in die Welt setzt und sie dann noch allein großzieht, darf man sich nicht wundern, wenn sie verhaltensauffällig werden.‹*« Kerstin erzählt weiter: »*Als ich die Lehrerin darauf ansprach, was genau sie damit meint und wie sie auf die Idee kommt, dass mein Sohn verhaltensauffällig sei, gab sie mir zur Antwort: ›Bis jetzt ist noch nichts vorgefallen und er macht ordentlich mit, aber das ist meiner Erfahrung nach nur eine Frage der Zeit und ich will die anderen Eltern heute schon einmal darauf vorbereiten, dass es sicherlich zu Schwierigkeiten mit Ihrem Kind kommt.‹ Was bitte sollte ich darauf sagen? Ich war völlig am Ende, weil ich keine Chance hatte, sie von ihrer vorgefertigten Meinung über junge Alleinerziehende abzubringen. Ich legte es deshalb darauf an, einen Job in der nächsten Stadt anzunehmen, und wir zogen zum Halbjahr um. Mein Sohn hat die erste Klasse in der neuen Schule mit Bravour geschafft, ist sehr beliebt und hat mit niemandem Probleme.*«

Mom-Shaming betrifft uns tatsächlich alle und es kann jederzeit und an Orten, an denen wir uns bisher geschützt fühlten, stattfinden. Denn die Müttermafia macht vor nichts und niemandem halt. Mom-Shaming wird in unserer Gesellschaft großteils deshalb tabuisiert, weil sich wenige Frauen trauen, öffentlich darüber zu sprechen, wenn sie verletzt oder verurteilt wurden. Die Angst, als Mutter nicht den gesellschaftlichen Anforderungen zu genügen und damit zu versagen, beweist das Schweigen vieler Frauen. Ähnlich einem Trauma.

In der wöchentlich stattfindenden Krabbelgruppe bei uns hier in der Gegend ergab sich unter uns Müttern ein Gespräch darüber, ob und wie lange die Kinder im elterlichen Bett schlafen dürfen. Wir saßen zusammen mit unseren Kindern auf weichen Matten auf dem Boden und eine junge Frau, die sich bisher eher zurückhaltend gezeigt hatte, wurde zunehmend interessierter. Während sie ihrem 15 Monate alten Sohn bei seinen ersten Gehversuchen half, sich auszubalancieren, fragte sie erstaunt nach, ob es wirklich okay sei, wenn ihr Kind mit in ihrem Bett schläft. Ich bemerkte ihre große Unsicherheit und berichtete, wie unterschiedlich die Bedürfnisse meiner fünf Kinder waren und dass ich bei meinen Kindern intuitiv danach entschied, wie lange sie die nächtliche Nähe brauchten. Die junge Frau konnte ihre Freude kaum verbergen, als sie vernahm, mit wie viel Leichtigkeit eine solche Entscheidung zwischen Mutter und Kind getroffen werden kann. Sie stellte selbst am Ende fest, wie sehr ihr Umfeld auf sie Einfluss nahm und wie sehr sie sich davon selbst beeinflussen ließ.

Wenn etwas im Leben passiert, was uns einfach zu viel ist, versuchen wir, es so schnell wie möglich loszuwerden. Los werden wir es, so denken wir, wenn wir aufhören, darüber zu sprechen. Daher findet wenig bis kaum Aufklärung statt. Mom-Shaming betrifft uns jedoch immer alle und es ist dringend notwendig, es klar zu benennen, und zwar öffentlich, ausführlich und fundiert. Denn nur so können wir ein Bewusstsein dafür schaffen, wie sehr eine junge Mutter und letzten Endes auch ihr Baby darunter leidet, wenn sie verurteilt oder in ihrer mütterlichen Kompetenz infrage gestellt wird.

Während ich in den letzten 17 Jahren intensiv daran gearbeitet hatte zu verstehen, warum die Müttermafia andere Frauen diffamiert und verletzt, lernte ich mit der Zeit, ihnen sicher und selbstbewusst zu begegnen. Dennoch trafen mich vor allem während der Schwangerschaft und in der ersten Zeit nach der Geburt unbedachte Kommentare Fremder, aber auch mir nahestehender Menschen immer wieder wie Messerstiche ins Herz. Gerade in diesen Zeiten, wenn wir Frauen sehr sensibel und angreifbar sind, schmerzt Mom-Shaming enorm und nimmt schnell ein ungeahntes emotionales Ausmaß an, dessen sich die Müttermafia vermutlich gar nicht bewusst ist.

Besonders unangenehm sind kritische Stimmen vor allem dann, wenn sie von Menschen kommen, denen wir eigentlich vertrauen und die wir lieben. Es tut weh, wenn jemand meint, besser über uns und unser Kind Bescheid zu wissen, als wir es tun. Vor allem dann, wenn wir uns ohnedies unwahrscheinlich viel Mühe geben, reflektiert sind und nur das Beste für den Menschen möchten, den wir am meisten lieben: unser Kind. Was Mütter sich heutzutage alles anhören müssen, wofür sie sich erklären, rechtfertigen und verteidigen müssen, ist nicht einfach »Spaß«, sondern eine ernst zu nehmende Angelegenheit, die dringend öffentliches Gehör finden muss.

Du hast es schon erlebt …

Du bist wahrscheinlich selbst schon mit Mom-Shaming, auch wenn es recht versteckt sein kann, konfrontiert worden. Ein kleiner Auszug von übergriffigen Fragen, die meist ohne Vorwarnung kommen:

> »Keine verantwortungsvolle Mutter macht so etwas, ist dir das nicht klar?« »Warum postest du Bilder von deinem Kind?« »Wieso gehst du nicht

zu jeder Vorsorgeuntersuchung?« oder *»Warum gehst du zu so vielen?« »Warum impfst du?«* oder *»Warum impfst du nicht?« »Warum arbeitest du so viel?« »Warum gehst du nicht arbeiten?« »Warum arbeitest du so wenig?« »Wieso hast du abgestillt?« »Wieso stillst du noch immer?« »Warum willst du einen Kaiserschnitt?« »Warum willst du keinen Kaiserschnitt?«* oder *»Warum willst du keine PDA?« »Warum willst du eine PDA?« »Warum willst du in ein Geburtshaus?«* oder *»Warum willst du eine Hausgeburt?« »Wieso willst du trotz Fehlgeburt noch ein Kind?«* oder *»Warum willst du nur wegen einer Fehlgeburt kein Kind mehr?« »Warum hast du als Mutter keine Lust mehr auf Sex?«* oder *»Warum brauchst du als Mutter so viel Sex?« »Wieso gibst du dein Kind so oft zur Betreuung ab?«* oder *»Wieso gibst du dein Kind nur so wenig in Betreuung?« »Warum gibst du dein Kind gar nicht in die KITA?« »Warum bekommst du erst jetzt ein Kind?« »Willst du keine Kinder mehr?« »Warum lässt du dich jetzt scheiden, du hast doch ein Kind?« »Warum lässt du dich nicht scheiden, nur weil du ein Kind hast?« »Weißt du nicht, dass das deinem Kind schaden wird?«*

Auf den ersten Blick scheinen das harmlose Fragen zu sein. Fragen, die viele Menschen meinen eben mal einer Mutter stellen zu dürfen. Doch blicken wir dahinter, erkennen wir relativ schnell, dass solche Fragen selten neutral sind und die Antwort oftmals gar nicht abgewartet wird, weil diese bereits vorgefertigt aus dem Mund des Absenders prasselt, und den O-Ton: *»So etwas macht eine verantwortungsvolle Mutter nicht!«*, in sich birgt. Jene Menschen, die meinen, sie könnten sich selbstverständlich das Recht herausnehmen, mit ihren Anmerkungen die mütterliche Kompetenz infrage zu stellen, erlauben sich vorschnell ein Urteil und posaunen es in die Welt.

 ES SCHEINT, ALS GÄBE ES KAUM NOCH GRENZEN, WENN ES UM MUTTERSCHAFT GEHT.

Jeder denkt, es stünde ihm oder ihr zu, einfach mal drauflos die eigene Meinung zu äußern, ohne Rücksicht auf Verluste.

Die Wahrheit ist: Niemand bereitet dich vor!

Falls du dein Kind erst erwartest oder es dein erstes ist, möchte ich dich auf Gefühle vorbereiten, mit denen du vor deiner Rolle als Mutter vermutlich noch nie zuvor in Kontakt gekommen bist. Und wenn du schon länger eine Mami bist, dann erinnerst du dich vielleicht an die Achterbahn der Gefühle aus der Anfangszeit.

Die Wahrheit ist, niemand bereitet uns darauf vor, dass es neben all den Glücksgefühlen, die eine Mutterschaft mit sich bringen kann, auch eine Kehrseite gibt, die des Mom-Shamings.

Karin, 32, Mama von drei Kindern, erzählt: »*Am meisten nervt es mich, wenn ich ein schlechtes Gewissen habe, sobald ich mich mal gemütlich in die Badewanne lege und meine Kinder parallel streiten höre. Obwohl mein Mann bei ihnen ist und das sicherlich bestens regelt, denke ich mir, ich wäre eine schlechte Mama, wenn ich mir mal etwas gönne, verrückt, nicht wahr? Wenn dann noch meine Schwiegermutter kommt und meint, mir sagen zu müssen, wie ich meine Kinder zu erziehen, meine Ehe zu führen und meine*

Arbeit zu machen habe, brennen bei mir die nervlichen Sicherungen schnell durch. Es kotzt mich dermaßen an, dass ich am liebsten weglaufen würde.«

Mom-Shaming muss übrigens nicht immer nur von anderen auf uns einprasseln, sondern kann auch durch unsere innere Stimme, zahlreiche interne Beschimpfungen oder Schuldgefühle auf uns einwirken.

Ich möchte dir auch die Hintergründe und Zusammenhänge des Mom-Shamings aufzeigen: wie es überhaupt entsteht, wie du am besten damit umgehen kannst, wenn andere dich verunsichern oder beschämen, warum es die »Müttermafia« gibt, aber auch, wie du trotz gesellschaftlicher oder eigener Ansprüche an dich und dein Kind zu einer zufriedenen Mama und Frau werden kannst.

Je mehr wir über die Psychologie von uns selbst und über andere Mütter Bescheid wissen, umso wahrscheinlicher ist es, dass wir das Leben als Mutter auch genießen können. Glücklich zu sein ist das, wonach wir im Grunde alle streben. Deshalb brauchen wir uns dieses Glück von niemandem rauben zu lassen, schon gar nicht von Menschen, die Mom-Shaming betreiben.

Ich gebe dir konkrete Tipps, wie du dein Selbstvertrauen steigern kannst und negativen Kommentaren selbstbewusst aus dem Weg gehst. Dieses Buch soll dabei helfen, das Schweigen der Mütter zu brechen. Es soll eine Ermutigung sein, der eigenen mütterlichen Intuition zu vertrauen, und Kraft geben, das persönliche Umfeld mit Menschen zu besetzen, die einen wohlwollenden, respektvollen und achtsamen Umgang pflegen. Außerdem ist es ein Appell an unsere Menschlichkeit und Mütterlichkeit, die in erster Linie dazu beitragen sollte, dass wir uns in der Gemeinschaft, in der wir leben, entfalten und wohlfühlen können.

Weder die Müttermafiamafia noch eine Mutter, die Mom-Shaming erfährt, sollte als Täterin oder Opfer allein dastehen oder abgestempelt werden. Deshalb zeige ich Möglichkeiten auf, wie es gelingen kann, den Weg der Mutterschaft mit all den natürlichen Höhen und Tiefen gemeinschaftlicher zu gestalten. Ich will dir, liebe Mutter, liebe Großmutter, lieber Vater, lieber Großvater, liebe Lehrerinnen und Lehrer – allen uns, die wir mit Kindern und Müttern zu tun haben, Anregungen und konkrete Möglichkeiten aufzeigen, wie es durch einen neuen Perspektivwechsel und die eigene Verhaltensänderung gelingen kann, das Muttersein angstfrei zu genießen.

Denn nur dann, wenn wir als Mütter angstfrei unsere Kinder begleiten können, haben wir wirklich das Gefühl, »alles richtig zu machen«.

ES BRAUCHT MEHR GESELLSCHAFTLICHE INTOLERANZ GEGENÜBER MOM-SHAMING UND MUTIGE FRAUEN, DIE ENDLICH IHR SCHWEIGEN BRECHEN!

Sprechen wir offen darüber, womit Mütter in einem Land, in dem Frauen als emanzipiert gelten, doch noch zu kämpfen haben.

Wir müssen die Angst davor verlieren, dass wir als Mütter versagen könnten, dass wir dabei zu Grunde gehen, wenn wir Beruf und Familie vereinen wollen. Wir brauchen die Gewissheit, dass wir sorgenfrei alltägliche Entscheidungen rund um Schwangerschaft, Geburt und Erziehung treffen können. Außerdem wird es Zeit, dass Frauen, vor allem alleinstehende Mütter, keine Angst mehr vor Altersarmut haben müssen, weil prinzipiell verstanden wurde, dass es nur gemeinsam und durch eine Umstrukturierung des vorhandenen Systems funktionieren kann, dass eine Frau ohne große Nachteile auch Mutter sein kann.

Ich möchte dich als Leserin und dich als Leser mitnehmen und alte gesellschaftliche Ansichten entlarven, mit Vorurteilen aufräumen und antiquierte Erziehungsmethoden zur Diskussion stellen. Neueste Erkenntnisse der Bindungsforschung und Persönlichkeitsentwicklung können dabei helfen, der »Müttermafia« ein selbstsicheres Gegenüber zu sein und aus der Opferrolle heraustreten zu können. Mütter dürfen einander wieder befähigen und sich aus der Ohnmacht befreien, die viele von uns fühlen. Väter dürfen ihren Partnerinnen, den Müttern ihrer Kinder, den Rücken stärken und sich in den Alltag vieler Mütter miteinfühlen. Aber es darf auch wieder eine Brücke zwischen den Generationen geschaffen werden, die frei von Besserwisserei oder Mom-Shaming ist. Denn gerade im Familienkreis gibt es mehr ungebetene Ratschläge, als uns lieb ist.

Fundiertes Wissen und gereifte Umsetzung ist die Macht, die Müttern dabei hilft, sich aus den Ketten des Mom-Shamings befreien zu können. Mein Ziel ist, dass jede Leserin am Ende das Gefühl hat, ihre mütterliche, intuitive Kompetenz wiedererlangt zu haben, oder weiß, wie ihr das gelingen kann.

Du brauchst Mut, um eine Idee öffentlich zu machen – das Unwesen im Kopf

Als Mama von fünf Kindern trieb meine persönliche Vorstellung von »Mrs. Right Mum« so sehr ihr Unwesen in meinem Kopf, dass ich eines Nachts heulend auf dem Schlafzimmerboden aufwachte und mir dachte: »Falls mich im Himmel irgendjemand hört, komm mal eben runter und hol diese breit grinsende, immer gut gelaunte und fantastisch aussehende Supermom aus meinem Hirn, sonst bleib ich hier unten liegen und streike!«

Und weißt du was? Da kam nichts. Rein gar nichts. Kein Dornenbusch, keine donnernde Stimme, auch keine Heuschrecken oder Sintfluten. Offenbar sind die Breitgrins-Mama-Dämonen doch so bedeutungsvoll, dass eine Göttin es nicht wagte, sich mir in meiner nächtlichen dunklen Stunde direkt zu offenbaren. Was aber kam, war die Idee, ein Buch für Mütter zu schreiben. Das ist jetzt zwölf Jahre her und glaub mir, es war alles andere als einfach. Denn ich bin und war, seit ich denken kann, ein gefundenes Fressen für Mom-Shaming. Außerdem, so gebe ich offen zu, war mir damals noch nicht bewusst, welches Ausmaß Mom-Shaming in unserer Gesellschaft, seit Social Media, annehmen würde.

Ich oute mich deshalb hier gleich zu Beginn, offenbare mein Innerstes und akzeptiere, auf volles Risiko ins Radar der Müttermafia zu geraten. Dieses Bild der perfekten Mutter in mir musste endlich fallen und der Wunsch, dass dasselbe auch in den Köpfen anderer passiert, wuchs immer mehr. Denn diese Superheldin im Mama-Kopf machte mir richtig viel Stress und den will ich anderen Müttern ersparen. Schwer zu glauben, aber ich hatte tatsächlich ein halbes Jahr Supervision, um den Mut zu finden, dieses Buch zu veröffentlichen. Warum? Ich hatte mächtig Sorge, die Müttermafia würde mein Buch in der Luft zerreißen und mich an der sensibelsten und verletzlichsten Stelle treffen: der Mutterschaft.

Aber dann dachte ich wieder und wieder an all die Frauen, denen es womöglich mit ihrer Rolle als Mama ähnlich wie mir geht, und an all die verwirrenden, abstrusen, schmerzhaften und diffamierenden Aussagen, die Mom-Shaming mit sich bringen kann, und vor allem an die negativen Folgen für die Kinder.

Plötzlich war das Schreiben des Buches ganz einfach, denn ich hatte eine Mission, in der es etwas viel Größeres als nur mein kleines Ego mit voller Hose gab.

Zwei rosa Streifen – gesellschaftliche Herausforderungen in der Schwangerschaft

Sobald eine Frau erfährt, dass sie Mutter wird, kommt sie in Berührung mit Themen, mit denen sie sich zuvor niemals beschäftigen musste. Damit meine ich nicht, einen Kindersitz mit Isofix im Auto zu fixieren, ein Fläschchen zu mischen oder einen Kinderwagen zusammenzubauen. Sondern vielmehr:

- das Schubladendenken der Gesellschaft, das uns so eiskalt erwischt wie ein Wintermorgen im Norden Kanadas;
- emotionale und unberechenbare Achterbahnfahrten, die bestenfalls im Glücksrausch enden, schlimmstenfalls in einer postnatalen Depression, die in der Realität oft zwischen den beiden Hoch- und Talfahrten stattfindet;
- die nächtliche Angst, das eigene Kind an SIDS zu verlieren, die Vorwürfe, die wir uns im Anschluss machen, oder die Angst, eine schlimme Diagnose während der Schwangerschaft zu erhalten und vor der darauffolgenden Trauer, die einem schier den Boden unter den Füßen wegreißt, wenn sie tatsächlich wahr wird;
- den Druck der unsagbar vielen Entscheidungen, die wir plötzlich und in Windeseile, Minuten für Minute, zu treffen haben, mit dem Bewusstsein, dass diese sich entweder negativ oder positiv auf den Menschen, den wir am meisten lieben, auswirken werden. Diese Verantwortung ist eine, mit der wir zuvor nie konfrontiert waren;
- das plötzliche Gefühl der absoluten und puren Liebe für jemanden, für den wir tatsächlich bereit wären, einem anderen, der unser Kind angreift, das Leben zu nehmen (ist hart, aber wahr). Jede gesunde Mutter würde für ihr Kind in den Tod gehen. Dieser Spagat zwischen göttlicher Liebe und teuflischer Mordlust zehrt am mütterli-

chen Herzen, vor allem, wenn es sich früher als emphatisch, vielleicht sogar christlich bezeichnet hatte;
- die wiederkehrende Ratlosigkeit, die sich wie ein dunkler Mantel um uns legt, wenn das Kind ein Verhalten aufzeigt, das uns selbst oder dem Umfeld widerstrebt und ein Gefühl mit sich bringt, das wir alle ablehnen und doch so gut kennen: Schuld. Sowie die Frage: »Bin da noch irgendwo ich drin?«, sobald wir uns im Spiegel betrachten.

Von alldem ahnen wir nichts, wenn wir das kleine Plastikteil mit den zwei rosa Streifchen in unseren Händen halten. Jede Frau befindet sich in diesem Moment in ihrer individuellen Bubble, die aus ihrer Biografie, den eigenen Vorstellungen und Werten, aber auch jenen ihres Umfeldes besteht und die sie entsprechend dieser Basis auf die Nachricht, bald Mutter zu sein, reagieren lässt.

Meist reagieren wir mit einer von drei unterschiedlichen Varianten auf die Nachricht, die großteils aus dem Affekt heraus und demnach völlig unbewusst geschehen:
- Die zukünftige Mama flippt total aus und freut sich mehr als über einen Lottogewinn, dass es endlich geklappt hat. Sie berührt ihr noch nicht sichtbares Bäuchlein und baut relativ schnell eine Verbindung zu ihrem Kind und/oder der Mutterrolle auf.
Sie fühlt sich gut vorbereitet und eine Freude in sich, die deutlich stärker ist als jene Ambivalenz, die eine Schwangerschaft zwangsläufig mit sich bringt: *Werde ich eine gute Mama sein? Werde ich meinem Kind all das geben können, was es wirklich braucht, um ein gesunder und selbstsicherer Mensch zu werden? Bin ich dazu in der Lage, diesem Kind ein stabiles und sicheres Elternhaus zu ermöglichen?* Sie kann auf diese Fragen positiv eingehen, fühlt sich unterstützt und ist »guter Hoffnung«.

- Die zweite Möglichkeit, auf den positiven Test zu reagieren, ist folgende: Wir müssen zweimal hinschauen, weil wir nicht damit gerechnet haben, dass tatsächlich zwei Striche zu sehen sein werden. Wir sind megaüberrascht, denn es war nicht geplant, fühlen aber, dass alles gut werden wird, selbst wenn wir keine Ahnung haben, wie. Mama berührt ihren Bauch noch etwas ambivalent, jedoch kann sie sich darauf einlassen, weil es doch Gefühle wie Zuversicht und Hoffnung in ihr gibt, auf die sie sich bereits in vergangenen Situationen verlassen konnte. Sie weiß, dass es nicht leicht werden wird und dass sie einige Zeit brauchen wird, um mit der neuen Situation klarzukommen. Sie weiß vielleicht, dass sie sich den Zeitpunkt ihrer Schwangerschaft anders vorgestellt hätte, aber sie fühlt ein innerliches Ja, sobald sie an ihr Kind denkt.

  Sie stellt sich Fragen wie: *Werde ich das alles bewältigen können? Wie wird mein Umfeld darauf reagieren? Wie kann ich uns finanziell durchbringen? Wie wird mein Partner auf die Schwangerschaft reagieren und wird er mich dabei unterstützen?* Sie kann diese Fragen noch nicht klar beantworten, hat aber gute Hoffnung, dass sie sich klären lassen werden. Sie denkt darüber nach, sich Hilfe zu suchen, und wird dies auch tun. Sie weiß, dass sich im Leben nicht alles planen lässt, dafür aber vieles regeln.

- Eine dritte Reaktion auf den positiven Schwangerschaftstest ist: Wir drehen völlig am Rad, weil wir alles wollten, nur nicht Mutter sein. Wir verstehen die Welt nicht mehr und fühlen uns, als wären wir vom Schicksal und dem Leben betrogen worden. Mama hat das Gefühl, dass sich alles im Kreis dreht, das Kind ein »Störfaktor« ist, den sie so schnell wie möglich wieder loswerden muss. Mama ist verzweifelt, ängstlich, unsicher, überfordert und sieht keinerlei Hoffnung für sich und

das Kind. Sie ist nicht dazu in der Lage, warum auch immer, eine Bindung zu ihrem Kind herzustellen, die an Zuneigung, Verbundenheit oder Zustimmung erinnert. Sie stellt sich Fragen wie:
Wie und wo kann ich das rückgängig machen? Wie konnte so etwas nur passieren? Warum ich und warum jetzt und warum auf diese Weise? Mama sucht nach Antworten bei Freunden, der Familie oder im Netz und bei Ärzten. Manches Mal verschweigt sie die Schwangerschaft auch, weil das Umfeld ihr zu viel Druck machen würde. Sie hat Angst vor Verurteilung und teilt sich nur wenigen Menschen mit. Sie sieht keine Hoffnung auf ein glückliches Leben mit Kind, fühlt sich verzweifelt und einsam.

Es gibt ihn nicht, den einen und perfekten Zeitpunkt, nach dem wir so oft im Leben suchen, um Mama zu werden. Es passiert, ob geplant oder nicht, und dann werden wir vom Leben in ein anderes Leben geschubst. Mom-Shaming in dieser Phase des Lebens zu erleben ist völlig unangebracht.

Muttersein ist deine persönliche Reise mit deinen Kindern

Sabine, 56, ein Sohn, sagt: *»Als ich Mutter wurde, veränderte sich so vieles. Ich wusste an manchen Stellen gar nicht mehr, wo die Frau, die ich zuvor gewesen bin, zu finden war. Ich orientierte mich aus Unsicherheit an anderen. Oftmals so sehr, dass ich mich selbst dabei verlor. Es hat lange gedauert, ehe ich wusste, dass ich selbst den Maßstab meiner Mutterschaft finden musste. Manches Mal hatte ich das Gefühl, dass mich auf diesem Weg niemand wirklich verstand. Natürlich gab es Mütter, die nachvollziehen konn-*

ten, wie stark ich mich als Frau veränderte, um mich als Mutter neu definieren zu können. Dennoch hatte ich das Gefühl, mich für meinen Weg und meine Entscheidungen bei vielen rechtfertigen zu müssen. Das strengte mich recht an. Vor allem die ungefragten Tipps und die zahlreichen Vorstellungen anderer über Mutterschaft, die auf mich einprasselten, raubten mir oft den Schlaf. Was war denn nun der richtige Weg?«

Du gibst dir, vor allem als Leserin dieses Buches, gewiss unendlich viel Mühe, das Beste für deine Kinder zu vollbringen, und das jeden Tag. Du denkst darüber nach, wie du ihre Potenziale am besten förderst, ihnen eine liebende Mama bist und sie bestmöglich auf das Leben da draußen vorbereiten kannst. Du weißt, dass das Leben nicht immer leicht ist, umso mehr willst du deinen Kindern das höchste Maß an Liebe und Sicherheit zukommen lassen. Und dann kommen sie, die Stimmen von außen, und reden auf dich ein, hinterfragen deine Entscheidungen und Sichtweisen, geben Tipps und Ratschläge, wissen vieles besser. Plötzlich hinterfragst du dich selbst stärker und stärker und merkst, wie du zunehmend unsicherer wirst. Du zweifelst an dir und deinen mütterlichen Fähigkeiten und wirst dabei immer frustrierter.

Lass dir niemals, niemals, niemals deine Mama-Seele von jenen rauben, die denken, sie wären auf dieser Erde mit dem Auftrag, andere zu verurteilen oder dich mit Steinen zu bewerfen. Natürlich bist du nicht stets perfekt und selbstverständlich triffst du, trotz bester Absichten, einmal eine falsche Entscheidung. Das ist Teil des Lebens, auch als Mutter.

PERFEKTION HAT IM LEBEN EINER MUTTER NICHTS ZU SUCHEN! SIE MACHT UNS AUF DAUER KAPUTT UND NIMMT JEDER MAMASEELE DEN LETZTEN ENERGIEQUELL.

Ich bitte deshalb alle Mamas und Frauen inständig: Lasst uns einander bestärken in allem, was das Kinderleben so mit sich bringt. Lasst uns einander feiern und voneinander lernen, Fehler machen (die passieren täglich mehrfach, wir alle sind Menschen), über unsere Schwächen sprechen und einander dafür achten und wertschätzen.

Es ist doch schon herausfordernd genug, das Mama-Sein, nicht wahr? Und ist es nicht eher so, dass wir selbst die Schnellsten sind, die sich selbst verurteilen, sobald uns etwas im Umgang mit unseren Kindern nicht gut gelungen ist? Sind wir nicht auch die Ersten, die sich gedanklich auf die Finger klopfen, wenn wir mal nicht in Ruhe eine Antwort auf die tausendste »Warum«-Kinderfrage gegeben haben, sondern nur »Ich weiß nicht, ist eben so« antworteten?

Sind nicht wir aber auch die Ersten, die mit den Augen rollen, wenn wir bemerken, dass unser Kind in der Nacht zu fiebern beginnt und wir es am Vorabend, nach der fünften kindlichen Bitte, nochmals etwas zu trinken bekommen zu können, ins Bett schickten mit den Worten: »So, jetzt wird aber geschlafen, es reicht«?

Und sind wir nicht die Ersten, die sich nicht trauen, darüber zu sprechen, dass wir nachts, während das Baby im Dauernuckelmodus an unserem mittlerweile sehr schmerzenden Busen lag, dachten: »Mein Gott, war das ohne Kind schön. Ich gäbe alles dafür, wieder einmal richtig lange schlafen zu können.« Vielmehr behalten wir diese »bösen« Gedanken in der Hoffnung für uns, dass sie nur versehentliche Ausrutscher waren.

Wir dürfen einander Raum geben, damit wir uns zeigen können, denn nur so wird uns allen klar, dass es jeder Mama in der einen oder anderen Situation ähnlich ergeht. Wir alle geben unser Bestes und wir alle machen Fehler. Mom-Shaming unterdrückt diese so notwendige Öffnung und sorgt weiterhin dafür, dass wir unsere wahren Gefühle voreinander verbergen. Das ist nicht nur bedauernswert und unangenehm, sondern schadet auch! Deshalb haben wir von *Mindshift* übrigens eine Webseite erstellt, auf der du kostenlos Infos, Videokurse und Meditationen für mehr mütterliches Selbstvertrauen finden kannst. Außerdem lernst du dort andere Mamas kennen, die sich garantiert frei von *Mom-Shaming* über Tabuthemen der Mutterschaft austauschen. Schau gern auf meiner Webseite nach der Adresse.

Als Mutter von fünf Kindern ist es mir seit vielen Jahren, in denen ich beobachte, hinhöre und Frauen in ihrem individuellen Prozess begleite, ein großes Herzensanliegen, mit den Beschämungen von Müttern aufzuräumen und Wege zu finden, einander Gehör zu schenken. Denn ich bin überzeugt davon, dass wir nur dann gesunde Kinder ins Leben entlassen können, wenn wir auch dafür sorgen, dass sich deren Mütter wohl und sicher fühlen.

An diesem Buch schreibe ich seit vielen Jahren, denn es hat meine eigene mütterliche Reife gebraucht, um neue Erkenntnisse zu gewinnen und um all jenen Müttern Mut machen zu können, die bereit sind, ihre eigenen intuitiven Kompetenzen anzuerkennen und ihr Umfeld neu zu gestalten.

Bist du so weit?

MOM-SHAMING – MÜTTER-MOBBING DE LUXE

Wie immer wir zur Mutterschaft und zu ihrer Rolle stehen oder kamen, wir alle haben eines gemeinsam: Wir sehnen uns so sehr nach der *einen* Bedienungsanleitung, die uns die wichtigsten Tools mit an die Hand gibt, um eine gute Mutter sein zu können. Viele Mütter stellen sich insgeheim die Frage: »Wo bitte ist der *eine* Plan, der garantiert dafür sorgt, dass nicht nur das innig geliebte Kind, sondern auch das eigene Leben, die Partnerschaft und die berufliche Karriere von Glück und Erfolg durchzogen sein werden?«

Die Suche nach der einheitlichen Bedienungsanleitung für Mütter

Dieser Wunsch nach dem einen Rezept ist so menschlich wie das tägliche Hungergefühl. Aber genau deshalb ein Nährboden für Mom-Shaming. Wir wollen, dass wir die »richtigen« Entscheidungen im Leben treffen und nichts tun, was uns oder jenen, die wir lieben, schaden könnte. Dieser natürliche Drang verbindet gesunde Menschen miteinander, denn die Evolution hat es so vorgesehen, dass wir grundsätzlich füreinander Sorge tragen und uns gegenseitig nicht schädigen. Mom-Shaming ist die schädliche Variante, sich miteinander zu verbinden, und deshalb ist es wichtig, dass wir verstehen, warum es überhaupt existiert. Dieses Bedürfnis, das Beste für den Nachwuchs zu geben, ist sicherlich einer der

Hauptgründe, warum Frauen rund um den Globus so unsagbar versessen darauf sind, jeden erdenklichen Ratgeber über Schwangerschaft oder Mutterschaft zu lesen, andere Mütter um Rat zu fragen, Hilfe bei Ärzten, Therapeutinnen oder »Ältesten« suchen.

Die Natur hat vorgesehen, dass wir, sobald wir unser Kind im Arm halten, alles dafür tun wollen, um sein Überleben zu sichern. Dieser innere Drang, das Beste für das Kind zu wollen, ist biochemischer Natur und evolutionär durchaus sinnvoll. Denn ein Kind konnte seit Anbeginn der Menschheit nur überleben, wenn es jemanden, meist die Mutter, gab, die sich kümmerte und dafür Sorge trug, dass es in Sicherheit groß werden konnte.

Es sei an dieser Stelle erwähnt, dass neueste Erkenntnisse zeigen, dass dies natürlich auch im Interesse des Vaters ist und dieser genauso in der Lage dazu ist, für das Kind bestmöglich zu sorgen. Da es in diesem Buch vorrangig um Mütter geht, konzentrieren wir uns jedoch auf die Verbindung zwischen Mutter und Kind.

Zunächst war die Liebe, die eine Mutter zu ihrem Kind empfand, reine Biochemie und folglich menschlicher Eigennutz. Eine Steinzeitmutter stellte sich nicht die Frage: »Wie kann ich deine Potenziale fördern, dein Selbstwertgefühl stärken, dich in die beste Schule im Umkreis schicken, sodass du eines Tages den Beruf haben kannst, der deinen Fähigkeiten entspricht?« Nein, eine Steinzeitmutter fragte sich nur eines: »Wie kann ich dein Überleben sichern und dadurch eines Tages mein eigenes?« Denn nur durch gesunde und starke Nachkommenschaft war das Überleben des Stammes gesichert. So einfach war das. Immerhin hatten Kinder, sobald sie alt genug waren, die Aufgabe, das Überleben der Ältesten und somit das der Eltern eines Tages zu gewährleisten. Dadurch schloss sich der menschliche Kreislauf von Elternschaft. Aus einem Kind wurde ein Elternteil und aus diesem wiederum ein Großelternteil, das auf die

Hilfe der Jüngsten angewiesen war. Der ursprüngliche Gedanke von Mutterschaft diente demnach der Absicherung der Menschheit.

Im Grunde diente Elternschaft viele Tausende von Jahren also ausschließlich dem eigenen Überleben. Gefühle wie Glückseligkeit, Freude, tiefe Verbundenheit und Liebe zu einem kleinen Menschlein waren großteils rein biochemischer Natur und entsprangen keiner Ideologie, keinen Moralvorstellungen und keiner Wertematrix. All dies kam erst viel später in der Menschheitsgeschichte hinzu – in dem Zeitalter der Industrialisierung und dem Wachsen des Wohlstandes sowie der medizinischen Grundversorgung von Alten und Kranken. Die Rolle der Kinder, die als Erwachsene die eigenen Eltern pflegen und ernähren mussten, übernahmen im Laufe der Zeit auch andere Instanzen außerhalb der eigenen Familie, etwa Staat und Pflegeheime.

Damit veränderte sich die Rolle der Mutter, aber auch die der Elternschaft schlagartig. Denn von nun an war die Motivation, eigenen Kindern das Leben zu schenken, nicht mehr ausschließlich dem Zweck geschuldet, das eigene Überleben im Alter abzusichern, sondern so etwas, wie bedingungslose und seelische Liebe zu erfahren. Die moderne Frau hatte einerseits das Bedürfnis, dass die eigenen Kinder »es eines Tages besser haben als sie selbst«, und sie wollte darüber hinaus eine Art spirituellen Beitrag leisten, indem sie einem Lebewesen die Möglichkeit auf ein erfreuliches und erfülltes Leben schenkt. Die ursprüngliche Liebe zwischen Mutter und Kind veränderte sich demnach von weitgehend biochemischen Vorgängen zu werteorientierten Entscheidungen, die bewusst getroffen wurden. Doch damit entstand auch Mom-Shaming. Denn die Antwort auf die Frage, was genau passieren muss, damit ein Kind erfüllt und glücklich aufwächst, ist so vielfältig und umfangreich wie die Herleitung einer chemischen Formel. Jede Frau entscheidet individuell über die Frage nach Erfüllung und Glück. Je nach Kulturkreis, biografischen oder religiösen Hintergründen wird ihre Antwort immer anders ausfallen. Eine Frau, die in eher ärmlichen Verhältnissen aufgewachsen ist, wird vermutlich besonders viel Wert auf Bildung und finanzielle Absicherung legen. Eine Frau hingegen, die zwar in wohlhabenden Verhältnissen groß geworden ist, dafür jedoch erlebt hat, dass ihre Eltern selten Zeit für sie hatten, wird mit großer Wahrscheinlichkeit dem Wert der »gemeinsamen Zeit« einen höheren Stellenwert als Geld einräumen. Diese Unterschiede in der Interpretation eines »glücklichen Lebens« sind im Laufe der Zeit zu einem Nährboden für Mom-Shaming geworden. Doch Mom-Shaming findet sich auch in anderen Bereichen wieder.

Wie oft erzählten mir Frauen um die 35 Jahre, dass sie kopfschüttelnd von Fremden oder Vertretern der eigenen Familie angesprochen werden, ob sie denn noch nicht »ihre biologische Uhr ticken hören« und es nicht »an der Zeit wäre, endlich ein Kind zu bekommen«. Als gäbe es eine Art himmlisches Amazon, wo sich auf Knopfdruck Kinder-Päckchen bestellen ließen. Mom-Shaming beginnt also, bevor ein Kind überhaupt gezeugt, geschweige denn geboren wurde.

Wie viele Frauen berichten davon, dass sie im Kreißsaal eine Entmündigung ihrer Kompetenzen erfahren haben und keineswegs das Gefühl hatten, selbstbestimmt ihrem Kind das Leben schenken zu können. Und wie viele erzählen, dass sie nach der Elternzeit nicht mehr die Projekte erhalten haben, die ihnen vor der Mutterschaft anvertraut wurden, und sie durchaus das Gefühl hatten, Nachteile zu haben, seit sie sich für ein Leben als Mutter entschieden haben.

Anke, 41, zwei Kinder: »*Ich bin zu hundert Prozent alleinerziehende Mutter von zwei Kindern. Weil es sich nicht anders vereinbaren ließ, habe ich mich selbstständig gemacht. Ich bin aber trotzdem voll berufstätig als freie Projektleiterin. Oft arbeite ich bis zu zehn Stunden täglich. Übrigens habe ich von meinem Mann noch nie Unterhalt gezahlt bekommen. Ich war oft weit über meiner psychischen Leistungsgrenze, kann es mir aber als Selbstständige nicht leisten, mich krankschreiben zu lassen. Also habe ich immer funktioniert. Eine Mutter-Kind-Kur ist was für Frauen mit einer gesetztlichen Versicherung. Ich habe nie eine bekommen. Obwohl ich so viel arbeite, bleibt trotzdem nicht viel übrig. Ich weiß kaum, wie ich im Alter leben soll.«*

Vielfach scheint es, als würden wir Frauen dazu in der Lage sein, selbstbestimmt unser Leben zu leben, doch spätestens, wenn wir schwanger werden und es um die Vorbereitung zur Geburt geht, stellen wir fest, dass wir unfassbar vielen Vorschriften, Einengungen und Vorstellungen ausgeliefert sind. Es wird jungen Müttern enorm schwer gemacht, eigenständig ihre mütterliche Kompetenz dem eigenen Kind und Leben gegenüber zu entwickeln.

Entscheidet sich eine junge Mutter beispielsweise gegen einen Ultraschall oder eine Untersuchung außerhalb der empfohlenen Norm, muss sie damit rechnen, sich für ihre Entscheidung rechtfertigen zu müssen.

Ich erinnere mich noch gut daran, als ich während der drei Presswehen bei der Geburt meiner ersten Tochter allen Ernstes einen kleinen Holzstock, mit einem weißen Leinentüchlein umwickelt und in Lavendelöl getränkt, in den Mund geschoben bekam und die Hebamme zu mir sagte: »Ohne Ton, bitte! Ohne Ton!« Erst nach der Geburt realisierte ich, dass mindestens 20 Medizinstudenten um die Wanne, in der ich mein Kind gebar, standen und ihre Notizen machten. Damals hatte es in dieser Klinik erst zwei Wassergeburten vor mir gegeben, umso spannender fand es der Oberarzt, die dritte Geburt im Wasser gemeinsam mit seinen Zöglingen zu beobachten. Dies am besten, wenn die Gebärende auch ruhig und ohne Ton ihrem Kind das Leben schenkt. Bedauerlicherweise wurde ich damals nicht gefragt, ob mir das auch recht war.

In diesem intimen und schutzlosen Moment wurde ich ungefragt zum Forschungsobjekt. Es wurde für Ruhe gesorgt, damit sich die Studenten darauf konzentrieren konnten, alles genau zu beobachten und aufzuschreiben, während ihr Chefarzt mit erhobener Stimme die Geburt meines ersten Kindes kommentierte.

Als Neunzehnjährige war ich so perplex über die Skurrilität dieser Situation, dass ich kaum Worte fand, um diese Grenzüberschreitung zu verbalisieren. Ich lag völlig nackt in einer Wanne, gebar mein Kind und 42 neugierige Augen beobachteten mich dabei. Ich bin bedauerlicherweise nicht die einzige Frau, die solche Erfahrungen gemacht hat. Natürlich verstand ich damals, dass Studenten lernen müssen, was während einer Geburt geschieht, doch hätte ich mir gewünscht, darüber im Vorfeld informiert worden zu sein. Denn dann hätte ich bewusst die Entscheidung treffen können und gesagt: »Bitte nicht. Es ist mir sicherlich unangenehm und ich möchte lieber in einem intimeren Rahmen meinem ersten Kind das Leben schenken.«

Karla, 29, Mutter einer Tochter, erzählt: »*Als ich meine Tochter zur Welt brachte, hatte ich gefühlt sieben verschiedene Ärzte und Hebammen, die sich um mich kümmerten. Bei jedem Schichtwechsel hatte ich wieder eine neue Hand in meiner Vagina. Denn jeder wollte sich ein eigenes Bild der Lage machen. Natürlich wurde ich gefragt, ob sie mal eben kurz nachsehen dürften, aber mal ehrlich, welche Frau sagt schon beim ersten Kind selbstbewusst: ›Nein. Lassen Sie das! Ich mach das schon.‹ Ich hatte Angst und dachte, sie müssten das machen. Es tat weh, war unangenehm und ich weinte nicht aufgrund der Wehen, sondern weil ich mich erniedrigt fühlte. Es war sehr beschämend und ich konnte danach meinem Mann lange nicht mehr sexuell so offen wie früher begegnen.*«

Ist es einer gesunden Mutter nicht auch gestattet, eigenständig zu entscheiden, wann, wo und wie sie an ein CTG gehängt wird, einen Ultraschallkopf am Bauch hat oder einen tastenden Finger in ihrer Vagina? Natürlich, würden wir gewiss einstimmig behaupten: Ja! Doch die Wahrheit ist, dass viele Frauen, gerade wenn sie zum ersten Mal Mutter werden, nicht den Mut haben zu sagen, wenn ihnen etwas unangenehm oder nicht recht ist, aus Sorge, ihrem Kind dadurch zu schaden. Diese Sorge macht jedoch unfrei und abhängig von der Meinung anderer und dies ist der ideale Nährboden für Mom-Shaming. Bei jedem Schichtwechsel fühlt sich jemand dazu berufen nachzusehen, wie weit der Muttermund bereits geöffnet ist oder ob das kindliche Köpfchen im Becken liegt. Dass eine Frau locker vier bis zehn vaginale Eingriffe über sich ergehen lassen muss, von Personal, das »mal eben kurz« nachsehen will, fällt meist nur ihr auf. Früher freute sie sich über eine zärtliche Liebkosung ihrer Vagina durch ihren Partner, heute zuckt sie schon zusammen, sobald sie nur das Wort »Muttermund« hört.

Leider »warnt« einen selten jemand davor, auch nicht im Geburtsvorbereitungskurs. Ich persönlich habe erst bei meinem zweiten Kind gelernt, klar und deutlich »Nein!« zu sagen, sobald mir eine Untersuchung zu viel wurde oder mir etwas unangenehm war. Zuvor dachte ich: »Na gut, es muss sein. Ich habe hier offenbar kein Mitspracherecht. Der Arzt und die Hebamme wissen sicher, was sie tun, und sie müssen es letzten Endes auch besser als ich selbst wissen. Ich als Laie kann da bestimmt nicht mitreden.« Oder ich dachte: »Jeder angehende Mediziner muss schließlich lernen, wie es geht. Also lass ich ihn mal üben.«

Ich entmündigte mich mit diesen Gedanken im Grunde selbst, weil ich nicht einmal auf die Idee kam, dass ich natürlich auch ein Mitspracherecht habe, sobald es um meinen Körper geht. Nirgendwo sonst lernte ich das so sehr wie während meinen Schwangerschaften und der Geburt. Ich bin sehr dankbar darüber, dass ich rasch lernte, achtsamer mit mir, meinen Bedürfnissen und auch Grenzen umzugehen und diese zu kommunizieren.

Doch bedauerlicherweise geht es vielen anders. So viele Mütter haben mir von ihren traumatisierenden Geburtserfahrungen erzählt. Nicht etwa, weil die Wehen so schmerzhaft waren, sondern wegen der Art und Weise, wie Selbstbestimmtheit plötzlich in einen ganz anderen Kontext rückte und eine Limitierung erfuhr, die ihnen vielfach lange nach dem Geburtserlebnis noch den Schlaf raubte.

Weiter geht es mit den Entscheidungen darüber, ob wir stillen oder nicht, impfen lassen oder nicht, in die Kita geben oder nicht, das Kind eingeschult wird oder eben auch nicht. All diese Fragen wollen und müssen natürlich konstruktiv und fundiert diskutiert und beantwortet werden dürfen. Mütter tun sich dabei deshalb oft so schwer, weil sie dem Erwartungsdruck, das Richtige zu tun, nicht standhalten können oder selbst unsicher sind, welche Entscheidung tatsächlich die richtige ist. Aber auch, weil viele von ihnen in eine regelrechte Erklärungsnot geraten, sobald sie einen Weg für sich einschlagen, der womöglich dem Umfeld als wenig passend erscheint. Dann tendieren viele aus Unsicherheit dazu, die Entscheidung an Dritte abzugeben und zu tun, was der Arzt, die Wertematrix der Schwiegermutter, der Mainstream oder die Erzieherin denken und vorgeben. Der ideale Nährboden für *Mom-Shaming*.

Margit, 32, zwei Kinder, sagt: *»Ich habe es gewagt, in einer Facebook-Gruppe nachzufragen, wer denn alles impft, und mich als »Impfbefürworterin« geoutet. Noch nie in meinem ganzen Leben wurde ich in Folge derart böswillig beschimpft. Mir wurde plötzlich schwindelig, ich fing zu schwitzen an, bekam kaum noch Luft und stellte meine mütterlichen Fähigkeiten massiv infrage. Ich glaube, ich hatte meine erste Panikattacke, weil ich nicht damit umgehen konnte, so angefeindet zu werden. Ich verstehe, dass Menschen unterschiedliche Meinungen haben, aber muss* *man sie derart persönlich herabwürdigen, nur weil sie anders denken als man selbst? Nein, das muss keiner von uns. Schon gar nicht über Social Media, wenn man nicht einmal weiß, wer eigentlich hinter dem PC sitzt.«*

Im Grunde haben wir vergessen, dass es nicht darum geht, der Mutter bestimmte Entscheidungen abzunehmen, Handlungsempfehlungen auszusprechen oder Erziehungsmethoden anzuraten, sondern sie darin zu bestärken, die Fähigkeit zu entwickeln, eigenständig und in Zusammenarbeit mit Expertinnen und Experten Entscheidungen für sich und ihr Kind treffen zu können. Wir sollten sie und einander ermutigen, dieser herausfordernden Zeit der Mutterschaft mit Selbstvertrauen, Mut und Freude begegnen zu können. Dies gelingt einer Mutter jedoch nur dann, wenn sie neben eingehender Beratung von Expertinnen und Experten über ein gesundes Selbstvertrauen und den Draht zu ihrer inneren mütterlichen Kompetenz verfügt, dem sie vertrauen kann.

> **EINE MUTTER BRAUCHT SEHR VIEL SELBSTVERTRAUEN, UM ENTSCHEIDUNGEN, MIT DENEN SIE LEBEN KANN, TREFFEN ZU KÖNNEN.**

Selbstvertrauen bauen wir meist dadurch auf, wenn wir uns Wissen aneignen, es anwenden und mit diesem angewandten Wissen positive Erfahrungen machen. Genau das sind die Herausforderungen für Mütter, die zum ersten Mal ein Kind bekommen, denn sie können nicht auf ihren eigenen Erfahrungsschatz zurückgreifen und sind abhängig von jenem der anderen. Deshalb laufen Frauen, die sich nicht ausreichend auf das Abenteuer Kind vorbereiten konnten oder wollten, eher Gefahr, fremdbestimmt zu werden. Aber auch Mitmenschen laufen Gefahr, die werdende Mutter in ihrer Kompetenz nicht anzuerkennen und sich über sie zu stellen. Meine Erfahrung ist, dass seelisch gesunde Frauen von Natur aus, sobald sie ein Kind in sich tragen, mit einer natürlichen Kompetenz ausgestattet werden, das heißt, sie fühlt sehr wohl, was für ihr Kind und sie selbst das Beste ist. Wenn es ihr gelingt, diese natürliche Kompetenz mit ihrer Vernunft und dem Herzen, in dem die Werte und somit der Unterschied zwischen gut und böse, richtig und falsch liegen, zu kombinieren, verfügt eine Mutter über alles, was sie braucht, um ihr Kind gesund durchs Leben zu begleiten. Jene Mütter, von denen wir in den Nachrichten lesen, dass sie ihre eigenen Kinder vernachlässigen oder misshandeln, haben oftmals durch eine psychologische Pathologie oder eigene unverarbeitete Traumata keinen Zugang mehr zu dieser natürlichen und gesunden Kompetenz. Es gelingt ihnen nicht mehr, die drei Ebenen, die uns Menschen ausmachen, miteinander sinnvoll zu verbinden. Die gesunde und natürliche Leitung zwischen Bauchgefühl, Vernunft und Herz ist gestört. Diese besagt: »Sorge bestmöglichst für dich, dein Kind und dessen Wohl.« Die Herausforderung besteht darin zu erkennen, dass durch Verunsicherung, *Mom-Shaming* oder seelische Erkrankungen dieser innere mütterliche Draht gestört wird und Frauen dadurch das Gefühl haben, nicht über ihn zu verfügen, und sich deshalb von der Meinung Dritter abhängig machen.

Ich kann jeder werdenden Mutter deshalb nur ans Herz legen, sich so viel fundiertes und qualitativ hochwertiges Wissen über den bevorstehenden neuen Lebensabschnitt anzueignen wie irgend möglich. Vor allem aber in das eigene Selbstwertgefühl zu investieren und der mütterlichen und intuitiven Kompetenz wieder mehr Vertrauen zu schenken. Denn Mom-Shaming trifft uns dann am härtesten, wenn wir unsicher sind. Neben Ärztinnen, Hebammen, Erziehern und Lehrerinnen gibt es erfahrene Mütter, die ihr Wissen mit dir achtsam, wertschätzend und feinfühlig teilen. Diesen darf, wie zu Großmutters Zeiten, auch wieder Vertrauen geschenkt werden. Was dir noch sehr viel mehr helfen wird, ist, dir eine liebevolle und erfahrene Mentoren-Mutter zu suchen, die in einer ähnlichen Familiensituation bereits das erfolgreich gemeistert hat, was dir gerade bevorsteht.

Darüber hinaus kannst du dich einer Schutzgemeinschaft, die wir auf unserer Webseite anbieten, anschließen oder selbst eine gründen, in der du mit erfahrenen Müttern Halt, Sicherheit und Austausch erfahren kannst. Dein Umfeld entscheidet maßgeblich darüber, wie du die Schwangerschaft, Entbindung und Mutterschaft durchleben wirst!

Wann sind Mütter zum Allgemeingut geworden?

Anne, 36 und Mutter von drei Kindern, erzählt: *»Neulich, als ich im Kundalini Yoga war, fragte mich tatsächlich die selbst ernannte Guru-Kursleiterin, ob ich mir das mit der Meditation und dem Mantren-Singen auch wirklich gut überlegt hätte. Ihrer Erfahrung nach können sich Mütter nur sehr schlecht darauf einlassen, ›mal an etwas dranzubleiben‹. Wegen der Kinder. Sehr zum Ärger der Gruppe, die, wie sie sagte, davon lebt, dass alle sich aufeinander verlassen können. Ich habe meine Sachen gepackt und bin gegangen. Was bitte fällt ihr ein?, dachte ich. Am meisten verletzte mich aber, dass die anderen Frauen der Ansicht der Leiterin zustimmten und in dem Moment, in dem ich die Tür hinter mir schloss, zu klatschen begannen. In diesem Moment schossen mir die Tränen in die Augen, obwohl ich echt sehr taff bin, aber das ging zu weit. Ich wollte einfach nur eine Stunde Yoga machen und keiner Ideologie verfallen, schon gar nicht die Erfahrung machen, als Mama derartige vorgefertigte und unsinnige Meinungen zu hören.«*

Erst kürzlich las ich im Chat einer Müttergruppe, dass eine Mama sich dazu entschieden hatte, den Job zu kündigen, für den sie jahrelang studiert und gekämpft hatte, weil sie am Elternabend ihrer neunjährigen Tochter, die seit einiger Zeit schlechte Noten schrieb, hörte, wie andere Mütter sich über sie das »Maul zerrissen«, wie sie es nannte. Sie war so verunsichert und gekränkt, als sie das Geläster hörte, dass sie sich als völlige Versagerin fühlte. Nun werden bestimmt die ein oder anderen sagen, dass es immer wieder Menschen geben wird, die schlecht übereinander sprechen und frau sich das doch nicht so zu Herzen nehmen sollte. Doch gebe ich zu bedenken, dass niemand von uns genau weiß, was diese eine Mutter, die sich Mom-Shaming so sehr zu Herzen nimmt, dass sie ihr Leben ändert, bereits alles erleben musste. Wir kennen ihre private Situation nicht, ob sie womöglich schon als Kind gehänselt oder später beim Arbeitgeber von Kollegen gemobbt wurde. Wir wissen nicht, ob ihr Ehemann sie gerade betrügt oder sie ihr weiteres Kind in der elften Woche, als noch niemand anders über ihre Schwangerschaft Bescheid wusste, verloren hat. Das Gefährliche an Mom-Shaming ist, dass wir übereinander urteilen, ohne zu wissen, was im Leben der betroffenen Mama vorgeht oder was sie in ihrer Kindheit und ihrem bisherigen Leben erlebt hat.

  MOM-SHAMING TUT WEH!

Es tut so extrem weh, wenn wir entdecken, dass uns jemand für das vermeintliche »Fehlverhalten« unseres Kindes verantwortlich macht, weil selten danach gefragt wird, warum wir uns dazu entschieden haben, entweder abzustillen, per Kaiserschnitt zu gebären, wieder arbeiten zu gehen, das Baby in die Krippe zu geben, oder vier Wochen ohne die Kinder auf Kur mussten. *Es tut deshalb so weh*, weil vorschnell geurteilt wird, ehe nachgefragt wird, ob wir womöglich Hilfe brauchen könnten, wenn der Vorgarten seit Monaten unordentlich ist, die Wäsche sich türmt oder es das zweite Mal Pizza diese Woche gab. *Und noch mehr tut es weh*, wenn wir selbst feststellen, dass wir an der ein oder anderen Stelle tatsächlich das Potenzial gehabt hätten, eine »bessere« Mama zu sein, als wir es tatsächlich waren. Wobei ich folgenden Gedanken einwerfen möchte: Was bedeutet es überhaupt, eine »gute Mama« zu sein, und wer urteilt darüber?

Jede Mama weiß, dass wir mit uns selbst meist härter ins Gericht gehen als jedes Strafgericht dieser Welt. Wenn andere hier noch ihre »Meinung« über gut oder schlecht kundtun, ist es, als würde Mama in Ketten gelegt über den Dorfplatz gezogen werden. Dabei dachten wir alle, diese Zeiten wären schon längst vorbei ...

Mutterliebe macht verletzbar

Manuela, 48 Jahre, Mutter von drei Kindern: *»Kennst du das Gefühl von unbändiger Wut? Atemnot, diesen Druck im Kopf – der gefühlt immer stärker in den Ohren wird – und die ansteigende Verkrampfung im Körper, diese Wut, die aufkommt, wenn andere Menschen meinen, sich ein Urteil über dich zu erlauben, meinen, dich zu kennen! Wie oft habe ich diese Wut gefühlt mit Mitte 30, so viel Wut über die Engstirnigkeit der Menschen. Es wird so viel über Akzeptanz, Randgruppen und Gleichstellung geredet. Nur über eine Sache wurde immer noch nicht offen gesprochen, die eine Sache, die mich erst wütend und dann endlos traurig gemacht hat. Ich habe mich in einigen Momenten geschämt, drei Kinder von drei verschiedenen Männern bekommen zu haben! Dabei liebe ich meine Kinder über alles, über jedes* *von ihnen habe ich mich unendlich gefreut, es zu bekommen. Auch wenn es oft sehr schwer war, in Ehe eins mit einem notorischen Fremdgänger mit 22 Jahren bereits Mutter von meinem ersten Sohn zu werden. Meine Ausbildung hatte ich abgebrochen, erst später zu Ende gemacht. In Ehe zwei – mit einem narzisstischen, depressiven Mann, der mir das Blaue vom Himmel log – bekam ich Kind Nr. zwei im Trennungsjahr, weil ich es nicht mehr ertrug. Dann in der Zeit allein wurde mir alles angedichtet – von der Schlampe zur überforderten Langzeitsinglefrau. Es brauchte sieben Jahre, ehe ich wieder jemandem vertrauen konnte! Immer auf der Suche nach Harmonie kam Mann Nr. drei und es stimmte einfach alles. Es ging schnell, nach nur sechs Monaten Beziehung wurde ich schwanger mit Kind Nr. drei und ich wusste: Jetzt ist es der richtige Mann! Ich war hochschwanger, als mein Bruder zu Weihnachten kam, um mich zu besuchen, wir waren auf dem Weg zur Kirche, als ich neben mir Leute tuscheln hörte: ›He, schau dir die an, schon wieder schwanger – hat sie einen Neuen?‹ Ich schämte mich so sehr, weil mein jüngerer Bruder direkt neben mir stand und das mitbekommen hatte. Er schaute mich an, die Tränen standen mir in den Augen, so was musste ich mir öfter anhören, egal wo ich hinkam, kamen diese üblen Lügen. Ich wurde in Schubladen gesteckt, obwohl die Menschen mich nicht kannten. Es hat lange gedauert, bis ich verstand, dass das ein Ende haben musste. Ich nahm es für mich an und stand dazu: ›Ja! Ich habe drei Kinder von drei verschiedenen Männern. Und bin ich deswegen ein schlechterer Mensch, ein Mensch zweiter Klasse? Ich sage es dir, wie es ist – ich bin glücklich darüber, so wunderbare Kinder zu haben!‹ Heute spreche ich offen darüber, bin stolz. Und ich spreche deshalb darüber, weil all die Kränkungen mich oft tatsächlich krank gemacht haben. Ich habe wortwörtlich über Jahre alles in mich reingefressen. Das muss sich kein Mensch, keine Mutter antun! Sprechen wir darüber!«*

Natürlich wollen wir als Mama alles richtig machen und in jedem Fall dafür sorgen, dass unser Kind, wie immer es entstanden ist, ein kleines Strahlebäckchen wird, das von allen gemocht wird und bis an sein Lebensende, das unseres bestenfalls bei Weitem überdauert, glücklich, erfüllt und erfolgreich ist.

> **MIT EINEM MAL ERKENNEN WIR, DASS WIR VERDAMMT ANGREIFBAR UND VIEL VERLETZLICHER SIND, ALS WIR ES JE ZUVOR WAREN.**

Vermutlich, weil wir noch nie zuvor so tief und innig geliebt haben, wie wir es als Mütter tun.

Diese unsagbare Liebe zu unseren Kindern macht uns verletzlich. Das weiß jede Frau spätestens dann, wenn sie ihr lange ersehntes Neugeborenes zum ersten Mal in ihren Armen hält, den süßlichen Duft der zarten Haut riecht und das Glucksen der ersten Atemzüge hört. Plötzlich kommen diese einzigartigen Gefühle, die uns wie ein Tsunami überschwemmen, und wir nehmen eine Liebe in uns wahr, von der wir nie zuvor nur annähernd geahnt hätten, dass es sie gibt. Dafür sind viele von uns bereit, so einiges aufzugeben, was jedoch auch ein weiterer Teil unserer Identität ist.

Wenn alles einfach zu viel wird – das innere Mom-Shaming

Was aber, wenn Mama feststellt, dass ihr genau dieses Gefühl, von dem alle sprechen, fehlt? Wenn sie mit einem Mal entdeckt, dass alles zu viel ist, alte Traumata hochkommen, die sie nicht einordnen kann und die sie deshalb mühevoll versucht zu verdrängen? Was, wenn sie selbst glaubt, sie wäre eine furchtbare Mutter, sobald sie die Gefühle der Angst, Ablehnung, des Zweifels und der Sorge zulässt?

Dann fühlt sie sich neben all den anderen strahlenden Mamas plötzlich schuldig, furchtbar schlecht und als Versagerin. »Sollte nicht jede Mama auf Wolke 7 schweben?«, schallt es durch Mamas Kopf und das interne Mom-Shaming nimmt seinen Lauf.

Aus Scham sind viele von uns zu Meisterinnen darin geworden, Schuldgefühle zu verstecken und so zu tun, als wären wir zufrieden mit unserem Leben als frisch gebackene Mamas. Aber auch später, wenn uns das Kind offenbart, dass es nach der Scheidung lieber bei Papa leben möchte, nicht weil es uns ablehnt, sondern weil Papa einfach näher an der Schule und den Freunden wohnt und unser Kind das Busfahren nicht mag, verschweigen wir allzu oft unsere damit verbundenen Gefühle der Kränkung, vor allem dann, wenn auch von außen Mom-Shaming zu unseren Lebensumständen betrieben wird.

Home-Mom versus Working-Mom – vom Makel beruflich engagierter Mütter

Elternschaft ist zu einem der größten Hamsterräder der Neuzeit geworden. Denn es gibt so unfassbar viel zu tun, zu leisten, zu beachten und vorzusorgen. Da dies jedoch großteils tabuisiert wird, ist es kein Wunder, dass sich immer mehr Mütter zusammenschließen und es mittlerweile mehr Social-Media-Gruppen zu einem selbstbestimmten Leben mit Kindern gibt als Online-Kochrezepte.

Viele von uns kennen Urlaube in südlichen Ländern mit Kindern. Wenn ich dort berichte, dass ich Mama von fünf

Kindern bin, werde ich beinahe wie eine Heilige behandelt. Hier in unserem Land begegnen einem die Menschen bedauerlicherweise an vielen Orten mit einem mitleidigen Augenrollen, Kopfschütteln oder einem großen Fragezeichen über den Köpfen, sobald sie davon erfahren, wie vielen Kindern ich das Leben geschenkt habe. Oft hörte ich die Leute reden, dass man bei so vielen Kindern bestimmt sehr viele Einschränkungen, vor allem finanzieller Natur, in Kauf nehmen muss und es unverständlich ist, wie verantwortungslos man sei, als moderne und kluge Frau so eine Entscheidung getroffen zu haben.

Unverständlich ist es hierzulande vielen, dass eine Frau durchaus bei vollem Bewusstsein ist, wenn sie freiwillig, wie es oft heißt, »auf ihr Leben als unabhängige Frau« verzichtet, um »nur« für Kinder da zu sein. Dass ich zeitgleich ein Unternehmen führe und seit 17 Jahren in eigener Praxis sehr erfolgreich tätig bin, wird dann doch wieder als selbstverständlich angesehen und mit einem Satz wie: »*Na ja, man kann ja als Mutter anderen nicht auf der Tasche liegen*«, abgetan. Dabei ist es enorm wichtig, dass wir jeder Mutter das Recht geben und die realistische Wahl lassen, eigenständig darüber entscheiden zu können, ob sie nun bei ihren Kindern zu Hause bleiben möchte, so lange, wie sie dies für richtig hält, oder zurück ins Berufsleben kehrt und ihr Partner, die Großeltern oder Erzieherinnen, Tagesmutter oder Au-pair das Kind betreuen oder ob sie sich dazu entscheidet, beides zu vereinen.

Ich möchte behaupten, dass ein Vater, der erfolgreich ein Unternehmen führt und seinen fünf Kindern ein sehr gutes Leben ermöglicht, bedeutend mehr gesellschaftliche Anerkennung erfahren wird, als eine Mutter es je bekommen wird. Gern würde ich mich irren, glaube mir.

Genau hier setzt das subtile Mom-Shaming besonders an und die Unterschiede zwischen den Geschlechtern zeigen sich deutlich.

Von Frauen wird in der Gesellschaft des 21. Jahrhunderts erwartet, dass sie vorbildlich Beruf und Familie verbinden und in beiden Feldern exzellente Arbeit leisten. Machten sie beruflich oder bei den Kindern einen »Fehler«, läuft der Teufel schneller los als das teuerste Rennpferd der Welt. Gerade jetzt, nach den Corona-Maßnahmen, wurde immer mehr Menschen bewusst, was Mütter tatsächlich alles leisten, wenn sie ihre Kinder zu Hause betreuen, arbeiten gehen und den Haushalt und alles, was sonst noch zum Familienleben dazugehört, meistern. Frauen, die sich entscheiden, Mutter zu werden, nehmen vielfach in Kauf, einen Karriererückschritt machen zu müssen, denn es ist nun einmal ein Fakt, dass keine von uns einfach mal so, »im Vorbeigehen«, einem Kind das Leben schenken kann. Nein, es bedeutet immer eine gewisse Form des Verzichtes, Mutter zu werden, und ich glaube, erst jetzt, wo die gesamte Erdbevölkerung durch den Shutdown erfahren hat, was Verzicht bedeutet, besteht die Möglichkeit, die Situation von Müttern in aller Tiefe nachzuvollziehen. Bisher war nur uns klar, was genau wir entbehren, sobald wir Mütter werden. Nicht nur, dass wir auf Partys, Kinobesuche, bestimmte Lebensmittel oder sonstige Dinge des alltäglichen Lebens verzichten, sobald wir ein Kind erwarten. Nein, es ist deutlich mehr und weitreichender, als viele dachten.

> **DIE WAHRHEIT IST, DASS MUTTERSCHAFT AUCH DEN VERZICHT AUF KARRIERECHANCEN ODER WIRTSCHAFTLICHEN WACHSTUM BEDEUTET.**

Denn selbst, wenn Mütter relativ schnell nach der Geburt wieder zurück in ihren Job kehren, ist der Stempel der »Mama« in großer Leuchtschrift auf ihrer Stirn bei jedem Meeting präsent, sobald das Handy klingelt und die Nanny

Bescheid gibt, dass das Kind erkrankt ist und dringend von der Mutter versorgt werden muss.

Mom-Shaming vom Feinsten kommt aber erst jetzt:
- Mütter verdienen einer Studie zufolge aufs gesamte Erwerbsleben gesehen deutlich weniger als kinderlose Frauen. Diese »motherhood lifetime penalty« (lebenslange Strafe der Mutterschaft) ist im Verlauf der Zeit sogar größer geworden, wie eine Auswertung der Bertelsmann Stiftung belegt, die im Juli 2020 veröffentlicht wurde.
- Kinderlose Frauen konnten den Einkommensrückstand zu Männern mit der Zeit dagegen verkleinern. Nach Prognosen der Autorinnen dürften sich die Ungleichheiten durch die Corona-Krise noch weiter verschärfen, da dadurch etwa zusätzliche Betreuungsarbeit notwendig geworden ist.

Die Entscheidung für ein Kind führt bei Frauen demnach durchschnittlich zu Einbußen von rund 40 Prozent, bei drei oder mehr Kindern sogar von bis zu 70 Prozent. Diese massiven Einschnitte erklären sich vor allem dadurch, dass viele Mütter ihre Beschäftigung zeitweise pausieren und auch danach oft in Teilzeit weiterarbeiten.

Dazu später mehr.

Die ganz geheimen Wünsche

Wir alle wollen, dass unser Kind zu einem erfolgreichen und glücklichen Erwachsenen heranwachsen kann, und wir alle wollen einen wichtigen Beitrag dazu leisten.

Selbst Mütter, die von sich behaupten, es wäre ihnen völlig gleichgültig, ob aus ihrem Jan-Sedrick, Korbinius oder

der Stella-Marie ein Arzt, Spitzensportler oder einfach eine Lebenskünstlerin wird, ertappen sich heimlich und im Verborgenen dabei sich vorzustellen, wie schön es wäre, für all die Mühe, die sie in das Kind steckten, irgendwann einmal entlohnt zu werden. Wenn es sich dabei auch nur um das eigene Kind handelt, das als Erwachsener mit Blumen in der Hand im Türrahmen steht und uns liebevoll und dankend um den Hals fällt.

Muttersein ist weit mehr als nur eine Nebensache oder etwas, das so »passiert« oder eben nicht. Egal, ob wir dabei »nur« für das Kind da sein werden, einem Job nachgehen, in Jogginghosen rumlaufen, stillen, Fläschchen geben, eine PDA oder Kaiserschnitt hatten oder zu Hause das Kind zur Welt brachten oder einfach auf dem Spielplatz weiter unsere Lieblings-High-Heels tragen.

Von Tag eins unserer Mutterschaft an wollen sogar die Bescheidensten unter uns insgeheim und stolzerfüllt all das Lob der Welt für unsere Mühen, Entbehrungen, Entscheidungen und Opfer einheimsen, die so ein Mamaleben nun mal mit sich bringt. Wie oft träumen wir davon, dass unsere Kinder, unser Partner, die Eltern, Schwiegereltern und Freunde für uns eine Party schmeißen und eine komplette Nacht lang unser Engagement als Mama mit uns feiern? Vermutlich selten, schon klar, schön wäre es trotzdem, nicht wahr?

> **VIELE ZUVOR SELBSTSICHERE FRAUEN FÜHLEN SICH PLÖTZLICH UNSICHER, SOBALD SIE MIT DER MUTTERROLLE UND DEREN ANFORDERUNGEN KONFRONTIERT WERDEN.**

Die unzähligen Erwartungshaltungen an uns Mütter machen deshalb betroffen, weil immer mehr junge Mütter an Depressionen, Schuldgefühlen, Ängsten, Selbstzweifeln, Karriererückschritten und vor allem unter der Müttermafia leiden. Logisch, wer soll diesem Druck schon standhalten können?

Für die Müttermafia gibt es selten ein reflektiertes Gespräch nach allen Regeln der gewaltfreien Kommunikation, sondern vielmehr eine »Hau den Lukas«-Manier. Sensibilität, Empathie oder Achtsamkeit sind für die Müttermafia Fremdwörter. Ich habe zahlreiche Mütter für dieses Buch interviewt. Jede einzelne von ihnen berichtete, dass sie mindestens einmal in ihrem Leben Mom-Shaming erlebt hat und dabei oft am Rande der Verzweiflung stand.

Mom-Shaming passiert auf so vielen Ebenen. Es beginnt oft mit Eintritt der Schwangerschaft, wenn wir gefragt werden: »*Und, hast du dir das auch gut überlegt, bist du dafür wirklich schon bereit?*« Und es endet auf der Weihnachtsfeier mit der Frage: »*Na, wirst du eine von diesen ›Working Moms‹ sein oder nur eine Mom?*«

Gleichzeitig stellte ich fest, wie viele Hemmungen ich selbst hatte, dieses Buch zu veröffentlichen. Im Grunde dauerte es viele Jahre, ehe ich den Mut fasste, meine Erfahrungen, meinen Wissensschatz, vor allem jedoch meine eigene Biografie so offen darzulegen. Ich hatte große Sorge, mich selbst der Müttermafia wie ein Stück heiß ersehntes Fleisch zum Fraß vorzuwerfen, und es verlangte mir einiges an Mut ab, es trotzdem zu tun.

Obwohl ich mich mittlerweile als Mama von fünf Kindern, Unternehmerin und Bindungstherapeutin selbstsicher fühle, musste ich feststellen, dass das Fass der inneren Toleranz für Mom-Shaming schon sehr lange am Überlaufen war und die Sorge, dass genau das mit Veröffentlichung des Buches erneut passiert, durchaus vorhanden ist. Mal ehrlich, wer will schon ein Häppchen für Mom-Shaming sein? Wir alle wollen im Grunde nur eines: ein glückliches, entspanntes, friedvolles und erfülltes Leben – als Mama, als Frau, als Familie. Vor allem wollen wir unsere Kinder beschützen und dafür sorgen, dass sie eines Tages selbsterfüllt in die Welt gehen können. Genau das ist es auch, was uns Mamas eint. Darauf müssen wir uns wieder besinnen.

Das ist deshalb so unfassbar wichtig, weil es keinen anderen Bereich gibt, in dem wir verletzlicher und angreifbarer sind als in der Mutterrolle. Doch genau in dieser sollte sich eine Frau wohlfühlen können, sobald sie Mutter geworden ist. In der Rolle einer Mutter lassen sich weder Schwächen verbergen noch Stärken aufplustern. Es gibt keine Bedienungsanleitung, die für jede gleich funktioniert. Muttersein ist so individuell, wie unser Daumenabdruck es ist, deshalb sind wir alle so oft verunsichert und ratlos, wenn es um unsere liebsten Schätze geht – unsere Kinder.

Obgleich wir Mütter weltweit so gut miteinander vernetzt sind und sogar Einblicke darauf haben, wie beispielsweise ein Superstar seine Kinder erzieht, so verunsichert sind wir, wenn wir feststellen, dass wir selbst in Wahrheit keinen Plan haben, wie wir die Mutterrolle wirklich gut meistern können. Die Rolle der Mutter im 21. Jahrhundert ist gefärbt von Schubladendenken und Schwarz-Weiß-Dogmen, die nicht selten längst überholt sind. Eine Frau, die in ihrem Beruf als selbstbewusste Expertin und Top-Mitarbeiterin gilt, kann sich zeitgleich in der Rolle als Mutter unsicher und überfordert fühlen.

Mein Dank gilt an dieser Stelle all jenen, die eine Mama einfach mal in den Arm nehmen oder milde anlächeln, wenn der kleine Schatz wieder mal im Supermarkt schreiend am Boden mit den Fäusten das Überraschungsei, das er eigentlich nicht haben durfte, zerquetscht …

Wann willst du denn wieder arbeiten gehen?

Das Thema Mom-Shaming ist, gerade wenn es um die Verbindung von Beruf und Mutterschaft geht, größer, subtiler, aber auch tabuisierter als je zuvor. Immer mehr Mütter berichten davon, dass sie das Gefühl haben, unter Druck zu stehen, sobald sie Mutter werden und ihre Karriere fortsetzen möchten. Jene, die zum ersten Mal Mutter werden, erhalten Zuspruch für ihre Entscheidung, einem Kind das Leben zu schenken, zugleich jedoch auch die Frage: *»Wann willst du denn wieder arbeiten gehen und Geld verdienen?«* Davon abgesehen, dass manche Mütter einfach arbeiten müssen, um in Deutschland nicht von Hartz 4 leben zu müssen, sehen sich viele Mamas in der Rolle, nicht aus finanziellen, sondern emotionalen Gründen weiter arbeiten gehen zu müssen, gefangen. Offenbar haben Beitrag und Wert einer Mutter für die Gesellschaft mit dem deutlichen Wirtschaftswachstum und dem Aufbau des Vermögens so eine geringe Bedeutung, dass viele Frauen das Gefühl haben, keinen wertvollen Beitrag durch ihre Mutterschaft zu leisten. Sie sehen sich geradezu gezwungen, beide Rollen – die der Versorgung mit jener der Mutter – zu vereinen, um letztendlich dadurch vollwertiges Mitglied dieser Gesellschaft mit all ihren Erwartungen bleiben zu können. Das Selbst ist oftmals stark getrieben von dem Drang, von außen bestätigt zu werden.

> **ES GILT HEUTZUTAGE ALS VÖLLIG NORMAL, DASS EINE MAMA BEIDE ROLLEN GUT MITEINANDER VERBINDEN KANN.**

Das heiß diskutierte Stichwort an dieser Stelle lautet: Gender Pay Gap. Ist es wirklich wahr, dass Mütter oftmals deutlich weniger verdienen als Väter und, wenn ja, ist das Mom-Shaming vom Feinsten? Ich möchte an dieser Stelle näher darauf eingehen, um mit Mythen und Vorurteilen aufzuräumen. Eine Studie aus Juli 2020 spricht Bände.

Zu den wichtigsten Unterschieden zwischen Vätern und Müttern zählt nach wie vor, dass Frauen mehr Zeit mit der Erziehung der Kinder oder der Pflege der Eltern verbringen als Männer. Frauen arbeiten genau deshalb deutlich öfter in Teilzeit oder unterbrechen ihre Arbeit länger und bekommen aus diesem Grund vielfach niedrigere Stundenlöhne als in Vollzeit. Darüber hinaus arbeiten Frauen überwiegend in niedriger bezahlten Berufen oder Positionen, wie Erziehung, Pflege oder Sozialarbeit. Wohingegen Männer eher in gut bezahlten Branchen, wie IT oder Ingenieurswesen. Doch auch in derselben Branche oder im selben Beruf haben Männer häufiger Führungspositionen oder andere höherbezahlte Positionen und Frauen seltener. Das hängt damit zusammen, dass Frauen insgesamt einen geringeren Arbeitsumfang haben, denn Führungspositionen oder andere höherbezahlte Positionen setzen oft Vollzeit voraus, wenn nicht sogar Überstunden. Dies ist jedoch gerade Müttern selten möglich umzusetzen. Ein großer Teil des Gender Pay Gaps lässt sich für den Großteil der Menschen dann irgendwie »logisch« erklären. Doch ein Teil bleibt völlig unerklärt. Dieser unerklärte Gender Pay Gap ist der »bereinigte Gender Pay Gap«. Er besagt, dass Frauen bei vergleichbarer Arbeit 6 Prozent weniger als Männer verdienen, was viele noch für relativ überschaubar halten. Der unbereinigte Gender Pay Gap hat hingegen einen anderen Fokus. Er besagt nämlich, dass Frauen im Schnitt 21 Prozent weniger als Männer verdienen, vor allem, weil sie sich beruflich unterschiedlich entscheiden, verhalten oder handeln. Genau hier wird es spannend. Einerseits sind diese Gründe sogar statistisch nachvollziehbar, denn in ihnen steckt eine interessante Schlussfolgerung, nämlich das heiß diskutierte Thema »Zeit für die Familie«.

Sei es für die Erziehung der Kinder oder die Pflege der Eltern. Frauen nehmen sich hierfür in der Regel mehr Zeit als Männer. Aber, und jetzt kommen wir zu einem Punkt, den ich für Mom-Shaming würdig halte, diese Zeit hat ihren Preis. Denn es ist immer ein Art Trade-off, wenn sich die Frau entscheiden muss: »*Entweder habe ich mehr Zeit für meine Kinder oder ich verdiene mehr.*« Diese Tatsache können wir entweder als finanzielle Frauenbenachteiligung sehen oder wir sehen es etwas allgemeiner als eine Art finanzielle Erziehungs- und Pflegebenachteiligung. Hier ist die Frage angebracht: »Ist das fair?«

Wenn wir die Altenpflege außen vor lassen, dann gibt es hierzu das häufige Mom-Shaming-Argument: »*Kinderkriegen ist Privatvergnügen und Privatballast eines jeden Einzelnen. Es wird ja niemand dazu gezwungen, Kinder zu bekommen und diesen Trade-off zu machen.*« Das halte ich persönlich allerdings für ein bisschen kurz gedacht, weil Kinder ein enorm wichtiger Teil unserer Gesellschaft sind und ihre Erziehung und Entwicklung nicht nur reine Privatsache sind, sondern einen direkten und bedeutsamen Einfluss auf die Gesamtgesellschaft haben.

Ein weiteres spannendes Argument an dieser Stelle, das ich nicht vorenthalten möchte, ist: »Niemand zwingt Mütter dazu, mehr Elternzeit zu nehmen als Väter oder öfter in Teilzeit zu arbeiten.« Natürlich ist es so, dass bei Frauen die Schwangerschaft noch als zeitliche Einschränkung oder möglicher Risikofaktor durch eine Risikoschwangerschaft hinzukommt. Schauen wir beispielsweise in die USA, sehen wir, dass Frauen bis kurz vor der Entbindung noch arbeiten gehen und dann weniger als einen Monat Elternzeit nehmen. Ob das jetzt gut ist oder nicht.

Eine Frau wird streng genommen weder gesetzlich noch biologisch dazu gezwungen, so viel zu Hause zu bleiben, wie sie es im Durchschnitt tut, und genau deshalb ist dies ein Nährboden für Mom-Shaming. Denn wie oft hören wir gerade im Arbeitsumfeld: »*Mütter sind ja selbst schuld für die Entscheidungen, die sie treffen.*« Und genau damit kommen wir zum eigentlichen Knackpunkt der Gender-Pay-Gap-Debatte: Entscheidungsfreiheit.

Richten wir unseren Blick auf die Ursachenerhebung, sehen wir, dass es nur geringe Durchschnittsunterschiede zwischen Männern und Frauen in Sachen Ausbildung und Qualifizierung gibt. Wir können also eher ausschließen, dass Mütter niedrig bezahlte Jobs nehmen, weil ihnen die Ausbildung für Höheres fehlt. Exakt dieses Thema ist jedoch auch wieder ein häufiger Grund für Mom-Shaming. Denn wie oft hören Mütter: »*Na, die Ausbildung und das vorhandene Wissen sind wohl mit deiner Schwangerschaft verlorengegangen und haben wohl für einen Karrieresprung nicht mehr gereicht?*«

Ein mir befreundetes Ehepaar, beide arbeiten im höheren Management, berichtete mir im Mai 2020 von folgender Begebenheit: »*Als ich meinem Chef von der Schwangerschaft erzählte, schrie er mich an, was mir eigentlich einfällt und dass ich mir Elternzeit gefälligst abschminken sollte. Beim Verlassen des Raumes raunte er mir zu: ›Ich hätte mich nie darauf einlassen sollen, einer Frau diesen Posten zu geben, das bringt nur Ärger.‹*« Sie musste gerichtlich gegen ihren Chef vorgehen, um in Elternzeit gehen zu können. Am Ende hat sie gekündigt, denn in so einer Firma wollte sie nicht weiterarbeiten, schon gar nicht als Mutter. Was das für ihre Karriere bedeutete, ist eine andere Geschichte. So viel zu Entscheidungsfreiheit.

Spinnst du? Fremdbetreuung – jetzt schon?

In diesen Themenkomplex gehört die leidige Frage der »Fremdbetreuung«. Wenn beide Elternteile den alten Rollenbildern aus welchen Gründen auch immer entschlüpfen, sind sie dazu aufgefordert, ihr Kind in Fremdbetreuung zu geben. Ein unfassbar großes Mom-Shaming-Fass. Denn was ist für das Kind das Richtige? Betreuung durch Mama, Papa, Großeltern, Tagesmutter oder Krippe? Eine Krippe, die auf hohe Qualität Wert legt, in Form von niedrigem Betreuungsschlüssel, zusätzlich ausgebildetem Personal in Bindungstherapie, Eingewöhnungszeiten von mindestens acht Wochen und kaum wechselnden Bezugspersonen für die ganz Kleinen, ist sicherlich eine sinnvolle Angelegenheit. Vor allem, wenn eine Mama gleich nach dem Mutterschutz von sich aus und aus freien Stücken Freude daran hat, wieder in ihren Beruf zurückzukehren und weder Papa noch Familie zur Kinderbetreuung einspringen können.

Alles andere halte ich jedoch für bedenklich. Nein! Ich sage damit keineswegs, dass es falsch ist, ein Kleinkind in eine Krippe zur Betreuung zu geben oder Krippenplätze zu schaffen, zu Hause zu bleiben oder arbeiten zu gehen. Sondern ich gebe zu bedenken, dass es durchaus näher zu betrachten ist, aus welcher Motivation heraus dies geschieht und unter welchen Umständen. Es ist eine bisher völlig überholte Annahme, dass Babys sich nur dann gesund entwickeln können, wenn die Mutter bei ihnen bleibt.

> **DAS ENTSCHEIDENDE IST, DASS DIE QUALITÄT DER BETREUUNG AUF FEINFÜHLIGKEIT BERUHT UND GESICHERT UND ZUVERLÄSSIG SEIN MUSS.**

Bis sich das jedoch herumgesprochen hat, wird es wohl noch einige Zeit dauern und Mom-Shaming auf der Tagesordnung stehen.

Viele besonders achtsame Mütter fühlen eine große innere Belastung, weil sie einerseits wissen, dass Kinder Stabilität, Feinfühligkeit, Liebe und Halt brauchen, aber andererseits davon ausgehen, dass nur sie dazu in der Lage sind, ihrem Kind das zu vermitteln. Aus diesem Grund halte ich es für besonders wichtig, gerade den unsicheren Müttern mitzuteilen, dass ein Kind genauso gut vom Vater oder anderen Bezugspersonen Stabilität, Feinfühligkeit, Liebe und Halt bekommen kann wie von ihnen selbst. Um externem oder internem Mom-Shaming vorzubeugen, gehe ich nun näher darauf ein.

Es gibt anthropologische, psychologische, neurologische und endokrinologische eindeutige Hinweise darauf, dass Mütter nicht von Natur aus die besseren Elternteile sind als Väter. Dieses Wissen kann Elternpaaren zumindest im Kopf mehr Freiheit verschaffen, um die Babyzeit so zu gestalten, wie beide es wirklich möchten. Sei es jetzt hauptsächlich Mama oder hauptsächlich Papa oder beide möglichst ausgeglichen, die sich ums Kind kümmern. Wissenschaftlich spricht viel dafür, dass jede Variation der Aufteilung gut ist, solange man ein guter Elternteil sein will. Doch gesellschaftlich gibt es für diese Entscheidungsfreiheit noch einige Hürden, vor allem für alle, die ein weniger klassisches Familienmodell bevorzugen. Darin liegt viel Mom-Shaming-Potenzial, denn noch immer berichten zahlreiche Mütter und Paare darüber, dass sie eben nicht das Gefühl haben, frei entscheiden zu können, ohne für Diskussionen im Umfeld zu sorgen.

Franz und Angelika, Eltern von drei Kindern, berichten: »*Wir haben uns schon sehr früh dazu entschieden, dass Angelika gleich nach dem Mutterschutz wieder arbeiten geht, weil sie einfach deutlich mehr verdient als ich und sie ehrlich gesagt auch deutlich lieber arbeiten geht, als ich es tue. Bei uns war es also umgekehrt als üblich. Ich lernte als Krankenpfleger einen sozialen Beruf, Angelika ist Ingenieu-*

rin und Führungskraft. Angelika wurde im familiären Umfeld oft gefragt, wie sie es denn ertragen könnte, ihre Kinder so früh im Stich zu lassen, und ich wurde gefragt, wie ich denn dieser unmenschlichen Belastung als Mann standhalten könne oder ob ich mich denn überhaupt noch als Mann fühle, wenn sie arbeiten geht und ich zu Hause bin. Es war ein Fass ohne Boden, das sich plötzlich vor uns auftat. Wir waren fassungslos über die zahlreichen Vorurteile Rollenbildern gegenüber. Unsere Kinder sind alle drei sehr glücklich und wir sind es auch, also worin genau besteht das Problem?«*

Manches Mal ist es aber auch so, dass beide Elternteile arbeiten gehen oder sie alleinerziehend sind. Dann geht das Kind in eine Fremdbetreuung. Auch hier gibt es viel Mom-Shaming-Potenzial. Wichtig zu wissen ist: Je jünger ein Kind ist, desto mehr Sicherheit braucht es, eine zuverlässige Betreuung über einen längeren Zeitraum vorzufinden. Dies kann und sollte idealerweise auch in Krippen stattfinden, ohne dass das Kind einen psychischen Schaden davon nimmt, wie die Müttermafia des Gegenlagers oftmals behauptet. Genau deshalb sollte sehr viel mehr Wert darauf gelegt werden, dass externe Betreuungseinrichtungen Erzieherinnen oder Tagesmüttern deutlich mehr Gehalt zugestehen. Auch ein adäquater Betreuungsschlüssel spielt eine Schlüsselrolle. Darüber hinaus sollte ein Krippenplatz, vor allem in Großstädten, nicht den gesamten Lohn der Mutter oder des Vaters verschlingen.

Elisabeth, 42, Mutter von drei Kindern und beruflich als Sekretärin tätig, sagt: »*Als ich meine jüngste Tochter in die Krippe brachte, durfte ich sie gerade einmal drei Wochen begleiten. Für ihre beiden Geschwister war das kein Problem. Aber für meine Jüngste durchaus. Die Erzieherinnen legten sehr viel Wert darauf, dass ich nach einem bestimmten von ihnen vorgeschlagenen Zeitplan die Eingewöhnung umsetze. Es fiel meiner Tochter jedoch extrem schwer, mich gehen zu lassen. Sie krabbelte mir nach und weinte, was das Zeug hielt. Wir hatten eine sehr innige Bindung und es zerriss mir das Herz, sie weinend dort zu lassen. Gleichzeitig wollte ich aber unbedingt wieder arbeiten, immerhin hatte ich sehr lange für meinen Job studiert. Als ich meinen Mut zusammennahm und fragte, ob ich denn weitere drei Wochen Eingewöhnung haben könnte, hieß es, dass dafür leider die Kapazitäten fehlen. Am letzten Tag der dritten Woche hatte ich ein Gespräch mit meinem Arbeitgeber. Ich musste weinen, während ich ihn darum bat, im Homeoffice die Arbeit erledigen zu können. Ich war wie hin- und hergerissen. Einerseits hatte ich Angst, es nicht überstehen zu können, täglich mein weinendes Baby zurückzulassen, andererseits, meinen Job zu verlieren. Gott sei Dank war mein Arbeitgeber selbst Familienvater und fand mit mir zusammen eine Lösung, weitere sechs Monate von zu Hause aus arbeiten zu können. Ich nahm meine Tochter aus der Krippe und suchte mir eine Tagesmutter, die uns ein halbes Jahr lang Zeit ließ, unsere Tochter einzugewöhnen. Sie war wie ausgewechselt und freute sich nach vier Monaten sogar darauf, wenn wir zur Tagesmutter gingen. Es gab kein einziges Mal ein schmerzerfülltes Weinen nach mir. Wir hatten so viel Zeit, dass die Tagesmutter zu einer festen Bezugsperson werden konnte, außerdem kostete es mich deutlich weniger Geld, sie dort unterzubringen. Ich kann gar nicht sagen, wie dankbar ich dafür bin, dass ich diese Gelegenheit bekommen habe.«*

In einem Facebook-Post las ich heute Morgen unter einem Artikel für den Ausbau von Krippenplätzen den Kommentar eines Vaters: »*Wo käme die aktuelle Gesellschaft denn hin, wenn jede Frau, die Mutter wird, wie zu Beginn der Menschheitsgeschichte die ersten drei Jahre vollkommen und ganz für das Kind da sein müsste? Die Wirtschaft und das gesamte Familiensystem würden zusammenbrechen! Das kann sich keiner von uns wirklich leisten. Sorgt dafür, dass Mütter arbeiten gehen können und ihre Kinder währenddessen nicht nur gut, sondern sehr gut versorgt sind, das hilft uns allen!«*

Es gibt auch die andere Seite der Medaille, wie Klara, 39, Mutter von zwei Kindern, erzählt: »*Ich bin ehrlich. Ich wollte nie wieder zurück in meinen Job. Ich ging total in meiner Mamarolle auf und wollte nicht mehr wieder aus ihr raus. Aber nachdem sich mein Mann von mir trennte, stand ich plötzlich allein mit den beiden Kindern da. Ich bekam so wenig Unterhalt, dass ich mir das Leben für uns einfach nicht mehr hätte leisten können. Außerdem machten mir alle in meinem Umfeld Druck. Sie sagten, ich könnte doch meinem Ex nicht auf der Tasche liegen und nur bei den Kindern bleiben. Aber was bitte bedeutet das für mich und meine Kinder, wenn plötzlich alles, was bisher normal war, sich änderte? Papa weg, Umzug und nun auch noch Mama weg. Ich hasse es, sie abgeben zu müssen, und funktioniere dabei nur noch. Ich weiß nicht, ob ich mir das alles irgendwann verzeihen kann. Denn jedes Mal, wenn meine Tochter mir morgens sagt, sie wolle lieber bei mir bleiben, zerreißt es mich innerlich. Dann tue ich so, als würde mir das alles nichts ausmachen, was habe ich denn für eine andere Wahl?«*

Viele meiner Klientinnen sagen zunächst: »*Mir macht es nichts aus, wenn ich arbeite und das Kind beim Abschied weint.*« Erst nach einigen Sitzungen kam es vor, dass einige von ihnen unter Tränen gestanden: »*Ich hasse es, gehen zu müssen, wenn ich bleiben will. Aber was soll ich denn nur tun?«* Gleichzeitig gibt es genauso viele Frauen, die sagen: »*Ich bin so dankbar, dass ich arbeiten gehen kann und mein Kind in guten Händen weiß. Ich bin froh darüber, dass die Erzieherinnen sich liebevoll um mein Kind kümmern, während ich arbeite.«*

Mom-Shaming ist in diesem Bereich absolut unangebracht, denn die Gesellschaft sollte jeder Mutter und jedem

Paar die Freiheit einräumen, diese Entscheidung ohne Besserwisserei, Druck oder Verurteilung treffen zu können.

Ich leitete vor einiger Zeit eine Frauengruppe. Sie bestand zum Großteil aus alleinerziehenden Müttern. Einen Satz, der während einer Gruppenarbeit fiel, werde ich nie vergessen: »*Wir zeigen viele Gefühle, vor allem die schmerzhaften, nicht mehr. Wir haben Mauern errichtet. Vor allem, wenn wir das Gefühl haben, wir müssten gerade jetzt erst recht ›alles richtig‹ und ›perfekt‹ machen, glauben wir, es wäre nicht angebracht, sich schlecht zu fühlen. Dann denken wir: ›Schau mal, es tun doch so viele, stell dich nicht so an.‹*«

Nur weil keine von ihnen von sich aus sagt, wie sehr es sie schmerzt, wenn sie internes oder externes Mom-Shaming erfahren, bedeutet das nicht, dass keine von ihnen sich schlecht fühlt. Viele zeigen diese Gefühle nicht mehr oder spielen sie herunter, einfach deshalb, weil es viel zu schmerzhaft wäre, sie zuzulassen. Wenn sie diese zulassen würden, müssten sie sich die Frage stellen, ob das, was sie tun, wirklich das ist, was sie wollen und ihnen guttut, oder sich mit Konflikten auseinandersetzen, vor denen viele von uns, gerade in der heutigen Zeit, wo es kaum noch Respekt und Achtung vor der Meinung des anderen gibt, zurückscheuen. Sie müssten sich dann mit den unverschämten Aussagen Dritter direkt konfrontieren oder Ausschau nach Möglichkeiten halten, sich diesen Vorurteilen ohne Scham und Reue zu stellen.

Die Antwort auf unangenehme Fragen würde eine Konsequenz bedeuten, die kaum eine von uns tragen kann und möchte. Wenn wir beispielsweise feststellen würden, dass wir lieber bei unserem Baby bleiben würden, als arbeiten zu gehen, würde das für nicht wenige den gesellschaftlichen, sozialen und finanziellen Absturz bedeuten, schlimmstenfalls Hartz 4 und somit noch mehr Ablehnung von anderen als Konsequenz haben.

Ich war sehr bestürzt, als ich diese Aussagen meiner Klientinnen hörte. Sie sagten damit: »*Wir tun vieles, was wir eigentlich nicht für richtig halten, aus Angst vor dem finanziellen Aus.*« Die Frage, die ich an dieser Stelle gedanklich in den Raum werfen möchte, ist: Ist es Mom-Shaming, wenn wir einander nicht den Halt, die Chancen und die Möglichkeit geben können, eine Wahl zu treffen, mit der jede von uns erfüllt leben kann? Oder ist es einfach »Schicksal« oder irreales Wunschdenken? Wenn wir die Adresse einer Zauberfee kennen würden, wäre es sicherlich der Wunsch vieler Mütter, ein Leben herbeizuzaubern, das frei von negativen Meinungen, finanziellem Druck oder Benachteiligungen, dafür jedoch erfüllt von unterstützenden Angeboten ist, die jeder von uns die Wahl lassen, wie wir als Mutter unsere Tage verbringen.

Die Realität ist jedoch, dass wir selbst entscheiden, welche Möglichkeiten und Räume wir einander geben, um zumindest aussprechen zu können, wovon wir träumen oder wonach wir uns wirklich sehnen. Denn ich weiß von vielen meiner Klientinnen, die nicht alleinerziehend sind und deshalb rasch nach der Geburt wieder arbeiten gehen, weil der Partner oder das Umfeld sie dazu auffordern und sie sich unter Druck gesetzt fühlen, deren Erwartungen zu erfüllen. Ihr Mutterherz sticht jedes Mal, wenn sie ihr Baby abgegeben haben, und wenn sie im Job sind, fällt es ihnen sehr schwer, sich darauf zu konzentrieren. Es ist wie verhext. Mama will zu Hause sein, um das Baby oder die Kinder zu betreuen, aber dort fällt ihr die Decke auf den Kopf. Sie vermisst es, sich morgens schick anzuziehen und tagsüber ihrer beruflichen Leidenschaft nachgehen zu können oder sie erträgt den vorwurfsvollen Blick ihres Umfeldes nicht, sobald sie sich finanziell etwas gönnen möchte und selbst nun weniger verdient als ihr Mann und dadurch plötzlich in eine Abhängigkeit gerät, die ihr bisher unbekannt war. Und genauso gibt es Mamas, die ihren Job lieben und sich weniger »gut« dafür geeignet fühlen, 24/7 das Kind zu versorgen, als der Papa es beispielsweise tut.

JEDE MAMA SOLLTE SICH ENTSCHEIDEN DÜRFEN.

Frei und ohne Druck. Es gibt Mamis, die für sich nur dann zufrieden und entspannt sind, wenn sie auch ihrem Job nachgehen können. Sie wären, würde man sie zu Hause mit Baby »einsperren«, wie sie es oft bezeichnen, völlig unausgeglichen und wahrlich keine glücklichen Mütter mehr. Viele müssen aber arbeiten, weil sie andernfalls ihre Rechnungen nicht bezahlen können. Es kann seelisch nicht lange gut gehen, dass sich eine Mama, vor allem wenn sie alleinerziehend ist oder dem Druck des Partners ausgesetzt ist, aus wirtschaftlichen Gründen dazu entscheiden muss, sich von ihrem Kind zu trennen, obgleich sie eigentlich bei ihrem Säugling bleiben möchte, oder umgekehrt. Ich persönlich teile den von Richard David Precht eingebrachten Vorschlag, ein bedingungsloses Grundeinkommen für alle möglich zu machen. Ich glaube, es würde bewirken, dass viele Mütter, aber auch Väter und deren gemeinsame Kinder ein entlasteteres Leben führen könnten.

Worauf ich grundsätzlich hinweisen möchte, ist, eine Sensibilität dafür zu schaffen, dass viele Mütter durchaus einer gesellschaftlichen Belastung ausgesetzt sind und sich in einer Art gesellschaftlichem Hamsterrad befinden, sobald sie Beruf und Familie miteinander verbinden müssen. Working-Moms haben es alles andere als leicht. Genauso wie Mamis, die »nur« zu Hause sind. Beide ernten nicht selten verachtende Blicke des jeweils gegenteiligen Lagers. Die »Working-Mom« bekommt zu hören, dass sie das Kind viel zu früh abgegeben hat, und die Mama, die sich für das Zuhausebleiben beim Baby und dessen Betreuung entscheidet, bekommt zu hören, dass sie »nichts leistet und ihr Mann die ganze Arbeit machen muss, um Geld zu verdienen«. Wenn eine Mama das Gefühl hat, sich für ihre Entscheidung rechtfertigen oder erklären zu müssen, hat das Gegenüber Grundlegendes in der Kommunikation nicht verstanden. Geben wir doch einander die Freiheit, eine Entscheidung treffen und gleichzeitig ein lautes »Ja!« zu allen Konsequenzen sagen zu können. Damit wir das allerdings tun können, ist es wichtig, sich die Zeit zu nehmen, darüber nachzudenken, welche Konsequenzen es für das eigene Leben und das der Familie überhaupt gibt, wenn ich den Weg der #*workingmom* oder der #*homemom* wähle.

Gerade weil Frauen für ihre Unabhängigkeit so gekämpft haben, ist es umso erschütternder, wie sehr sie sich, oftmals nur selbst, in der Rolle der #*perfectmom* gefangen nehmen. Es braucht vielfach eine innere Befreiung, gar Revolution, um Frauen wieder zu ermöglichen, eine selbstsichere Mutter zu sein, frei von einengenden Glaubenssätzen und lähmender Perfektion.

So fühlte sich der Schmerz an, Mutter zu werden

Als ich mit erst 18 Jahren schwanger wurde, war ich unfassbar verunsichert und konnte, weil Dr. Google, YouTube, Blogartikel und das World Wide Web noch nicht wie in der heutigen Form existierten, nur Menschen fragen, die direkt und persönlich greifbar für mich waren. Ich wollte meinem Baby unbedingt das Leben schenken, darin bestand kein Zweifel. Aber ich hatte wahnsinnige Sorge, wie mein Umfeld auf die Schwangerschaft reagieren würde.

Ich war Schülerin und lebte mit jemandem zusammen, von dem ich mich gerade trennen wollte. Außerdem hatte ich keinen Job und große Sorge, wie ich das alles stemmen könnte. Ich weiß noch genau, dass ich zu weinen begann, als ich den Schwangerschaftstest machte und die zwei rosa Streifchen erschienen. Nicht, weil ich traurig darüber war, schwanger zu sein, sondern weil ich Angst davor hatte, deshalb von anderen verurteilt zu werden.

Wenn ich heute auf das junge Mädchen von damals zurückblicke, würde ich sie am liebsten in den Arm nehmen und erst wieder loslassen, wenn sie in meinem Alter ist. Ich würde ihr sagen, dass alles gut wird, sie sich selbst vertrauen soll und nur auf Menschen hören darf, die ihr und ihrem Baby wohl gesonnen sind. Denn heute weiß ich, was alles auf sie zukam.

Vom ersten Augenblick an, als mein Umfeld erfuhr, dass ich schwanger war, begegnete ich *Mom-Shaming*. Damals gab es diesen Begriff nicht und ich dachte, andere Menschen wären nur deshalb so ablehnend, übergriffig und verletzend, weil ich noch so jung war. Erst viele Jahre später erkannte ich, dass *Mom-Shaming* ein weit verbreitetes Unheil ist, mit dem so unzählig viele Frauen konfrontiert sind, dass es an der Zeit ist, darüber ausführlich aufzuklären.

Du kannst dir vermutlich vorstellen, dass ein schwangerer Teenager ein »gefundenes Fressen« für alle Ratschlagdurstigen Mitbürgerinnen und Mitbürger einer kleinen Gemeinde ist. Es verging kaum ein Tag, an dem nicht irgendjemand vorgab, genau zu wissen, wie ich mit meinem Kind umzugehen hätte. Gleich zu Beginn meiner Schwangerschaft rieten mir zahlreiche Menschen zur Abtreibung. Ungefragt kamen sie beispielsweise im Freibad auf mich zu und meinten: »*Hey, ich habe gehört, du bist schwanger. Mein Beileid* (das ist wirklich passiert!). *Ich würde dir raten, das Kind abzutreiben. Du bist so jung und hast das ganze Leben vor dir.*« In dem Moment brach eine Welt in mir zusammen und ich sagte laut, erschrocken und unter Tränen: »Niemals!« Ich fragte mich: Darf ich mich denn nicht auf mein Baby freuen, weil ich zu jung dafür bin, Mutter zu werden? Gibt es einen bestimmten Zeitpunkt im Leben einer Frau, der von der Gesellschaft als *richtig* anerkannt wird? Wenn ja, bedeutet das, dass ich von nun an eine Verstoßene bin?

In der Schule ging es weiter. Die Blicke der anderen Schülerinnen und Schüler waren mehr als mitleidig. Ich hatte das Gefühl, dass es kaum jemand wagte, sich zu freuen. Jeder in meinem Umfeld wünschte mir Beileid und ich fühlte mich wie eine Aussätzige, ja manches Mal schämte ich mich sogar. Vor allem, als mich eine Lehrerin wissen ließ: »*Was bist du nur für ein Vorbild für die jüngeren Kinder an der Schule?*« Mindestens ein Dutzend Mal geschah es, dass mir jemand sagte: »*Wie kann man nur so dumm sein?*« Es gab sogar Eltern, die ihren Kindern den Kontakt zu mir verboten – als hätte ich eine ansteckende Krankheit.

Es war einfach schrecklich. Vor allem, weil ich mein kleines Baby in meinem immer runder werdenden Bauch vom ersten Augenblick an über alles liebte.

Die Kommentare der anderen waren allerdings nicht nur nervig und frustrierend, sondern nagten mit der Zeit auch an meinem Selbstwertgefühl als junge Frau und Mutter. Mein damaliger Mathematikprofessor meinte im Vorbeigehen zu mir: »*Oh, du. Eines sag ich dir gleich, eine Mutter macht bei mir kein Abitur.*« Er ließ mich zweimal durchfallen, ehe ich mein Abitur-Zeugnis in Händen halten konnte. Dieser Schein war für mich das Ticket in eine Zukunft. Das Abitur, für das ich zwei sehr harte Jahre gekämpft hatte, weil ich meine kleine Tochter parallel natürlich stillte, wickelte und Tag und Nacht betreute, war für mich der Garant in ein unabhängiges Leben.

Ich war alleinerziehend und damals war für mich das Bestehen des Abiturs mit einer sicheren Zukunft verbunden. Denn nur damit konnte ich mich an der Universität anmelden und das studieren, was mir wirklich Freude bereitete und womit ich später eine Aussicht auf ein Gehalt hatte und somit die Existenz von uns sichern konnte. Dass ich mich relativ schnell parallel zum Studium selbstständig machen würde und dies nun erfolgreich seit 17 Jahren als Bindungs-Traumatherapeutin und Unternehmerin tue, davon ahnte ich damals noch nichts. *Mom-Shaming* in der Form, in der mein Mathematikprofessor sie geäußert hatte, betraf die Existenz und Zukunft meiner Tochter und von mir und das ging wieder einmal deutlich zu weit.

Diese Art des *Mom-Shamings*, das ich erlebt hatte, trug ich noch einige Jahre in mir, denn es war eine traumatische Erfahrung, dass damals so herzlos mit mir umgegangen worden war. Ich fühlte mich klein und dumm, irgendwie wie ein völlig nutzloser Teil der Gesellschaft. Also entschied ich mich dazu, einen Intelligenztest machen zu lassen. Ja, wenn ich daran zurückdenke, schmunzle ich über meine Entscheidung. Ich wollte es schwarz auf weiß haben, ob ich tatsächlich einen niedrigen IQ hatte und die anderen recht hatten mit der Annahme, ich sei einfach »zu dumm« und »das Abitur sei mir aus Mitleid geschenkt worden«. Ich rechnete mit dem Schlimmsten. Doch dann kam alles anders. Sie erklärten mir, dass ich hochbegabt sei. In diesem Moment hatte ich das Gefühl, dass ich mit meiner Tochter auf dem Schoß um viele Zentimeter nach oben wuchs und mein Selbstvertrauen mit einem Schlag zurückkam. Von nun an, so schräg es auch klingen mag, gab ich mir selbst die Erlaubnis, auch in Gegenwart von anderen zu strahlen und war öffentlich unendlich stolz darauf, sagen zu können: »*Ja, ich bin die Mama dieses entzückenden kleinen Mädchens.*«

> **KEINE LIEBENDE MUTTER SOLLTE SICH DUMM FÜHLEN, WEIL SIE EINEM KIND DAS LEBEN SCHENKT.**

Gott sei Dank gab es damals natürlich auch Menschen, die mich positiv bestärkten. Eine davon war eine Freundin und auch meine Mama. Sie sprang vor lauter Freude in die Luft, als sie erfuhr, dass sie Oma wird. Sie kannte mich und wusste, dass ich eine wunderbare Mama sein werde. Sie wusste, dass ich meinem Alter weit voraus war und das nötige Verantwortungsgefühl hatte. Außerdem zweifelte sie nie an meinen mütterlichen Qualitäten. Ihr Glaube an mich gab mir sehr viel Kraft. Danke dir dafür, Mama!

Irgendwann begann ich in der Zeit, stets nach allen möglichen Informationen Ausschau zu halten, was nun »das richtige mütterliche Verhalten« ist, und vor allem, was ein Kind wirklich braucht, um seelisch gesund groß werden zu können. Ich verbrachte Stunden in der Bibliothek, stöberte exzessiv in Buchläden nach geeigneten Ratgebern und quetschte meine Psychologie-Professoren in jeder freien Minute aus. Alles in allem fiel mir dabei auf, dass es damals weder langfristige Studien zu diesem Thema gab noch Einigkeit darüber herrschte, was ein Kind tatsächlich braucht, um ohne erheblichen psychischen Schaden groß werden zu können. Da gab es jene, die meinten, dass Bonding völlig überflüssig ist und ein Kind von Anfang an besser im eigenen Zimmer untergebracht ist. Es gab jene, die absolut nichts von Hausgeburten hielten und alles in medizinische Hände legten, sogar ihren eigenen Verstand. Es gab wieder andere, die der Meinung waren, ich würde meinem Kind einen Rückenschaden zumuten, wenn ich es weiterhin im Tragetuch herumtrage, und andere, die meinten, ich würde mein Kind zu sehr verwöhnen, wenn ich es bei jeder »Kleinigkeit« tröstete. Es gab ein ziemlich gruseliges Buch über »Schlaf-Gewöhnung« von Babys und andere »Foltermethoden«, wie ich sie damals nannte.

Irgendwie lauerte das Gefühl in mir, dass dem Thema »Umgang mit Müttern und Neugeborenen« noch nicht allzu viel Zuwendung zugutekam. Es gab damals beispielsweise das Klinikpersonal, das mich wissen ließ, ich würde mein Neugeborenes einer großen Gefahr aussetzen, wenn ich es in meinem Bett schlafen lassen würde. Eine Hebamme teilte mir mit, ich sollte mein Kind deutlich weniger und eben nicht, wie ich es tat, nach Bedarf stillen, ansonsten wäre ich dafür prädestiniert, es eines Tages zu misshandeln.(!) Andere hielten mir einen Vortrag darüber, dass ich mein Kind vor und nach dem Stillen wiegen müsse, ansonsten würde es Gefahr laufen zu verhungern.

Sechs Wochen später stand ich mit meiner kleinen Tochter in der Schule, um meine Latein-Abschlussarbeit abzulegen, und hoppelte zwei Stunden mit ihr auf und ab, damit kein anderer Schüler von uns »gestört« wurde. Aus den Augenwinkeln sah ich, wie meine Professorin eine Kollegin zu sich winkte, auf mich deutete und die beiden mit verzweifelten Blicken den Kopf schüttelten.

Ich habe das Abitur geschafft! Aber all diese Erlebnisse brannten sich in mein Gedächtnis ein. Der Wunsch, eine selbstbewusste Frau und Mutter zu werden, die nie wieder von der falschen Meinung Dritter abhängig ist, wuchs damals allerdings immer mehr in mir heran.

Deine mütterliche Intuition ist größer als alles theoretische Wissen

Nur jene, die unwissend sind oder über wenig Selbstvertrauen verfügen, sind irrwitzigen Aussagen Dritter hilflos ausgeliefert, und je bedürftiger Menschen sind, umso wahrscheinlicher ist es, dass sie auch abhängig werden. Wir alle wissen, wie schwer es Mädchen in Indien, Afrika oder anderen Ländern fällt, sich Schulwissen und Bildung anzueignen, wenn deren Eltern ablehnen, dass ihr Kind sich weiterbildet, oder das Geld dafür fehlt. Dann haben sie fast keine Chance und sind dem Schicksal hilflos ausgeliefert. Manches Mal denke ich mir, dass es mit der Mutterschaft ähnlich ist. Wir Frauen denken, wir müssten wissen, was zu tun ist, sobald wir

Mutter werden oder schwanger sind. Einerseits ist das richtig, denn wir verfügen von Natur aus über eine mütterliche Kompetenz, die genau weiß, was zu tun ist, wenn es um das eigene Kind geht. Doch die Digitalisierung und die schnelllebige Zeit sorgen dafür, dass wir den Zugang zu dieser natürlichen und mütterlichen Kompetenz großteils verloren haben.

Als ich zum Beispiel mit meinem fünften Kind, meiner Tochter, schwanger war, rettete der bestehende Draht zu meiner intuitiven Kompetenz ihr Leben. Denn kurz bevor ich auf den Stuhl des Frauenarztes stieg, fühlte ich meine innere Stimme, die sagte: »Egal, was sie zu dir sagen, glaube ihnen nicht! Dein Baby ist gesund.« Kurz danach teilte mir der Arzt mit, dass mein Baby nicht wächst und es deshalb zu einem Abort kommen würde. Als ich das hörte, sah ich ihn an und sagte mit fester Stimme: »Sie irren sich. Mit meinem Kind ist alles in Ordnung.« Zuerst spielte er meine Wahrnehmung herunter und wollte schon in der Klinik anrufen, um einen Termin zur Ausschabung zu vereinbaren. Dann warf er, nach mehrfachem Drängen meinerseits, doch noch einmal einen Blick in seine Unterlagen und sagte: »Tatsächlich, ich dachte, Sie wären schon vier Wochen weiter. Natürlich ist alles in Ordnung mit Ihrem Kind, bitte entschuldigen Sie.« Ich weiß nicht genau, was passiert wäre, wenn ich dem Arzt und nicht meiner mütterlichen Kompetenz vertraut hätte, aber auszudenken ist es.

Je mehr wir auf die Stimme von anderen oder den Intellekt hören, umso öfter vernachlässigen wir die Stimme in unserem Herzen und desto weniger lauschen wir auf die darin wohnende Intuition. Doch genau diese ist es, die wir als Mama besonders oft gebrauchen können. Vor allem, wenn es sich um Entscheidungen handelt, die unser Kind betreffen. Die Stimme des Herzens ist jene, die die unsichtbare Nabelschnur zwischen uns und unseren Kindern zum Ausdruck bringt. Diese innere Stimme ist unbezahlbar, wohlwollend, lebensrettend und nährend. Im Jahr 1991 zeigte der Neurokardiologe J. Andrew Armour, dass das Herz im wahrsten Sinne des Wortes sein eigenes Gehirn hat. Es verfügt über ein Nervensystem aus bis zu 40.000 Neuronen, das unabhängig vom Gehirn funktioniert und als das »intrinsische Nervensystem des Herzens« bezeichnet wird. Das Erste, das wir beim entstehenden Menschlein im Uterus entdecken, ist nicht das Gehirn, sondern das Herz. Das Herz ist das Erste, was sich beim Menschen bildet. Herz und Gehirn sind über Nervenbahnen miteinander verbunden, 90 Prozent der verbindenden Nervenfasern führen vom Herzen hoch zum Gehirn. J. Andrew Armour fand heraus, dass diese direkten, aufsteigenden Nervenbahnen ständig Signale vom Herzen zu den höheren kognitiven und emotionalen Zentren des Gehirns senden und diese mit ihnen interagieren, wodurch sie die entsprechenden Aktivitäten anpassen oder verändern. Diese Signale verbinden sich über den Vagusnerv und laufen direkt in den Thalamus, welcher Denken, Sprachsteuerung und Wahrnehmung synchronisiert. Danach geht es weiter zu den Stirnlappen, die für die motorischen Funktionen und für Problemlösungen zuständig sind und zu den Überlebenszentren des Gehirns führen, der Amygdala, also unserem emotionalen Gedächtnis.

Kurzum bedeutet das für uns Mütter: Ein geöffnetes Herzzentrum hält Ängste und Unsicherheiten in Schach und damit ist es durchaus möglich, dass wir umso weniger stark auf stressauslösende Faktoren reagieren, je mehr wir sprichwörtlich aus dem Herzen heraus leben.

Hören können wir die Stimme des Herzens nur dann, wenn wir lernen, ihr – und somit uns selbst – mehr zu vertrauen. Solange wir unsicher sind, ob unsere Wahrnehmung richtig ist, vertrauen wir eher einem externen Experten. Je mehr Traumata wir in unserer Kindheit erlebt haben, umso wahrscheinlicher ist es, dass wir den Zugang zu dieser inneren Stimme verloren haben. Umso wichtiger ist es dann, die Verbindung zwischen Herz und Gehirn wieder zu aktivieren. Herz und Gehirn sind miteinander verbunden und dadurch ist es möglich, anhand bewusst getroffener Gedanken unsere Gefühle, Emotionen und somit auch Ängste und Blockaden zu beeinflussen. Unsere »Herzgefühle« haben einen Einfluss darauf, welche Erinnerungen und Reaktionen zu uns durchdringen. Stress und Angst können Gehirnwellenmuster auslösen, die einer angstbesetzten Erinnerung aus der Vergangenheit entsprechen. Alte Erinnerungen aus der Vergangenheit erwecken in aktuellen Momenten dieselben Emotionen und Gefühle wie damals. Armours Entdeckungen zeigen, dass das Herz Emotionen selbstständig verarbeitet und direkt auf die Umwelt reagiert und seine Rhythmen reguliert. In Partnerschaften wurde beispielsweise erkannt, dass Partner sich in ihrem Herzrhythmus über Jahre einander angleichen und auch Säuglinge sich über den Herzschlag der Mutter regulieren und beruhigen.

Darüber hinaus produziert jeder intensiv gedachte Gedanke eine ihm entsprechende Emotion.

JEDE EMOTION, DIE WIR WIEDERKEHREND FÜHLEN, ENTSPRINGT ZUERST EINEM GEDANKEN.

Wenn unser System daran gewöhnt ist, negative Emotionen zu fühlen, folgen ihm negative Gedanken.

Maria, 36, Mutter von drei Kindern, sagt: »*Nach der Geburt meiner zweiten Tochter litt ich plötzlich unter Depressionen. Wann immer ich sie ansah, erinnerte ich mich plötzlich daran, dass meine Mutter sehr streng zu mir war und mich ständig tadelte. Wenn ich ihr helfen wollte, machte ich in ihren Augen alles falsch und das ließ sie mich als kleines Mädchen deutlich spüren. Eines Tages wickelte ich meine Tochter und brach dabei in Tränen aus. Ich hörte die Worte meiner Mutter, als wären sie gerade eben erst gesagt worden. ›Du machst alles falsch!‹ In diesem Moment kam meine erstgeborene Tochter, krabbelte zu mir auf den Schoß, legte sich an meine Brust, sah mich an und sagte: ›Ich hab dich so lieb, meine Mama.‹ Ich fühlte plötzlich, wie mein Herz warm wurde, ich tief ein- und ausatmete, und mein erster Gedanke dabei war: ›Ich mache so vieles richtig!‹ Ab diesem Zeitpunkt erkannte ich meinen Wert als Frau, Mensch und Mutter wieder und konnte die herablassenden Worte bei meiner Mutter lassen. Ich wusste plötzlich tief in meinem Herzen, dass sie eigentlich über sich selbst sprach, wenn sie mich niedermachte, denn ihr Vater schlug sie früher und sicherlich fühlte sie sich wertlos und ungeliebt. Als ich diese Zusammenhänge verstand, endete meine Depression so schnell, wie sie aufgetaucht war. Nicht, weil ich ihre Worte vergessen hatte, sondern weil ich sie durch meine eigenen korrigieren konnte und in meinem Herzen fühlte, dass sie wahr waren.«*

Sobald wir Mama werden, ist es wichtig, alles dafür zu tun, um den Zugang zu unserer inneren intuitiven Kompetenz wieder freizuschaufeln. Wir können uns das so vorstellen, dass sie wie ein kostbarer Schatz in einer Höhle vergraben liegt. Wir kommen nur dann an ihn heran, wenn wir den Schutt abtragen. Schutt bedeutet alles, was uns das Gefühl gibt, weniger wertvoll, geliebt, klug oder bedeutungsvoll als jemand anders zu sein.

Nicht zu verwechseln ist diese intuitive Kompetenz mit dem so oft erwähnten »Bauchgefühl«. Bauchgefühle sind in der Psychologie grundsätzlich immer unlogisch, unvernünftig und unmoralisch. Sie folgen eher dem Prinzip Lustgewinnung und Unlustvermeidung. Das heißt, sie verleiten uns dazu, etwas zu tun, das uns Spaß macht, und weniger das zu tun, was vernünftig und nützlich ist. Unmoralisch heißt jedoch, dass es für das Bauchgefühl weder ein »Gut« noch ein »Schlecht« gibt. Das Bauchgefühl kennt demnach keine

Moral, keine Werte und keine Ethik. Diese entspringen dem Herzen.

Das Bauchgefühl sagt zum Beispiel: »Ich möchte jetzt einfach mal auf den Putz hauen.« Folgen wir der Ansicht dieses Bauchgefühls, legen wir unsere Arbeit nieder und gehen einen trinken, ohne dabei auf die Konsequenzen zu achten. Oder das Bauchgefühl sagt: »Ich fühle mich zu dieser Person hingezogen.« In Folge gehen manche von uns fremd und riskieren eine langjährige Ehe. Das Bauchgefühl denkt nicht über die langfristigen Konsequenzen nach und unterliegt oftmals einem sehr kindlichen Anteil in uns, der nach Lust und Laune agiert und entsprechend entscheidet.

Die alten Formen der Therapie – aber auch viele in der Esoterikszene – rieten ihren Klienten Folgendes: »Was spürst du? Und das tu bitte auch!« Doch das ist unsinnig und gefährlich. *Das Bauchgefühl ist kein Kompass, sondern eine erste Annäherung an die Laune, die man gerade hat.* Wenn jemand also das Bauchgefühl hat fremdzugehen, schreitet die Vernunft ein und macht darauf aufmerksam, dass man mit jemandem verheiratet oder in Beziehung ist. Daraufhin überprüft das Herz, ob der Akt des Fremdgehens einen irreparablen Schaden verursacht oder nicht. Die Kombination aus allen drei Anteilen bewahrt uns vor vielen Konflikten und Nöten im Leben. Ein Problem empfinden wir dann als Problem, wenn diese drei Anteile nicht mehr in einem für uns sinnvollen Kontext zusammenarbeiten. Wenn wir uns dessen als Mama bewusst sind, treffen wir Entscheidungen aufgrund eines Zusammenspiels dieser bedeutsamen drei Elemente.

Karin, 52, Mama einer Tochter, erzählt: »*Als ich schwanger war, fing ich damit an, täglich zu lesen und mich mit allen möglichen Ärzten zu beratschlagen. Ich hatte solche Angst, dass die künstliche Befruchtung wieder fehlschlägt, dass ich absolut kein Vertrauen in meinen Körper hatte. Ich war wie gelähmt, wenn es darum ging zu entschei-*

den, wie ich gebären sollte. Als meine kleine, wunderbare Tochter dann endlich da war, wurde es nicht besser. Mich plagten Ängste und die Sorge, etwas falsch zu machen. Ich war kaum noch dazu in der Lage, eigenständig zu entscheiden. Deshalb las ich ein Buch nach dem anderen. Es waren bestimmt über tausend Ratgeber, die ich las. Sobald ich vor einem Buchladen stand, sagte mein Bauch: ›Geh rein und kauf dir mehr Wissen.‹ Prinzipiell ist das Lesen eines Buches ja sinnvoll und gut, aber in meinem Fall war ich abhängig von der Meinung Dritter und konnte nichts anderes mehr tun, als zu lesen. An einem stürmischen Herbsttag saß ich eingewickelt in eine warme Decke am Kamin und las ein Buch über Teenager. Meine Tochter, damals 12 Jahre, kam zu mir. Leise las sie den Titel des Buches. Erst, als sie folgenden Satz zu mir sagte, konnte ich das Buch beiseitelegen und damit beginnen, mir selbst zu vertrauen: ›Mama, ich bin so froh, dass du meine Mama bist. Du wirst immer dafür sorgen, dass es mir gut geht, das weiß ich. Du kannst die Bücher ruhig weglegen, ich sag dir schon, wenn ich etwas brauche, und ansonsten sagt es dir der Mamadraht.‹ Sie zwinkerte mir zu, nahm mir das Buch aus der Hand und legte sich in meinen Arm. Dieses Gefühl werde ich nie vergessen! Ich war so unfassbar erleichtert. Mit einem Mal konnte ich meiner Intuition vertrauen und hörte eine innere Stimme, die ich zum letzten Mal als Kind wahrgenommen hatte. Außerdem war ich dazu in der Lage, das gesammelte Wissen in einen für mich stimmigen Kontext zu bringen, der nun unbezahlbar ist.«

Ich weiß nicht, wie es dir geht, aber ich für mich kann, wie Karin auch, sagen, dass meine innere Stimme der mütterlichen Kompetenz zusammen mit dem Wissen, das ich mir zusätzlich angeeignet habe, mich nie in die Irre führte, sondern vielmehr zur Lösung. Ich wünsche mir von Herzen, dass dir dieses Buch dabei hilft, dir selbst wieder mehr zu vertrauen.

Digitalisierung & Mom-Shaming – Missbrauch der digitalen Öffentlichkeit und Anonymität

Seien wir mal ehrlich: Immer schneller und effizienter zu arbeiten und zu leben – ist das nicht für viele heutzutage ein äußerst erstrebenswerter Zustand?

Vielen von uns ist bewusst geworden, dass dank der Digitalisierung ein gewisser Lifestyle, zumindest für den Großteil von uns, erreichbar wurde. Dadurch vergleichen wir uns jedoch auch immer mehr mit anderen und bemerken, was in unserem Leben noch so alles fehlt.

Dies sorgt für ein betrübliches Gefühl. Denn wir sind direkt damit konfrontiert, wozu wir in der Lage wären und was wir alles haben könnten. Das gab es bisher in diesen Ausmaßen noch nie. Dank der »*Generation Influencer*« ist es Menschen möglich, virtuell Orte zu bereisen oder das Leben der Stars und anderer erfolgreicher Erdbewohner hautnah mitzuerleben. Denn sie nehmen uns exklusiv mit in ihr Leben, lassen uns in Form von Videos und Fotos teilhaben, oftmals sogar via Live-Streaming.

Allerdings änderten diese virtuellen Möglichkeiten auch die Form des Mom-Shamings aufgrund der Digitalisierung wesentlich. Es wurde subtiler, aber auch öffentlicher. Besonders junge Promimütter, Influencerinnen und Social-Media-Stars haben immer mehr mit öffentlichem Mom-Shaming zu kämpfen. Wie schnell ist so ein Instagram-Foto oder Video unreflektiert von Dritten kommentiert? Selbst die gut gemeinten Ratschläge für eine frischgebackene Mama und Wöchnerin gleichen einem Faustschlag mitten ins Gesicht.

Ich erinnere mich gut an den letzten Sommer, als Meghan, die Herzogin von Sussex, zum ersten Mal einen öffentlichen Ausflug mit ihrem Neugeborenen machte und das gesamte Land über sie herzog. »Zieh deinem Kind etwas Wärmeres an!«, oder: »Meghan kann nicht einmal ihr Baby richtig halten, was ist das denn für eine Mutter?«, genau wie: »Was hat sie denn an, Schlabberlook als Prinzessin!?«, hieß es in zahlreichen Kommentaren auf Social-Media-Portalen und die Presse zog ihre mütterlichen Qualitäten auf den Titelseiten der Boulevardzeitungen in den Dreck. Die arme Frau und Mutter muss sich furchtbar gefühlt haben und war sicherlich in dem Moment, indem sie zum ersten Mal Mama geworden ist, genauso verunsichert wie jede andere Frau auch.

Als ich im Wochenbett mit meinem fünften Kind lag, diffamierte mich eine missgünstige Kollegin und Mutter, nachdem ich ihr während meiner Schwangerschaft ein Interview gegeben hatte. In einem öffentlichen Video teilte sie unter anderem in einem Nebensatz mit, dass sie *es schrecklich findet, wie ich als Mutter und Therapeutin arbeite, und dass ich meinen Job mehr schlecht als recht verrichte*. Womöglich konnte sie den Erfolg meines Interviews bei ihren Kunden schwer ertragen, vielleicht hatte sie Sorge, dass diese zu mir abwandern würden, vielleicht hatte sie aber auch nur einen schlechten Tag oder trägt eine narzisstische Ader in sich. Wer weiß, es spielt auch keine Rolle. Offenbar wusste sie sich nicht anders zu helfen, als Unwahrheiten zu verbreiten. Ihre öffentlichen Videos und falschen Behauptungen gingen sogar so weit, dass ich sie anwaltlich abmahnen musste und ihr ein Gerichtsprozess drohte. Erst dann sah sie ein, dass sie einen Fehler gemacht hatte, der anderen Schaden zufügte.

 NEID UND MISSGUNST BILDEN OFTMALS EINE BRUTSTÄTTE FÜR MOM-SHAMING.

Diese Begebenheit beschäftigte mich gerade als Wöchnerin emotional einen sehr langen Zeitraum. Zumindest aber brachte mich die unreflektierte Aktion dieser Person dazu, mich mit dem Thema Mom-Shaming noch intensiver auseinanderzusetzen, wofür ich ihr heute sehr dankbar bin. Denn in jeder noch so unangenehmen Situation kann ein Schatz begraben sein. Nach diesem musste ich zwar länger suchen, doch ich fand ihn.

Dass ich mit dem, was ich tue, anderen Frauen und Familien dabei helfe, in ihre Kraft zu kommen, Schuldgefühle loszulassen und Verletzungen, die ihnen widerfahren sind, zu überwinden, ist natürlich einerseits mein Beruf, andererseits aber auch vielen Ereignissen meiner eigenen Biografie als Mama geschuldet und deshalb eine große Herzensangelegenheit. Es ist mir ein so unfassbar großes Anliegen, dass Frauen und vor allem Mütter selbstbewusst ihr Leben verbringen können, dass eine meiner größten Visionen ist, ein Frauenhaus für junge Mütter zu errichten. Ich hätte mir damals einen Ort mit Mentoren gewünscht, die mich weder für meine Mutterschaft verurteilen noch mit ihren Tipps erschlagen.

Ich wünsche mir sehr, dass wir einander mehr zuhören und uns für die Beweggründe der anderen Mama interessieren und uns danach erkundigen, warum sie tut, was sie tut. Es wäre auch schön, Mamas, denen es weniger gut geht, die Möglichkeit zu geben, ihr Leben wieder selbstbestimmt leben zu können. Sich gegenseitig zu unterstützen hilft dabei, einander menschlich näherzukommen und vor allem dem Mom-Shaming ein Ende setzen zu können.

Es ist wichtig, dass wir füreinander den Raum schaffen, offen, ehrlich und authentisch über die eigene Biografie zu sprechen, egal ob man schwanger, geschieden, verheiratet, kinderlos oder Großfamilienmama ist. Denn nur dann, wenn wir uns frei von Schuld, Scham oder Schimpf mitteilen können, fühlen wir uns sicher, angenommen und geliebt. Dies ist die Grundvoraussetzung dafür, dass bei Müttern auch Depressionen, Perfektionswahn, Stress und Burn-out deutlich abnehmen können.

Vielfach wird damit argumentiert, dass jede und jeder frei ihre oder seine Meinung äußern kann. Dem ist so, nur sollte die persönliche Meinungsfreiheit niemals einen anderen Menschen in seiner Würde verletzen. Mom-Shaming ist immer verletzend und deshalb so gefährlich. Es hat demnach überhaupt nichts mit der Freiheit der Meinung zu tun. Mom-Shaming ist längst keine Sache mehr, die einfach mal so passiert und aus diesem Grund keine wesentlichen Spuren hinterlässt. Auch wenn ein Kommentar über Social Media schnell geschrieben und gepostet ist: Vergessen wir nie, dass hinter PC oder Handy ein Mensch mit Gefühlen sitzt, der in jedem Fall den Kommentar lesen wird, wie auch alle anderen Follower. Außerdem hängt bei vielen Influencern mittlerweile die berufliche Existenz und somit das finanzielle Überleben der Familie dran. Hier Mom-Shaming zu betreiben kann eine Familie in den finanziellen Ruin stürzen. Eine Mama kann aus meiner Sicht nur dann entspannt für ihr Kind da sein, wenn sie ihren Rücken freihalten kann. Wir alle können also dazu beitragen, dass sie als Mama einen positiven Einfluss auf ihr Kind hat, indem wir einander den Rücken freihalten. Vor allem vor übler Nachrede und kritischen Blicken und schädlichen Äußerungen.

Mom-Shaming übertritt gerade auf Social Media schnell sämtliche Grenzen, emotionaler, seelischer, physischer und finanzieller Natur. Wie fühlen sich andere Frauen, auch jene, die in der Öffentlichkeit stehen und deren Einkommen als Familie vielfach von ihrem öffentlichen Image abhängt, wenn sie an der sensibelsten Stelle angegriffen werden, die es gibt, ihrer Mutterschaft? Wie fühlen wir alle uns dabei, wenn wir uns nicht mehr trauen, Fragen zur Mutterschaft zu stellen, aus Angst, angegriffen zu werden?

Verletzlichkeit ist eine der eindrucksvollsten und intimsten Emotionen einer jungen Mutter, denn sie bringt uns dem Menschsein in seinem Ursprung am nächsten. Was tun wir, wenn wir nicht auf unser persönliches Recht, auch einmal Schwächen zeigen zu können, zurückgreifen können? Was, wenn andere über uns als Mütter Dinge erzählen, die unter die Gürtellinie gehen, jedoch öffentlich geduldet werden, sich in einer rechtlichen Grauzone befinden oder im Alltag einfach mal untergehen? Ich glaube, das Schrecklichste, was eine Frau einer anderen antun kann, ist, sie in ihrer Mütterlichkeit schlechtzumachen.

Die unterschätzte Macht – Mom-Shaming in sozialen Netzwerken und Gruppen

Social Media mit seinen unfassbar vielen Gruppen zu allen nur vorstellbaren Themen, wie *Windelfrei, Alleingeburt, Beckenendlage, alternatives Erziehen, selbstbestimmtes Lernen, mit Familie reisen, Barfußschuhe, Ökokleidung, Spielgruppen, Frühentwicklung, vegane Ernährung, Mamafitness* und vielen, vielen mehr, geben nicht nur positiven Halt und die Möglichkeit der Orientierung, sondern macht es Frauen wie Männern auch aus der Anonymität heraus und über weite Distanzen einfach, Kommentare zu Lebenssituationen anderer zu hinterlassen, die nicht immer reflektiert und selten fachkundig oder objektiv sind. Die sozialen Netzwerke erlauben natürlich auch einen sehr konstruktiven, interaktiven Dialog sowie den Erfahrungsaustausch, von dem wir profitieren können, und wir lieben es natürlich besonders, Menschen zu folgen, die ihr Wissen mit anderen teilen, aber es beinhaltet auch ein ebenso großes Potenzial für Mom-Shaming.

Ich möchte eine Erfahrung mit dir teilen: Bei unserer Tochter wurde mittels eines Tests in der Schwangerschaft, der routinemäßig, ohne unsere Einwilligung durchgeführt worden war, das Down-Syndrom diagnostiziert. Darüber sprach ich offen über Social Media und unseren MINDSHIFT-Podcast und löste damit ungeahnt eine große Welle aus.

Als Eltern äußerten wir, dass wir, was auch immer geschehen würde, unsere Tochter bedingungslos lieben und großziehen werden. Daraufhin erhielt ich eine Menge wunderbarer, liebevoller und empathischer Kommentare, die unendlich gutgetan haben. Wir bekamen Briefe voller Zuneigung und Unterstützung – von Menschen, die wir zuvor nie persönlich getroffen hatten. Diese Welle der Liebe hatte uns durch diese schwierige Zeit getragen, so viel ist sicher. Doch es gab auch einige Worte, die nach wie vor in meinen Ohren klingen und sehr verletzend waren. Beispielsweise: »Man sollte solche Kinder sofort abtreiben und nicht behalten.« Oder: »Wer will schon wissen, dass ein krankes Kind zu Welt kommt?«

Diese Form des Mom-Shamings ging einfach zu weit! Ich entschied mich dazu, diese Kommentare öffentlich anzusprechen, und erhielt daraufhin jede Menge Nachrichten, in denen mir Mütter ihr Schicksal mitteilten. Nicht nur eine Mutter offenbarte mir unter Tränen: »*Katharina, ich habe damals abgetrieben, weil ich dem Druck der anderen nicht standhalten konnte. So gern hätte ich mein Kind behalten, aber ich fand den Mut einfach nicht. Ich weiß nicht, wie ich mir das jemals wieder verzeihen kann.*«

Ist das vorstellbar? Mom-Shaming kann sogar so weit gehen, dass eine Mutter sich zu einer Abtreibung entscheidet, obwohl sie selbst dem Kind das Leben schenken wollte. Mom-Shaming in den sozialen Netzwerken ist deshalb längst keine Kleinigkeit mehr, die wir achtlos unter den Teppich kehren dürfen.

MOM-SHAMING PASSIERT ÜBERALL UND JEDER MUTTER!

Natürlich leiden auch Väter unter solchem und ähnlichem Druck, keine Frage. Liebe Väter, die ihr dieses Buch lest, um euren Frauen noch näher zu sein, seid gewiss, auch ihr werdet Gehör in einem meiner nächsten Bücher finden.

MOM-SHAMING – IM KREUZFEUER DER KRITIK

Iris, 34, Mutter einer Tochter, erzählt: »*Als ich mit meiner kleinen Tochter in die Hebammenpraxis kam, um an einem Rückbildungskurs mitzumachen, dachte ich, ich wäre dort in Sicherheit. Alle schauten mich komisch an und ich wusste nicht warum. Bis mir auffiel, dass sie ihre Kinder entweder nicht dabeihatten oder sie aufgereiht in ihren Kinderwägen in einem Nebenzimmer lagen. Teilweise weinten die Kinder, manche nuckelten am Daumen, andere waren recht zufrieden und schauten die bunten Mobiles an. Ich stellte den Maxi Cosi im Gruppenraum ab in der Annahme, dass ich mein Neugeborenes bei mir haben könnte. Doch ich wurde eines Besseren belehrt. Wenn ich nicht, wie alle anderen auch, das Kind draußen ›parke‹, könnte ich nicht mitmachen. Ich war erschüttert über diese unsinnige Regel, die aus meiner Sicht weder mir noch meinem erst fünf Wochen alten Baby guttun konnte. Als ich die Kursleiterin fragte, warum ich mein Baby abgeben muss, sagte sie, es wäre besser für die Konzentration und die gesunde Loslösung vom Kind. Sie erklärte mir, dass ich eine ›Gluckenmama‹ werden könnte, wenn ich es nicht einmal für eine Stunde schaffe, mich von meinem Kind zu trennen. Eine Mutter in der Runde sah meinen entsetzten Blick und sagte: ›Jetzt stell dich nicht so an und lass es einfach draußen. Es bekommt sowieso nicht mit, wo es ist.‹ Die anderen Mütter schüttelten den Kopf, als ich den Raum verließ. Ich kam nie wieder und weinte den gesamten Weg bis nach Hause. Ich fühlte mich ausgeschlossen und irgendwie verstoßen. ›Habe ich etwas falsch gemacht?‹, fragte ich mich den restlichen Tag. Dank einer lieben Freundin und YouTube kümmerte ich mich selbst um meine Rückbildung, zu Hause und zusammen mit meinem Baby.«*

Menschen, die ungefragt über die mütterlichen Entscheidungen hinwegsehen, sie übergehen, abwerten oder verurteilen, hinterlassen Spuren. Vor allem, wenn sie von einer Autorität kommen. Manches Mal sind sie wie jene Fußabdrücke, die vom Meer sofort weggespült werden, während wir am Strand spazieren gehen. Andere Male brennen sie sich so tief in unsere Herzen, dass sie einem Abdruck in Beton gleichen.

Warum das Rudel für uns wichtig ist

Als Therapeutin und Sprecherin hatte ich bereits mit sehr vielen Menschen beruflichen Kontakt. Sei es persönlich oder in Online-Meetings. Noch niemals hörte ich einen von ihnen sagen, dass ihm die Meinung Dritter absolut gleichgültig ist. Wir Menschen sind nach unserer Geburt davon abhängig, wie wir von anderen akzeptiert und angenommen werden. Ein kleines Menschenkind kann nur dann überleben, wenn es von einem menschlichen »Rudel« aufgenommen, versorgt und geliebt wird. Der menschliche Urinstinkt verlangt demnach, dass wir uns zugehörig fühlen. Wenn eine Frau gerade Mutter wird, will sie in ihrer verletzlichen, unsicheren und bedürftigen Zeit von liebevollen Menschen umgeben sein und sich von ihnen akzeptiert fühlen. Ihr natürlicher Wunsch, von anderen akzeptiert werden zu wollen, kann sich in einem gesunden Maß halten oder krankhaft werden, weil es in übermäßige Perfektion übergeht. Denn hinter der Perfektion steht die Angst vor der Ablehnung Dritter. Der Instinkt einer Mutter springt also unterschiedlich stark an, und signalisiert ihr einen »Gefahrenmodus«, wenn sie oder ihr Baby Ablehnung, Verurteilung oder starke Kritik erfahren. Denn der bereits vor 500 Millionen Jahren entwickelte Hirnstamm ist nur für eines verantwortlich: instinktiv dafür zu sorgen, dass wir uns vor möglichen Angreifern schützen. Fühlt sich eine junge Mutter verbal oder auch durch Blicke Dritter gestört oder »angegriffen«, ob rational nachvollziehbar oder nicht, schaltet ihr Stammhirn instinktiv auf Abwehr. Das bedeutet, sie kann ihre Reaktion nur mit viel Übung und Bewusstsein beeinflussen und agiert andernfalls im Affekt.

Abwehr bedeutet für menschliche Instinkte Folgendes:

1. Entweder die Mama *beginnt zu fliehen* und geht mit einem sehr unangenehmen Gefühl aus der Situation heraus oder
2. *sie erstarrt* innerlich und kann der »Müttermafia« nichts mehr entgegnen, ärgert sich jedoch im Nachhinein darüber, dass sie das Mom-Shaming so wortlos über sich ergehen ließ.
3. Eine weitere Möglichkeit, die oftmals nicht beachtet wird, ist die Abwehr durch *Unterwerfung*. Hierbei gibt die Mama dem Angreifer recht und handelt entsprechend seinen Vorstellungen und Wünschen. Sie beugt sich dessen Unterstellungen oder Kommandos. Sie beginnt beispielsweise damit, dass sie ihr Neugeborenes plötzlich doch nicht bei sich im Bett schlafen lässt, aus Angst, etwas falsch zu machen, obwohl ihr mütterlicher Instinkt eigentlich sagt: »Lass das Baby in deiner Nähe.«

Dabei spielt es keine Rolle, ob die »Müttermafia« eine kompetente Fachperson oder wirklich »nur« die Bäckerin, ein Social-Media-»Freund« oder die Schwiegermutter ist. Das Gehirn unterscheidet in solchen Momenten, die es als Angriff wertet, selten, wer da vor Mama steht. Obgleich dem Stammhirn Menschen, die im nahen Umfeld sind, wichtiger sind. Logisch, immerhin sagt sich das Stammhirn:

»Moment, den kennen wir. Der ist Teil unseres Rudels, dessen Gesinnung ist von großer Wichtigkeit für uns, also besser mal Klappe halten und aus dem Weg gehen.« Wenn wir von uns unbekannten und wenig relevanten Personen Mom-Shaming erleben, relativiert unser Gehirn deutlich schneller und wir sind dazu in der Lage, deren Kommentare eher »wegzustecken«. Warum? Auf fremde Personen ist das Gehirn nicht angewiesen, es sucht nur nach der Zustimmung des eigenen Rudels.

Als Rudel bezeichnen wir unser Umfeld. Dieses können wir ab einem bestimmten Zeitpunkt in unserem Leben frei wählen, aber unter gewissen Umständen auch wieder verlassen. Eines ist dabei wichtig zu wissen: Die Wahl unseres Umfeldes hat einen enormen Einfluss auf uns. Umso wichtiger ist es, sich ab einem gewissen Zeitpunkt im Leben die Frage zu stellen, ob unser Umfeld uns eher fordert oder fördert. Auch dann, wenn es sich um die eigene Familie handelt. Denn gerade hier wird genauso oft Mom-Shaming betrieben wie auf offener Straße.

Zu meinem Rudel gehörten damals als schwangerer Teenager neben der Familie auch Lehrer und Schülerinnen. Immerhin wusste mein Stammhirn, dass ich nur dann die Existenz meines Kindes und meine eigene sicherstellen konnte, wenn ich einen Abschluss hatte.

 MOM-SHAMING TRIFFT UNS AM HÄRTESTEN, WENN ES VON UNS NAHESTEHENDEN MENSCHEN KOMMT.

4. Eine vierte Möglichkeit unseres Stammhirns, auf die Müttermafia zu reagieren, ist der *Angriff*.

Wer schon einmal eine Mama gesehen hat, deren Stammhirn der Ansicht ist, sie oder ihr Baby würden angegriffen werden, weiß, welche emotionalen, aber ebenso physischen Kräfte in ihr schlummern. Mütter, die ihr Baby schützen müssen, setzen Kräfte frei, von denen bisher niemand auch nur ansatzweise etwas geahnt hätte, schon gar nicht sie selbst. Es wird geflucht und getobt und mehr. Als ich klein war, sah ich eine Frau, die mit ihrem Auto verunglückt war. Schwer verletzt sprang sie heraus, holte ihr Kind in Windeseile von der Rückbank, auf der es von der Autotür eingeklemmt saß. Erst als sie ihr Kind in Sicherheit wusste und sah, dass Helfer kamen, fiel sie in Ohnmacht. Später erfuhr ich, dass ihre beiden Beine gebrochen waren.

Der mütterliche Instinkt ist seit Anbeginn der Menschheit ein wichtiges und bedeutungsvolles Instrument, das dem Schutz der Nachkommen gilt. Nun erfahren Mütter im 21. Jahrhundert weder Angriffe von Säbelzahntigern noch befinden wir uns in diesen Breitengraden üblicherweise in anderen Situationen, die eine Gefahr für Leib und Leben von Mutter oder Kind darstellen würden. Was jedoch nicht zu unterschätzen ist, ist die Tatsache, dass Mütter zwar hierzulande weniger physischen Angriffen ausgesetzt sind, jedoch verbalen und emotionalen Angreifern sehr wohl.

Ein unbedachter Kommentar der Schwiegermutter oder eines Social-Media-Freundes kann durchaus das Stammhirn der Mutter in Alarmbereitschaft versetzen und das ist einer der Hauptgründe, warum es in gewissen Mütterrunden oder auf Spielplätzen oft so kampfeslustig hergeht. Aber auch Anweisungen von Ärzten, denen Mütter Folge leisten, ohne diese zu hinterfragen, Erzieherinnen, die als Autoritäten die Mütter zurechtweisen oder Tipps geben, mit denen die Mutter sich unwohl fühlt, können eine der vier oben erwähnten Reaktionsweisen auslösen. Man steckt selten in den Schuhen eines anderen drin, umso wichtiger ist es zu lernen, achtsam hinzuhören und einfühlsam aufeinander einzugehen, statt vorschnell ein Urteil übereinander zu fällen.

Manche Mütter reagieren auf Mom-Shaming kampfeslustig, andere brechen in Tränen aus, wieder andere unterwerfen sich allen Meinungen Dritter kommentarlos und manche können einfach nichts mehr sagen und erstarren. Natürlich gibt es auch viele sehr reflektierte Mamas, die sich von Mom-Shaming kaum mehr aus der Fassung bringen lassen oder diesem kaum oder selten begegnen. Durch Reflexion, Therapie oder viel Arbeit mit dem eigenen Bewusstsein kann es uns gelingen, dass wir eine Art emotionale Nanoschicht für Mom-Shaming errichten. Wir werden in Folge bemerken, dass es uns nur noch kurzzeitig aus der Fassung bringt, wenn uns jemand auf unangenehme Weise zurechtweist, wir danach jedoch wieder entspannt und glücklich unseren Tag verbringen können.

Luisa, 52, Mutter von sechs Kindern, erzählt: »*Früher reagierte ich immer sehr gekränkt auf die ungefragte Meinung Dritter. Nach meiner Therapie konnte ich mich besser abgrenzen und sachlich formulieren, warum mich eine Aussage stört, kränkt oder verletzt. Mit der Zeit wusste mein Umfeld, dass es deutlich achtsamer mit Aussagen mir oder meinen Kindern gegenüber zu sein hatte als früher. Es war eine enorme Erleichterung und ein Befreiungsschlag, nicht mehr in emotionale Tiefen zu stürzen, sondern gut bei mir bleiben zu können, sobald Mom-Shaming mich erwischte. Irgendwie konnte ich daran wachsen. Dafür bin ich heute dankbar.*«

Es tut weh! – Die Folgen von Mom-Shaming

Eine meiner wunderbaren Freundinnen, eine sehr erfolgreiche Führungskraft, bekam nach ihrer Krebsdiagnose eine unfassbar üble Form des Mom-Shamings zu hören: »*Wärst du zu Hause bei deinen Kindern geblieben, anstatt zur Arbeit zu gehen, hättest du nun keinen Krebs.*«

So eine Aussage ist nicht nur zutiefst verletzend, sondern auch anmaßend und falsch. Selbstverständlich hat eine Mama sehr großen Einfluss auf ihr Kind. Niemand auf dieser Welt wird jemals eine Mama ersetzen können. Doch ein Kind wird nicht einzig und allein von einer Mama großgezogen. Es hat einen Vater, der gleichermaßen wichtig ist. Darüber hinaus Großeltern, eine Ahnen-Biografie sowie andere Kindheitsbegleiterinnen und -begleiter, Geschwister, Freunde und ein Bildungssystem, in dem es sich zurechtfinden darf. All diese Faktoren prägen das Kind und die Beziehung zur Mutter und ihrem Kind. Denn eine Mama, die in einem negativen oder missgünstigen Umfeld ihr Kind großziehen muss, wird großteils ihm gegenüber andere Verhaltensweisen entwickeln als eine Mama, die sich unterstützt und geliebt fühlt.

DAS UMFELD DER MUTTER TRÄGT WESENTLICH DAZU BEI, WIE ES DEM KIND SPÄTER ERGEHEN WIRD.

Fühlt sich eine Mutter häufig ungerecht behandelt, kritisiert oder missverstanden, wirkt sich das auf ihren emotionalen, seelischen und auch gesundheitlichen Zustand negativ aus. Immer mehr Mütter leiden unter unnötigem Stress, der vom Umfeld auf sie einprasselt.

Die Angst vor der Verurteilung

Liane, 28, hatte Brustkrebs und konnte deshalb nicht stillen, sie erzählte mir, dass eine Mutter in der Klinik sie ansprach und meinte: »*Warum stillst du denn nicht? Also, ich habe gelesen, dass du mindestens sechs Monate lang stillen solltest. Wenn dir dein Kind wirklich wichtig ist, machst du das auch! Ich habe dafür absolut kein Verständnis.*«

Liane war eine von jenen Mamas, die eine Entscheidung trafen, weil sie mussten. Liane hätte liebend gerne gestillt, konnte es aber aufgrund ihrer Erkrankung nicht. Wenn sie jemand auf diese Art und Weise darauf ansprach, dass sie nicht stillte, brauchte sie meist mehrere Tage, um sich davon wieder zu erholen. Sie dachte dann immer und immer wieder an die Krankheit, an all die Entbehrungen, die mit dieser einhergingen, und hinterfragte ihre mütterlichen Qualitäten.

Warum auch immer eine Mama tut, was sie tun muss, niemand hat das Recht, sie dafür zu verurteilen oder ungefragt zu kritisieren. Dennoch passiert es oft, manches Mal ist uns dies gar nicht bewusst und wir denken uns nicht weiter etwas dabei, wenn wir einer anderen Mama eine kritische Frage stellen. Das ist mir natürlich ebenfalls schon passiert. Eines ist entscheidend: Der Ton macht die Musik. Aber nicht nur das. Es spielt auch mit, welche Erlebnisse ich als Fragestellerin selbst mit der entsprechenden Situation habe oder hatte, zu der ich die Frage stelle. Wenn ich selbst nicht stillen konnte und mich dafür verurteile, könnte unsere Frage wie eine Anklage klingen. Oder wenn eine Mutter eine absolute Still-Verfechterin ist und sich beim besten Willen nicht vorstellen kann, wie eine andere Mutter auf dieses einzigartige Erleben verzichten kann – schwingt das unvermeidbar in der Frage mit. Bei dieser Einstellung fehlt automatisch das Wohlwollen.

Wann immer wir feststellen, dass wir »eine Meinung haben«, die wir auf Biegen und Brechen nicht ändern wollen und verteidigen, neigen wir – beabsichtigt oder nicht – dazu, zu einem Mitglied der Müttermafia zu werden. Je weniger wir uns also mit der Person, die uns in diesem Moment gegenübersteht, befassen und je mehr unser Interesse darin liegt, die eigene Meinung zu vertreten, umso eher passiert

Mom-Shaming. Je perfekter wir uns als Mama darstellen wollen, umso weniger hören wir unserem Gegenüber zu. Wir konzentrieren uns so sehr darauf, wie wir beim anderen ankommen, dass wir kein Ohr mehr für den anderen haben können.

Es wäre eine wunderbare zwischenmenschliche Geste – und auch für uns selbst bereichernd, wenn wir über unseren Meinungsschatten springen und lernen, uns weitgehend offen und unbeeinflusst für die andere Person zu interessieren. Beispielsweise indem wir, wenn wir unsere Neugierde nicht zügeln können, einfach fragen: »*Ich habe gesehen, dass du das Fläschchen gibst. Ohne dir nahetreten zu wollen, habe ich festgestellt, dass mich dein Entschluss interessiert. Was ist der Grund für deine Entscheidung?*«

Wenn wir diese Frage in einem höflichen und angenehmen Ton, mit einer offenen Körpersprache stellen können, gehe ich davon aus, dass der Raum für ein wunderbares Gespräch zwischen zwei Mamas geschaffen werden konnte und sich keine der beiden auf den Schlips getreten fühlt. Vielleicht hätte Liane eine neue Freundin in der fragenden Mama gefunden, mit der sie über ihre Zweifel, Ängste, Erlebnisse, aber auch Hoffnungen und Freuden sprechen hätte können.

Der Unterschied zwischen einer Verurteilung, vorgefertigten Meinung oder einfachem Interesse am anderen ist, dass wir einander zuhören können. Dieses Interesse zeigen wir, indem wir Fragen stellen, die unserem Gegenüber erlauben, sich wohl, sicher und angenommen in den getroffenen Entscheidungen fühlen zu können.

Stellen wir fest, dass wir uns oft herablassend oder negativ über eine andere Mama äußern, hat das meist mit uns selbst etwas zu tun. Denn oft fühlen wir uns selbst unsicher und haben Angst, von anderen verurteilt zu werden. Damit wir diesem unangenehmen Gefühl aus dem Weg gehen können, projizieren wir es einfach auf den anderen. Wir tun dann so, als würde uns das Verhalten des anderen so sehr aufregen, dass Mom-Shaming plötzlich eine Art Berechtigung bekommt. Meist deshalb, weil die eigene Angst durch einen »Angriff« gut überspielbar ist. Angst ist ein Gefühl, das wir alle kennen, aber kaum jemand haben will. Angst kann uns einerseits vor Gefahren schützen, ist demnach enorm wichtig, andererseits engt sie auch ein, schmälert, überrollt und macht schwer. Angst lässt uns selbst kleiner werden und etwas oder jemand anders größer erscheinen. Deshalb kehren wir sie um, machen uns größer, sodass der andere kleiner wird, um der Angst aus dem Weg gehen zu können. Je perfekter eine Mama nach außen scheint, umso mehr Angst hat sie oftmals, als ›Fehlerquelle‹ ertappt zu werden. Im oben genannten Beispiel könnte es sein, dass die fragende Mama ob ihrer Entscheidung zu stillen unsicher ist oder selbst womöglich kritische Stimmen in ihrem Umfeld hatte und sich im Gespräch mit einer Mitmama noch einmal stark für ihre Entscheidung machen wollte.

Bereits wenn das Kind noch ein Baby ist, beginnen deshalb oftmals die Binsenweisheiten des Umfeldes. Einige wollen sich nicht aus unserem Umfeld zurückziehen.

 MANCHE MENSCHEN HABEN ANGST, KEINE ROLLE MEHR IN UNSEREM LEBEN ZU SPIELEN, UND PLUSTERN SICH AUF.

Der »Job« einer Mutter im Wochenbett ist es, in dieser sensiblen ersten Zeit so einfühlsam wie möglich für ihr Baby da zu sein und herauszufinden, wie es am besten beruhigt werden kann, wenn es weint. Der Job unseres Umfeldes ist es, dafür zu sorgen, dass wir die Zeit, die Kraft und den Raum haben, dies zu tun. Und ja, das dauert. Wir brauchen Zeit, um einander kennenzulernen. Das Baby braucht Zeit, um sich an die neue Umgebung zu gewöhnen. Keine Mama auf dieser Welt kann das »einfach mal so nebenbei erledigen«. Auch nicht, wenn sie bereits zwei, drei, vier oder mehr Kinder geboren hat. Denn jedes Kind ist so einzigartig wie sein Daumenabdruck und nein, keiner kann wissen, nicht mal die Mama, was genau dem Baby fehlt. Das herauszufinden benötigt Geduld, Zeit und Einfühlungsvermögen. Ich persönlich habe die ersten Wochen einfach bei mir zu Hause verbracht. Zwei meiner Kinder waren so sensible Neugeborene, dass es ihnen sogar zu viel war, wenn ich die ersten Tage nach der Geburt das Schlafzimmer verlassen habe. Sie wollten, so fühlte ich tief in mir, in Ruhe in dieser Welt ankommen, mit allen Sinnen die neue Umgebung aufnehmen, ehe sie sich ihr öffnen konnten.

Sie haben geschrien, was das Zeug hielt, wenn ich mich mit ihnen im Arm auch nur einen halben Meter aus ihrer »Höhle« entfernt habe. Sobald ich im Raum blieb, schlummerten sie zufrieden und entspannt an meinem Busen. Natürlich hörte ich relativ rasch von anderen: »*Du musst mal rausgehen, man kann ja das Kind nicht ewig drin behalten.*« Diese Zeit habe ich ihnen trotzdem gegeben und ehrlich gesagt tat sie mir selbst auch sehr gut. Meine Sinne sagten mir, dass ich für uns in diesem Moment genau das Richtige tat, und ich bin sehr dankbar, dass ich dazu in der Lage war, dieser inneren Stimme zu vertrauen.

Habe ich mich dabei öfter mies oder unzureichend als Frau und Mutter gefühlt, wenn ich von anderen hörte, dass sie sehr schnell nach der Geburt wieder »voll einsatzfähig« waren? Ja! Sehnte ich mich hier und da danach, es ihnen gleichtun zu können? Nicht nur einmal. Es brauchte viel Reflexion, Innenschau, Meditation und klare Worte mit mir selbst, damit ich einfach »mein Ding« mit meinem Baby machen konnte. Mein Ding war, mein Baby in aller Ruhe kennenzulernen, eine angenehme Position zu finden, um den Dammnähten keine weitere Gelegenheit zum Reißen zu geben und die Hämorrhoiden in den Griff zu bekommen. Ich weiß, das sind Themen, über die frau ungern spricht, aber was soll ich sagen, es war, wie es war.

Kreativkurs Mom-Shaming – was Mütter alles falsch machen können

Lass uns weiter schauen, wofür und auf welch kreative Weise Mütter für alles Mögliche verantwortlich gemacht werden.

Erblickt das Kind als Dauernuckler und Busenjunky das Licht der Welt, *»lässt die Mutter das Kind nicht los«*. Hat diese eine Brustentzündung oder sonstige körperliche Herausforderungen, *»macht sie mit dem Kind einfach zu viel herum«*, hat Stress und achtet zu wenig auf sich selbst. Ist das Kind krank, hat sie zu wenig oder auch zu viel gestillt, zu wenig oder zu viel geputzt, gearbeitet oder, ganz spannend, die unter Esoterikern sehr verbreitete Ansicht, *»das Kind würde die Spannungen der Mutter in eine Krankheit umlenken, da es sich anders nicht mehr zu helfen wüsste«*. Ein weiterer meiner Lieblinge unter den kreativen Unterstellungen ist folgende: Wenn das Kind eine ADHS-Diagnose erhält, würde es lediglich *»die negativen Schwingungen der Erwachsenen aufsaugen und durch diverse Auffälligkeiten kompensieren, weil die Mutter es nicht genug vor negativen Einflüssen schützt«*. Die Kreativität mancher ideenreicher Köpfe reicht tatsächlich haarsträubend weit. Jedoch geht sie meist auf Kosten der Mütter und genau das muss aufhören.

Als ich in der Schwangerschaft mit meiner zweiten Tochter in der Klinik lag, legte so ein Esotanker ungefragt bei mir an, indem mich eine selbst ernannte Erleuchtete und mir völlig unbekannte Frau anrief und zu mir sagte: »Ich habe in Ihrer Aura gelesen.« *»Sie haben offenbar schon so viele Kinder im letzten Leben schlecht behandelt, dass dies* *nun Ihr Karma ist.«* Hallo? Geht's noch? Was für ein krasser Fall von Mom-Shaming! Man liegt in der Klinik und bangt um das eigene und das Leben seines Kindes, um dann so einen Schwachsinn zu hören?!

Der absolute Renner, der mir selbst in meiner Mutterschaft unterstellt wurde, ist die *»mangelnde Bindungsfähigkeit des Kindes«*. Dieser Vorwurf ist ein besonderes Highlight im Kindergarten, vor allem für gefährliches Halbwissen mancher Mütter, die sich selbst als leuchtendes Beispiel grandioser Erziehungsarbeit sehen.

Weint das Kleinkind beim Abgeben, wird der Mutter unterstellt, sie könne ihr Kind nicht loslassen und hätte etwas in der Erziehung des Kindes falsch gemacht. Geht das Kind problemlos in die Gruppe, ist es »richtig erzogen«, aber wenn es beim Abholen nicht gleich in Mamas Arme läuft und nicht nach Hause will, *»stimmt vermutlich irgendetwas zu Hause nicht«*.

Wie wir es drehen und wenden, sobald ein Kind aus der gesellschaftlichen Ratgeber-Reihe tanzt, wird dafür häufig die Mutter zur Verantwortung gezogen. Und das 24 Stunden am Tag, sieben Tage die Woche, 365 Tage im Jahr und das weitere Leben des Kindes. Wenn es im Erwachsenenalter zu ehrgeizig, zu faul, zu dick, zu dünn, zu verantwortungsbewusst oder eben das Gegenteil ist, wenn es – ja, es gibt tatsächlich nach wie vor sogar Menschen, die darin einen »Mutterfehler« suchen – homosexuell ist oder immer wieder an die falschen Partner gerät, fremdgeht, eifersüchtig, dominant ist oder kein Selbstbewusstsein hat, war bestimmt *»irgendetwas mit der Mutter nicht in Ordnung«*. Selbst wenn der Vater, das Schulsystem, das Umfeld, andere Kindheitsbegleiter oder Traumata sowie die Nachwirkungen gesellschaftlichen Versagens die Ursachen für die Themen des Kindes sein sollten, war die Mutter in den Augen vieler die Schuldige!

Kein Wunder, dass viele Frauen heutzutage erst gar

nicht auf die Idee kommen, mehrere Kinder in die Welt setzen zu wollen. Sogar die World Health Organization sieht bei Frauen vor und nach der Geburt einen erhöhten Handlungsbedarf. Weltweit leidet jede vierte Frau an Depressionen. Ist das ein Wunder? Nein! Es gibt sogar Prognosen, dass ab dem Jahr 2030 bei jeder dritten Frau mindestens einmal in ihrem Leben eine psychische Störung diagnostiziert werden wird. Diese Zahlen sind schockierend und es muss dringend etwas getan werden, um uns Frauen und Mütter mehr zu stärken.

> **FRAUEN BRAUCHEN VIELFACH EIN ENORM DICKES FELL, GAR SUPERKRÄFTE, UM SICH ALS »GUTE MAMA« BEHAUPTEN ZU KÖNNEN.**

Der Druck, der auf Mütter gelegt wird, ist unmenschlich und meiner Ansicht nach einer der größten öffentlich geduldeten Missbräuche der narzisstischen Gesellschaft.

Du denkst, das war schon alles? Ein paar Mom-Shaming-Praxisbeispiele aus dem Munde der Müttermafia habe ich noch – samt sarkastischen Antworten auf solche Angriffe:

Mom-Shaming und Stillen in der Öffentlichkeit:
- »*Brüste sind sexuelle Objekte, die sollte man nicht einfach so herzeigen!*«
Ja genau, man verwendet auch Hände, Finger und den Mund für sexuelle Tätigkeiten, sollte Mama diese nun auch nicht mehr öffentlich verwenden dürfen!?
- »*Man sollte das Baby nur zu Hause stillen, immerhin laufen viele Perverse draußen herum, die man ansonsten sexuell stimuliert.*«

Okay, also schlussfolgernd sollte Mama auch nicht mehr in Flip-Flops herumlaufen, weil es Fußfetischisten gibt, oder wie?!
- »*Pack die Brüste ein, da sehen ja Kinder zu!*«
Ja, klar, bitte lasst Mütter nur noch öffentlich Fläschchen füttern, damit auch für die zukünftigen Mütter und Väter, die jetzt noch Kinder sind, klar ist, dass das Beste aus der Flasche kommt und Brüste nur so zur Deko an einer Frau dranhängen.

Mom-Shaming und Posts:
- »*Warum postest du ein Foto deines Kindes?*«
Nun, weil ich dachte, dass es süß und putzig und lustig ist und es anderen Freude bringen könnte ... gut, allen außer dir ... warum siehst du dir überhaupt Sachen an, die dich aufregen? Oh, vermutlich, weil egal ist, was du siehst, du findest überall etwas zum Aufregen.
- »*Weißt du nicht, dass es Pädophile gibt?*«
Ja, und wusstest du, dass es Menschen gibt, die bei Angriffen von Kühen verletzt wurden, obwohl sie nur wandern wollten?

Mom-Shaming und Erziehung
- »*Ja sagen Sie, können Sie Ihrem Kind nicht mal Manieren beibringen?!*«
Bitte, gerne. Welche hätten Sie denn gern, die aus dem Jahre 1920 oder vielleicht jene aus 1970? Vielleicht passen Ihnen aber auch die von Freinet, Montessori, Pipi Langstrumpf, den Wiener Sängerknaben oder Rebeca Wild? Oder vielleicht nach anderen Studien, entsprechend der Kultur und den sozialen, religiösen oder ökonomischen Hintergründen? Lassen Sie mich bitte kurz Stift und Zettel holen, dann kann es losgehen!

Mom-Shaming und Ernährung
- Veganes Kleinkind erwischt zufällig das Wurstbrot der Sandkastennachbarin: *»Wie kannst du es wagen, deinem Kind in aller Öffentlichkeit Fleisch zu geben, weißt du denn nicht, dass das totes Tier ist und es vegane Kinder gibt, denen so eine Unart schaden könnte?«*
Oh, wie gut, dass du mir das mitteilst, hätte ich sonst gar nicht bemerkt. Na, offenbar ist das deinem Kind gerade wurst ...

Mom-Shaming Kind schläft im Elternbett
- *»Sag mal, hast du keine Angst, dass das Kind dann nie wieder aus dem Bett raus will?«*
Lass mich überlegen ... nein. Gegenfrage: Hast du keine Angst, dass deine Augen stecken bleiben, wenn du schielst, deine Hüften breiter werden, wenn du sonntags ab und an Kuchen isst, die Gehirnzellen auch im Alltag absterben, weil du samstags mal ein Bier trinkst, oder dein Mann dich verlässt, wenn du abends mal in Jogginghosen abhängst?! Alles Unsinn, oder?
- *»Bekommt dein Kind keinen Schaden, wenn es im selben Bett liegt, während ihr nachts Sex miteinander habt?«*
Regelmäßig, aber meistens nicht, denn wir geben uns Mühe. Es kommt so selten vor, dass du dir darüber keine Gedanken machen musst. Erst neun Monate später, wenn es meine Brüste mit einer kleinen Piranha teilen muss, könnte der Schaden überhandnehmen, bis dahin machen wir keinen Mucks beim Liebesspiel.

Mom-Shaming auf Reisen
- *»Muss man unbedingt ein Kind ins Flugzeug quetschen und anderen Gästen mit Dauergeschrei auf die Nerven gehen?«*

Muss man unbedingt annehmen, die Welt gehöre einem allein?
- *»Wieso sind Eltern so egoistisch und schleppen ihre Kinder von einer Stadt in die andere? Kann man denn auf nichts mehr verzichten?«*
Oh doch, und in jedem Fall! Am meisten auf Kommentare wie diese.

Und folgende Fragen habe ich mir auch schon immer gestellt: Gibt's in der Baumschule eigentlich einen Purzelbaum zu kaufen? Leben Verheiratete länger oder kommt ihnen das nur so vor? Dürfen Vegetarier Fleischtomaten essen? Darf man mit Hose zu einem Rockkonzert? Welche Farbe bekommen Schlümpfe, wenn ihnen was im Hals stecken bleibt? Warum sind Pizza-Schachteln eckig? Sind Uhren, wenn man sie ständig aufzieht, auch mal beleidigt? Kaufen Kettenraucher beim Juwelier ein und, wenn ja, wo bitte kann ich ihren Businesscase bekommen? Wie soll ein Bauer reagieren, wenn seine Frau sagt: »Sieh zu, dass du Land gewinnst?!«

Du siehst, Mom-Shamer fragen Dinge, auf die es selten eine sinnvolle Antwort gibt, weil es dafür auch eine sinnvolle Frage bräuchte …

Mütter werden in unserer zivilisierten Gesellschaft natürlich nicht mehr physisch und real wie Hexen im Mittelalter angeklagt und »gesteinigt«, dafür jedoch emotional. Natürlich können wir auf diese einfältigen Aussagen mit Humor kontern. Aber jede Frau weiß, wie schnell sie, vor allem wenn sie schwanger ist, emotional in der Müttermafia-Mühle gefangen ist. Außerdem ist nicht jede von uns so schlagfertig oder hauptberuflich Comedian, dass sie auf alle Frechheiten sofort eine Antwort parat hat.

Es gibt bei all der Flut an Wissensaufdrängung kaum noch Rückzugsmöglichkeiten. Dank Dr. Google, Facebookgruppen, Blogs, Ratgebern, Foren, WhatsApp-Gruppen, Instagram usw. werden Mütter immer mehr und mehr in ihrer eigenen Kompetenz entmündigt, zur Schau gestellt, angeprangert oder so verunsichert, dass sie am Ende eines Chats nicht mal mehr ihren Namen buchstabieren können. Ich kenne Frauen, die sich angesichts von Mom-Shaming nicht mehr erlauben, noch tief empfundene Freude daran zu entwickeln, Mutter zu werden! Viele Frauen wählen für sich die Option, entweder zu sagen: »Ich kehre der Welt den Rücken zu und ziehe mit meiner Familie auf eine Insel«, oder sie bleiben dem System und dem zivilisierten Leben treu. Doch damit verfällt sie wahrscheinlich einer der drei im Kapitel »Best of Mom-Shaming« erwähnten Kategorien, um überhaupt in der »Leistungsmühle Mutterschaft« existieren zu können.

Unperfekt ist das neue »sexy« – endlich mal so richtig Mutter sein

Eines ist sicher. Die Müttermafia macht so gut wie jeder Mutter Probleme. Vor allem jenen, die versuchen, nach außen hin perfekt zu sein.

Die bedauerliche Wahrheit ist, dass die »Perfekt-sein-Wollerinnen« es am Ende am allermeisten abbekommen. Ich gehörte auch lange dazu, vor allem bei meiner ersten Tochter. Ich wollte damals vieles dafür tun, um zu beweisen, dass ich eine »richtig gute Mutter« bin. Hinter diesem Bestreben steckte jede Menge Unsicherheit und die Sorge, in den Augen anderer aufgrund meiner Jugend eine schlechte Mama zu sein. Vor allem hatte ich aber teilweise echte Angst vor den Müttern, die mich, wann immer es ihnen möglich war, darauf hinwiesen, dass sie die besseren Mütter wären, weil sie deutlich mehr Erfahrung hatten als ich.

Aber später, als ich schon drei Kindern das Leben geschenkt hatte und als Therapeutin arbeitete, urteilte die Müttermafia immer noch über mich. Vor vielen Jahren schloss ich meine Praxis für einige Wochen und widmete mich dem Aufbau meines Online-Business. Als Mama von damals drei kleinen Kindern hatte ich mir überlegt, anderen Müttern einfach eine Ausbildung über das Internet anzubieten. Im Jahr 2009 war ich mit diesem Angebot noch eine ziemliche Exotin. Für mich war es die glorreichste Idee überhaupt, denn so konnte ich tagsüber meine drei Kinder, darunter meine erst fünf Monate alte Tochter, betreuen und nachts an den Textinhalten zur Ausbildung schreiben, Videos mit Lerninhalten produzieren und meine Klientinnen und Studentinnen via E-Mail beraten. Da ich in dieser Zeit nur etwa vier bis fünf Stunden schlief und zeitgleich voll stillte – irre, ich weiß –, ernährte ich mich gesund, um den Aufbau meines Unternehmens nicht durch eine mögliche stressbedingte Krankheit zu gefährden. Ich trank viele grüne Smoothies und vermied alles, was mich träge machte. Das tat ich aber nicht, um abzunehmen, sondern einfach, um weiterhin Geld zu verdienen und dafür fit zu sein. Außerdem wollte ich weiterhin stillen und das Ganze körperlich irgendwie halbwegs gesund hinbekommen. Eines Tages war ich gerade dabei, im Foyer des Kindergartens meinem Sohn die Schuhe anzuziehen, weil er dort seine »Schnupperzeit« verbrachte, als vier Mütter von hinten auf mich zukamen. Eine von ihnen sagte in diesem unerträglich arroganten Tonfall: »*Na, Katharina, gibst du deine Kinder jetzt doch in den Kindergarten, wie? Arbeiten und Kinder geht dann wohl doch nicht, oder? Man sollte halt einfach zu Hause bleiben, wenn man drei Kinder hat, und sich nicht so unnötig aufspielen. Schau dich an, du bist nur noch ein Hungerhaken, glaubst du etwa, dass du dir oder den Kindern damit Freunde machst?*«

Das saß. Und wie. Obwohl ich damals von mir behauptet hätte, dass mich keine noch so große Kritik der Müttermafia hätte treffen können, tat sie es in diesem Moment. Gern würde ich dir erzählen, dass diese harten Worte an der Nanoschicht meines Selbstwerts abprallten, aber dem war definitiv nicht so. Ich bemerkte, wie ich damit begann, meine beruflichen Entscheidungen infrage zu stellen. Ich ertappte mich sogar bei dem Gedanken daran, mit meinem Beruf aufzuhören und nur noch für die Kinder da zu sein. Damals litt ich wirklich sehr unter den Vorurteilen arbeitenden Müttern gegenüber, denn diese nagten an meinem Selbstwert. Erst später erkannte ich, dass mich die anderen Mütter vielleicht als »zu perfekt« ansahen und ich sicherlich dieses Bild auch nach außen vertrat. Es war also tatsächlich etwas dran an ihren Aussagen. Auch wenn die Art und Weise, mir das mitzuteilen, völlig daneben war. Ich erkannte, dass der Anspruch an mich selbst damals tatsächlich viel zu hoch und auch trotz »Smoothies« (man redet sich alles schön) ungesund war und dass ich mir selbst tatsächlich einen enormen inneren Druck machte, alles perfekt unter einen Hut zu bringen, die Arbeit und meine drei Kinder sowie den Haushalt und meine Fitness. Das Ergebnis dieser Müttermafia-Attacke war, dass ich weiterhin meinen Job machte, aber wieder acht Stunden schlief und deutlich mehr auf mich achtete. Es blieb einiges liegen, die Wäsche wurde nicht mehr täglich gewaschen, die Abende auch mal gechillt im Garten statt vor dem PC verbracht, und meinen Kundinnen schrieb ich nicht, wie zuvor gewohnt, innerhalb von 24 Stunden zurück, sondern erst innerhalb von 72 Stunden. Was bitte sollte der Performer-Stress, den ich mir machte? Du siehst schon, manches Mal kann so eine Mom-Shaming-Attacke auch etwas sehr Gutes beinhalten. Letzten Endes entscheiden immer wir, was wir daraus machen, nicht wahr?

Die Wahrheit ist, es dauerte ein weiteres Jahrzehnt der Reife, Reflexion und des Erforschens meiner eigenen Psyche, jener der anderen sowie der Beschäftigung mit Teilbereichen aus der Psychologie, der Neurowissenschaft, der Genetik und der Quantenphysik, um mich von meinem Perfektionswahn in aller Seelenruhe befreien zu können.

Das dauerte vermutlich deshalb so lange, weil es da draußen schlichtweg nur so von Mama-Perfektionsfallen wimmelt. Es wird uns nicht einfach gemacht, diesen zu entkommen.

Einer meiner Kollegen beispielsweise kam, während ca. 800 Leute darauf warteten, dass wir die Bühne betreten, von hinten auf mich zu, klopfte mit seiner Hand auf meinen Po und sagte: »*Die letzte Schwangerschaft tat dir gut, endlich mal wieder was Kurviges zum Anfassen, du bist eine richtige MILF geworden. Genau deshalb darfst du auch hier oben stehen.*« Diese sexistische und verächtliche Bemerkung schaffte es, mich innerhalb von einer Sekunde vom zwölften Stock meiner Gefühle in den Keller zu katapultieren. Ich brauchte tatsächlich einige Minuten, um mir wieder bewusst zu machen, dass es für Frauen und Mütter nach wie vor nicht einfach ist, erfolgreich den eigenen Weg in von Männern dominierten Branchen zu gehen. Diesen widerlichen Sprüchen standzuhalten, ohne sich dabei als Frau zu verbiegen, braucht einiges mehr als nur ein standhaftes Gemüt. In diesem Buch möchte ich dir einen Weg aufzeigen, der für viele Mütter hilfreich ist und mir dabei half, meinen Weg trotz aller negativen Umstände zu finden.

Es ist sehr wichtig, dass gerade wir Mütter uns von niemandem davon abhalten lassen, unseren beruflichen Weg zu gehen. Weder von der Müttermafia noch von männlichen Egomanen-Sprüchen. Sicherlich sagen viele Frauen nach wie vor, dass es *eben so ist und wir uns einfach härter durchboxen müssen, um anerkannt zu werden.* Doch das will ich nicht akzeptieren. Ich halte es für enorm wichtig, dass wir darüber auch öffentlich sprechen und uns noch mehr füreinander einsetzen. Ich kenne wunderbare männliche Kollegen, die sich für die ein oder andere Aussage oder Verhaltensweise ihrer Mitkollegen regelrecht schämen und sich liebend gern für mehr Wertschätzung, Respekt und Achtung Frauen und Müttern gegenüber im Berufsleben einsetzen.

Wusstest du übrigens, dass laut einer Umfrage Frauen und Mütter je erfolgreicher sie sind, deutlich mehr sexuellen Belästigungen im Job ausgesetzt sind?

Was mich am allermeisten umtrieb, waren die nagenden Schuldgefühle, denen frau wie ein Fisch an der Angel ausgeliefert scheint. Es ist oft wie verhext, aber ich sprach mit so vielen Frauen, die erfolgreich sind und meinten: »Je erfolgreicher ich wurde, umso mehr plagten mich Schuldgefühle.«

Eine sehr erfolgreiche Managerin sagte einmal zu mir: »*Ich fragte mich jedes Mal, wenn ich den Aufzug zu meinem Büro bestieg: Sollte ich öfter zu Hause sein, weniger arbeiten, mehr präsent sein? Sollte ich lieber die Hausfrau spielen, damit keine anderen Männer mich mehr angraben und denken, ich wäre Frischfleisch, das, weil es schon einmal geboren hat, über einen erhöhten Flirt-Marktwert, aber geringeren Arbeits-Marktwert verfügt? Ich hatte jahrelang Depressionen, weil ich mich schäbig und klein fühlte, so, als würde ich nicht wirklich genügen und müsste ständig zusehen, dass Männer mich ernst nehmen, vor allem beruflich. Kaum holte ich dann mal freitags meine Kinder aus der Schule ab, streiften mich die verachtenden Blicke der Mit-Mütter. Ich glaube, viele konnten es einfach nicht ertragen, dass ich erfolgreich und gut aussehend war. Es war, als würden sie wie die Geier darauf warten, dass ich endlich scheitere. Als dann meine Ehe in die Brüche ging, stand ihnen die Freude ins Gesicht geschrieben und nicht nur einmal hörte ich: ›Sagen wir es dir doch: So was geht nicht gut. Du solltest als Frau, vor allem als Mutter, nicht erfolgreicher sein als dein Mann. Mit deinem Egotrip hast du das Leben deiner Kinder zerstört.‹*«

Ab wann bitte ist es passiert, dass sich der Wert einer Frau an der Anzahl der Kinder oder ihrer Karriere misst?

Sie erzählte weiter: »*Erst durch die Hilfe meiner Therapie gelang es mir, mich wieder zu schätzen. Weißt du* was? Das Paradoxe dabei war, dass ich immer eine wirklich fabelhafte Frau und Mutter gewesen bin, es aber niemals so sehen konnte.«

ALS MAMAS WOLLEN WIR ALLES RICHTIG MACHEN UND MERKEN NATÜRLICH, DASS WIR WIDERSTANDSFÄHIGER ALS ALLE ANDERE SEIN MÜSSEN.

Wir wissen, dass wir mehr schlafen sollten, besser auf uns achten und das Leben mit Kleinkindern mehr genießen sollten, und doch ertappen wir uns dabei, dass wir uns der einen oder anderen Träumerei hingeben, die jedoch Schuldgefühle mit sich bringt. Wir wollen natürlich die eigenen Visionen und Sehnsüchte realisieren oder mit Freundinnen eine Nacht durchtanzen. Das gehört einfach dazu und ist gesund! Natürlich wollen wir wieder Frau sein und uns begehrenswert finden, schick anziehen, hemmungslosen Sex mit unserem Partner haben oder mal eine Ibu nehmen, wenn die Periode wieder zu stark und schmerzhaft ist.

Manches Mal habe ich das Gefühl, dass vieles, wofür Frauen in den letzten Jahrhunderten kämpften, für uns Mütter neu zu erkämpfen ist. Wie schnell ertappen wir uns beim Gedanken: »*Tut das denn auch eine gute Mama?*« Irgendwie wurde ich diese inneren Schuldgefühle und Anklagen, folglich die »innere Müttermafia« am schwersten los. Denn es gibt neben dem Mom-Shaming von anderen auch jenes, das wir uns selbst antun.

Ich bin weder eine perfekte Frau, geschweige denn perfekte Mutter oder perfekte Therapeutin. Ich bleibe aber ein perfektes Häppchen für die Müttermafia und ihre zahlreichen Anhängerinnen, da bin ich mir sicher.

Meine Mama sagte immer: »*Kind, es ist dir aus der*

Hand genommen, was andere aus den Dingen, die sie über dich denken, machen. Was du aber tun kannst, ist Dinge im Leben erschaffen, die dir gefallen. Das ist das Einzige, was wirklich zählt!«
Hat was, oder?

Attacke! – 31 Angriffspunkte für Mom-Shamer

Lass mich mal kurz aufzählen und dir beweisen, dass ich mit meiner Behauptung »unperfekt« zu sein, richtig liege. Ich wette, beim Lesen fällt dir bereits auf, warum mich die Müttermafia mit ihren niederschmetternden Kommentaren, Blicken und Verurteilungen besonders am Kicker hat. Vielleicht kennst du das ein oder andere auch aus deinem Leben?

Pass auf, es geht los:
1. Ich bin Mama von fünf Kindern. Ja, das finden einige echt seltsam und meinen: »*Mit der kann ja was nicht stimmen, wer will heutzutage schon so viele Kinder?«* Neulich las ich einen Artikel über eine Autorin, die folgender Ansicht ist: »*Frauen, die keine Kinder haben, sind intelligenter als jene mit Kindern.«*
2. Dazu gibts gleich drei liebevolle Papas (das gefundene Müttermafia-Fressen). »*Wie willst du eine gute Mutter und Familientherapeutin sein, wenn du deine Kinder einer solchen Familienkonstellation aussetzt?«*
3. Ich habe keinen einzigen Schwangerschaftsstreifen und habe dafür schon viel Mom-Shaming erhalten. »*Fünf Kinder und keinen einzigen Streifen? Hattest du eine Leihmutter?«*
4. Ich verstehe mich mit meinen beiden Exmännern gut. Oft wurde ich gefragt: »*Wieso befindet ihr euch nicht*

im Rosenkrieg wie jeder andere ›normale Mensch‹ auch? Da kann ja etwas nicht stimmen, oder?«
5. Ich bin ziemlich schlank und kann enorm viel essen, ohne zuzunehmen. (Gene, ehrlich wahr, auch meine Großmutter war nach acht Kindern gertenschlank.) Oftmals wurde ich mit folgender irrwitzigen Aussage konfrontiert: *»Katharina, an einer richtigen Frau ist doch was dran, was lebst du denn deinen Töchtern vor, wenn du als Mutter und Hungerhaken durchs Leben läufst?!«*
6. Manche sagen, ich sei erfolgreich mit dem, was ich tue, und sind recht skeptisch, ob das denn alles mit rechten Dingen zugeht. (Dafür ernte ich besondere Ablehnung). *»Du hast bestimmt ständig andere Nannys oder gibst die Kinder bei den Männern ab, nicht wahr?«* (Nein, ich habe sie zusammen mit ihren Papas immer selbstständig durch den Alltag und das bisherige Leben begleitet. Neben Kindergarten und Schule.)
7. Ich bekam als Teenager noch während der Schulzeit meine erste Tochter. Dafür wurde ich öfter gefragt: *»Warum geht man auch so früh mit jemandem ins Bett? Zu dumm zum Verhüten, oder was?«*
8. Ich war in meinem ganzen Leben nur vier Monate angestellt. Ich habe schon mit 21 mein erstes Unternehmen gegründet. Hier wurde mir unterstellt, dass ich wohl nichts anderes gelernt hätte, weil ich ja so früh schon Mama wurde: *»Hat wohl nicht für einen ordentlichen Job gereicht, deshalb die Selbstständigkeit?!«* Die Wahrheit ist, dass ich einige fundierte Ausbildungen fertig machte und jetzt gerade meinen MBA in Changemanagement und Leadership. Eine Firma hätte ich mit oder ohne all dem aufgebaut, weil in mir einfach eine richtig gute Unternehmerin steckt und ich Freude daran habe. Frühe Mutterschaft hin oder her.

9. Ich habe insgesamt 12 Jahre lang gestillt und bin bei meiner Jüngsten, 18 Monate, noch immer dabei. Die Kommentare dazu erspare ich euch. Nur so viel, als ich im Jahre 2000 meine zwölf Wochen alte erste Tochter damals in einem österreichischen Einkaufscenter in einer ruhigen Ecke stillte, wurde ich von zwei Sicherheitsmännern gebeten, das Kaufhaus zu verlassen! Kein Scherz! Sie sagten: »*Verlassen Sie sofort das Einkaufszentrum, ansonsten kassieren Sie eine Anzeige wegen Erregung öffentlichen Ärgernisses!*«
10. Ich habe Erfahrung mit zwei Klinikgeburten, zwei Hausgeburten und einer Geburtshausgeburt. Obwohl eindeutig erwiesen ist, dass Hausgeburten deutlich sicherer sind als Klinikgeburten, hörte ich des Öfteren: »*Wie kannst du das Leben deiner Kinder nur so gefährden? Jede vernünftige Frau weiß doch, dass das grob fahrlässig ist!*«
11. Ich habe 19 Dammnähte, tat mächtig weh. In einem zweiten Hypnobirthingkurs fragte mich eine Teilnehmerin tatsächlich: »*Wenn du dich der Geburt voll und ganz hingegeben hättest, wäre das sicherlich nicht passiert. Daran zeigt sich bereits, ob jemand als Mutter geeignet ist oder nicht. Warum lässt du das mit dem Gebären nicht einfach sein?!*« Auch Massage und noch so teure Öle halfen nichts. Es riss und das lag sicherlich nicht an meiner Fähigkeit der Hingabe oder Mutterschaft. Erst, als ich eine Binde mit warmem Zinnkrauttee tränkte und mir während der Presswehen an den Damm hielt, riss nichts mehr ein. Egal ob Wundermittel, Zufall oder Glück, es half dreimal. Könnten wir bitte damit aufhören, aus der Geburt einen Leistungskurs zu machen?!
12. Ich hatte immer Schmerzen bei der Geburt, selbst mit Hypnobirthing. Ich weiß gar nicht, wie Frauen Wehen als »orgasmisch« bezeichnen können, und bewundere

sie sehr dafür. Ich kann leider nicht behaupten, dass ich diese Schmerzen je so weit veratmen konnte, dass ich »Juhu, wann kommt endlich die Nächste!« rufen konnte. #shameonme. »*Frauen, die die Geburt als schmerzvoll erleiden, haben den Zugang zu sich selbst und dem Wunder der Geburt verloren*«, las ich neulich auf der Facebook-Seite für Schwangere mit über 10.000 Mitgliedern. Was für ein Unsinn!

13. »*Also mein Baby ist total entspannt, es weint nie und scheint deutlich glücklicher als Ihres zu sein*«, erklärte mir eine Dame im Vorzimmer des Kinderarztes, als mein Baby weinte. Als ob ein weinendes Baby die Unfähigkeit der Mutter anzeigt?
14. Ich kann einparken (meistens zumindest) und auch, wenn fünf Kinder im Auto sitzen. Gut, dreimal hat es geknallt, aber dafür kann ich echt nichts. Mir sagte tatsächlich ein älterer Herr, der mir beim Einparken ins Heck fuhr: »*Mütter sollten einfach zu Hause bleiben, dann wäre das nicht passiert.*«
15. Ich verdiene mein eigenes Geld und habe zahlreiche Sparpläne, ein eigenes Haus, Büro und so ziemlich für alles Versicherungen. (Bin trotz Meditation ein Realismus-Schisser geblieben.) Mir sagte einmal ein Bankberater: »*Frau Pommer, wir finanzieren keine alleinstehenden Mütter, auch wenn Ihr Einkommen und Vermögen das vieler Männer bei Weitem übersteigt, aber wer kann uns denn garantieren, dass Sie nicht wieder ein Kind bekommen und dann monatelang ausfallen? Suchen Sie sich einen Partner, damit wir mehr Sicherheiten haben.*«
16. Ich bin sehr bodenständig und »trotzdem« oder gerade deshalb meditiere und bete ich täglich seit 20 Jahren. Ich glaube an Gott, aber auch an Buddha, das Tao und liebe es, Tempel und Kirchen von innen anzusehen und darin zu verweilen, immerhin habe ich auch leidenschaftlich

gern Kunstgeschichte studiert. Ich räuchere ab und an recht gern und lebe ein spirituelles Leben, auch wenn es nicht ins »Raster« passt. Da hörte ich schon mal eine Kollegin sagen: »*Diese weltfremden Mütter, die in der heutigen Zeit noch an Gott glauben, brauchen sich nicht zu wundern, wenn aus ihren Kindern Tagträumer oder Autisten werden.*«

17. Meine schulpflichtigen Kinder besuchen die Waldorfschule und die internationale Schule. »*Können die überhaupt lesen? Oder ordentlich Deutsch? Wie kannst du sie als Mutter, die dazu beitragen sollte, dass aus ihren Kindern etwas wird, nur in so eine Schule geben?*« Ja, wer hätte es gedacht, meine Kinder können tatsächlich lesen und schreiben, haben super schriftliche Waldorf-Zeugnisse und meine große Tochter hat einen 2,0-Abschluss in Bayern gemacht. Das will etwas heißen.

18. Ich habe früher ab und an ein Foto meiner Kinder im Freundes-Facebook-Modus für »family and friends« geteilt. Ich dachte mir wenig dabei, immerhin hatte ich sie nicht öffentlich gestellt und meine Tante in Tirol freute sich wie ein Schnitzel, wenn sie Fotos meiner Kinder und mir in ihrer neuen digitalen Errungenschaft sehen konnte.

Einmal erhielt ich von einer mir völlig unbekannten Frau folgende Nachricht: »*Man sollte Müttern, die ihre Kinder im Internet zeigen, egal ob man das Gesicht dabei sehen kann oder nicht, einfach die Kinder wegnehmen, denn so was ist Missbrauch.*« Ja, mir ist durchaus bewusst, dass es einen sehr achtsamen Umgang mit diesem sensiblen Thema braucht, denn vieles hat sich in den letzten Jahren bedauerlicherweise stark geändert. Da tummeln sich Pädophile, die sich Fotos herauspicken und was weiß ich damit anstellen, im Darknet ranken lassen oder Profile anlegen. Das ist schrecklich und muss strafrechtlich verfolgt werden. Aber bitte lassen wir gleichzeitig Müttern gegenüber die Kirche im Dorf. Der Großteil aller Mütter ist sehr achtsam beim Teilen der Babyfotos, hat alles andere als schlechte Absichten, postet voller Freude ein Mama-Baby-Bild für Freunde und Familie und, schwupps, lassen Sodom und Gomorrha grüßen und man soll laut einigen Moralaposteln sein Sorgerecht verlieren?! Hier muss achtsam über konstruktive Lösungen nachgedacht werden, anstatt die Keule der Verurteilung auszupacken. Soll ausnahmslos jedes Foto oder Video von Kindern aus der Welt verschwinden, nur weil es kranke Menschen gibt? Wie traurig wäre die Welt ohne das bezaubernde Lächeln eines Säuglings und seiner strahlenden Mama.

19. Meine Achillesferse sind meine Kinder. Ich will nach wie vor als Mama vieles richtig machen und ein Teil in mir strebt auch jetzt noch nach Perfektion. »Völliger Bullshit!«, weiß die Therapeutin in mir. Die Mutter in mir will trotzdem alles richtig machen und reißt sich dafür regelmäßig den Hintern auf. Neulich hing ich 24 Stunden am EKG, weil ich eine Entzündung des Herzens hatte. Ist unklug, zwei Grippen zu übergehen, weil man Tag und Nacht mit Baby spazieren geht. (Papa war auf Dienstreise und meine Eltern leben in einem anderen Land als ich.) C'est la vie. Aussagen wie folgende machen weder Sinn noch helfen sie weiter: »*Selber schuld, wenn du es nicht mal schaffst, mit fünf Kindern und einem Unternehmen zwei Wochen Auszeit zu nehmen.*« Und die Esoterikervariante: »*Wenn der Körper krank wird, stimmt etwas mit der Seele nicht.*«
Nein! Um Himmels willen, Mamas leisten unfassbar viel und dürfen auch einfach mal erschöpft oder krank sein, ohne dafür als seelischer Krüppel abgestempelt zu werden. Ich bin sicher, jede Mama weiß, wovon ich spreche, wenn ich sage: »Leider ist es tatsächlich nicht so einfach, sich mal eben aus allem herauszuziehen.«

20. Als ich von meiner fünften Schwangerschaft erzählte, erntete ich schweigendes Kopfschütteln: »*Jeder, der in diese kalte Welt noch Kinder setzt, hat sie doch nicht mehr alle!*« Es ist traurig und erschütternd, wenn sich das Umfeld nicht mehr über ein Kind freuen kann: »*Allenfalls über das erste oder zweite ... aber das fünfte?!*« Ja, über jedes einzelne bitte. Dann würden wir in einer deutlich friedvolleren Welt leben.
21. So ziemlich jeden Tag ertappe ich mich dabei, mich schuldig zu fühlen. »Habe ich meinen Kindern heute genug Aufmerksamkeit geschenkt? Bekommen sie einen Schaden, wenn ich mal zu wenig davon gebe?« So fängt es meistens an – der Spuk im eigenen Kopf, den es diszipliniert, mit Darth-Vader-Schwert, Hui Buh und tiefen Atemzügen zu beherrschen gilt, ein Mamaleben lang. »*Also wenn man schon Kinder in die Welt setzte, dann sollte man auch Zeit für sie haben.*«
22. Manches Mal tue ich recht besserwisserisch, aber nur aus Sorge, ansonsten nicht gemocht zu werden. Eine meiner »Macken«. Langsam wird es besser. Versprochen. Meine Tochter schenkte mir deshalb einmal eine Karte: »Das sind keine Macken. Das sind Special Effects.« Ach, wie liebe ich sie dafür. »*Wenn eine Frau schon Kinder bekommt, dann sollte sie wenigsten reif genug dafür sein.*«
23. Ich lasse sofort alles liegen und stehen, sobald es um meine Kinder geht und sie in Not sind. Auch Kunden, die einen Auftrag mitbringen und denken, sie hätten mich auf Leibrente gekauft, müssen mal ab und an vertröstet werden. Unverbesserliches Mama-Gen. »*Diese Mütter glauben auch, dass sie sich alles herausnehmen können, nur weil das Kind mal krank ist.*«
24. Auf Schulveranstaltungen tue ich etwas »Verbotenes«. Ich kaufe einen nicht allzu perfekt aussehenden Kuchen für den Elternbasar zuvor beim Bäcker, entferne ge-

nüsslich das Plastik und lege ihn auf einen meiner Teller, sodass er irgendwie selbstgebacken aussieht. Dass ich eine Widerholungstäterin bin, ist erst einmal aufgefallen – ein guter Schnitt, wie ich finde. Gerade jene Mamas unter uns, deren Kinder eine alternative Schule besuchen, wissen, was das bedeutet. »*Mütter, die den Kuchen für ihre Kinder nicht selbst backen, sind keine richtigen Mütter.*«

25. Für stundenlange Elternabende, so leid es mir tut, habe ich einfach keine Zeit. Ich kenne sie seit 17 langen Jahren und kann einfach nicht mehr hören, wie bis 23:00 Uhr darüber debattiert wird, ob nun Gulaschsuppe oder Chili beim Martinsfest serviert werden soll. Mal ehrlich, die Eltern, die auf diese Feste gehen, haben meist schon vorher gegessen und keine Lust auf das Zeug. »*Mütter, die sich im Elternbeirat nicht engagieren, zeigen auch sonst kein Interesse an ihren Kindern.*« Außerdem habe ich keine Lust, als »Elterndienst« am 27. Dezember den ganzen Tag den Parkettboden des Kindergartens, für den ich monatlich bezahle und öfter spende, abzuschleifen. Wofür gibt es bitte Handwerker? »*Kinder sollten sehen, dass sie einem wichtig sind.*« Ja, und das bedeutet was genau?! Dass eine »gute Mutter« das nur dann tut, wenn sie schweißgebadet die Kindergartentoilette putzt, obwohl sie zu Hause eine Putzfrau hat?

Ich fahre dann lieber in den Urlaub mit meinen Kindern. Okay, ein wenig mies fühle ich mich schon, wenn die anderen Mütter in der WhatsApp-Gruppe Fotos ihrer Heinzelmännchenarbeit senden. Manches Mal hab ich sogar ein klein wenig Schuldgefühle und mache bei der einen oder anderen Putzaktion trotzdem mit, indem ich meine Putzfrau bitte hinzufahren, nur damit die anderen Muttis meinen Sohn auch zum Geburtstag einladen und mich nicht länger mit ihren Darth-Vader-Blicken töten. Moment! War das jetzt Mom-Shaming meinerseits? Wenn ja, dann geht es ja richtig schnell, dass man auf der anderen Seite steht. Hoppala, das war keine Absicht und es sei mir bitte verziehen!

26. Meine 18 Monate alte Tochter weiß, wo wir die Chips verstecken. Manches Mal geht sie morgens, während ich den Obstsalat fürs Frühstück mache, an die Lade und holt sich selbstständig und breit grinsend ein paar davon raus. Sie macht das offen und ich tue so, als hätte ich nichts gesehen, und gönne ihr den Spaß. Ich bin ehrlich gesagt sogar ein wenig stolz, aber nur hinter verdeckter Hand. Wie klug ist das denn bitte? Sie versorgt sich selbstständig! »*Man sollte Müttern, die ihren Kleinkindern erlauben, Naschzeug zu essen, sofort die Kinder entziehen.*« Moment, gibt es dazu nicht tatsächlich gerade einen Gesetzesentwurf? #Mom-Shaming vom Feinsten! Disclaimer, für alle, die nun in großer Sorge sind, mein Kind würde nichts Gesundes zu essen bekommen: Ich koche frisch, seit über 20 Jahren, wir bekommen die Bio-Abokiste geliefert und ich weiß, was Bioland und Demeter ist, aber ich liebe auch ab und an Tiefkühlpizza, Popcorn und Chips.

27. Ich gebe meine Kinder meist erst ab 3,5 oder 4 Jahren in den Kindergarten. Dann auch nur vormittags. Ich mag es, meine Kleinkinder selbst zu versorgen, solange sie nicht selbst ausdrücken können, wie ihr Tag war oder wer nett oder auch unhöflich zu ihnen war, fühle ich mich einfach wohler damit, sie selbst zu versorgen. »*Mütter, die das tun, sind überfürsorgliche Gluckenmamas, die wohl nichts anderes im Leben haben, das sie erfüllt, und sicherlich auch nie arbeiten gehen werden.*«

28. Ich bin sehr ehrgeizig und arbeite häufig nachts. Sicherlich auch, weil mein Baby noch nicht durchschläft. Ja, sie liegt bei uns im Bett, wie ihre vier anderen Geschwister ebenfalls in den ersten zwei bis vier Lebensjahren.

»Ein Kind so zu verwöhnen, gefährdet dessen Entwicklung und die Ehe der Eltern!« Wie schade, dass ich zufälligerweise vom Fach bin und sich diese fachunkundige Aussage, eindeutig und durch Studien belegt, widerlegen lässt.

29. Ich glaube nicht an Multitasking, vielmehr daran, dass wir Mütter einfach oftmals keine andere Wahl im Alltag haben, als vieles gleichzeitig zu erledigen. Trotzdem bin ich ziemlich gut darin. Einmal hatte ich mein Baby im Arm, rührte das Essen im Topf um, hatte einen potenziellen Kunden am Telefon und hob gleichzeitig mit meinen Zehen den Schnuller vom Boden auf. Danach hatte ich einen Hexenschuss, bitte nicht weitersagen ... *»Mütter sind ja so multitaskingfähig, die können einfach alles mit Leichtigkeit erledigen.«*

30. Manche Menschen meinten, dass mein »Konzept« (fünf Kinder von drei Papas) wohl dazu dient, die Männer abzuzocken, um nicht arbeiten zu müssen und vom Unterhalt leben zu können. Mom-Shaming vom Feinsten. Denn erstens gehen Menschen offenbar nach wie vor davon aus, dass Mütter nicht dazu in der Lage sind, selbstständig für ihren Lebensunterhalt zu sorgen, und zweitens wird unterschätzt, dass erwachsene Menschen, die Eltern sind, durchaus in der Lage dazu sind, sich als Eltern gemeinsam auf harmonische und freundschaftlicher Ebene um Kinder zu kümmern. Dass ich in über 22 Jahre in nur vier festen Beziehung gelebt und meinen Lebensunterhalt immer selbst verdient habe, fällt für sie dann wohl unter den Tisch. *»Bei so was kann man nur den Kopf schütteln, Frauen, die Kinder von unterschiedlichen Männern bekommen, sind faule Schlampen, die die Kerle nur ausnutzen wollen.«*

31. Das leidige Thema Impfen. Eines *der* Mom-Shaming-Themen schlechthin. Ich wage mich hier auf sehr dünnes Eis, wenn ich darüber spreche, I know. Doch mache

ich es bewusst, wenn auch mit Schweißperlen auf der Stirn, weil ich glaube, dass wir lernen müssen, Demokratie auch bei kritischen Themen zu leben, indem wir Meinungen konstruktiv miteinander diskutieren, ohne zu beschämen oder Kompetenzen infrage zu stellen. Ich persönlich bevorzuge das »spartanische Impfen«. Ich habe meine Kinder kurz vor der Grundschule von meinem homöopathischen Kinderarzt gegen MMR und Tetanus, Keuchhusten und Diphterie impfen lassen. Vorher und nachher haben wir den Körper mit Bioresonanz darauf vorbereitet und es gab bei meinen Kindern absolut keine Probleme damit. Wir ließen nach dem ersten Mal den Titer bestimmen und manches Mal war bereits ausreichend Schutz vorhanden, sodass die zweite Impfung nicht mehr nötig war, manches Mal aber auch nicht. Da ich meine Kinder meist sehr lange selbst betreue und sie im Krankheitsfall sehr gut kenne, war diese Entscheidung für mich persönlich vertretbar. Windpocken beispielsweise hatten alle meine fünf Kinder. Sie blieben drei Wochen zu Hause, bekamen Mamas Pflege und gut war's. Eine Impfung kam hier für mich nie infrage. Würden wir in ferne Länder reisen, würden meine Kinder auch die restlichen und erforderlichen Impfungen erhalten, so wie meine älteste Tochter beispielsweise. Einfach deshalb, weil wir uns alle wohler damit fühlen, obwohl ich zahlreiche alternative Bücher gelesen habe, die dem Impfen sehr kritisch gegenüberstehen. Ich habe mich über viele Jahre hinweg bei vielen diversen Ärzten erkundigt und bin sehr zufrieden mit unserer Entscheidung. Wir haben alle Aspekte abgewogen und fühlen uns damit wohl. Was ich allerdings furchtbar finde, ist, dass Mütter angeprangert werden oder sich gegenseitig schlechtreden, wenn sie ihr Kind entweder impfen oder sich dagegen entscheiden. Denn ich persönlich finde, jeder sollte das für sich entscheiden dürfen. Ich merke beim Schreiben dieser Zeilen, wie ich mit mir hadere, die Worte sorgfältig zu wählen, um ja nicht missverstanden und dadurch ins Kreuzfeuer zu geraten.

Du merkst vielleicht schon oder hast selbst eine ähnliche Erfahrung damit gemacht, es ist und bleibt ein unfassbar »heißes Thema«, über das jede Einzelne selbst entscheiden sollte. *»Mütter, die ihre Kinder impfen, sollten eingesperrt werden.« »Mütter, die ihre Kinder nicht impfen, sollten eingesperrt werden.«*

Du siehst also: Ich biete in vielen Punkten die perfekte Angriffsfläche – und ich weiß, dass es anderen liebevollen Mamas ebenso ergeht. Ich lehne mich mit meinem »Mama-Coming-Out« sicherlich aus dem Fenster und ich hoffe, dass in Zukunft immer mehr von uns den Mut haben, sich in all ihren Facetten zeigen zu dürfen. Denn nur dann sind wir dazu in der Lage, gemeinsam statt einsam und miteinander statt gegeneinander durchs Mama-Leben zu gehen.

Der Druck von »Mama ist die Beste« – Selbstwert und Selbstwirksamkeit

Wir lieben unsere Kinder, unseren Partner und vermutlich auch unsere Arbeit. Wir würden alles für sie tun, das wissen wir tief in uns. Tagtäglich mühen wir uns mit Hausaufgaben ab, nur damit unsere Kinder einen erfolgreichen Abschluss haben und in ein besseres, leichteres Leben starten können. Wir verbergen Schwangerschaftsstreifen und Besenreiser, diese superlästigen Dinger, die sogar unter blickdichten Strumpfhosen noch sichtbar sind, um auch nach der Geburt für uns selbst und unseren Mann attraktiv und ansprechend zu sein. Wir halten Diäten und stehen früher auf, um noch kurz eine Yogastunde einzulegen, damit wir gut gelaunt und ausgeglichen den Rest der Familie mit einem gesunden Frühstück in den Tag schicken können. Und falls unsere Kinder die Waldorfschule besuchen, legen wir uns Kornmühlen zu, mahlen damit selbst Urkorngetreide, um einen zuckerfreien, veganen, laktosefreien Bio-Kuchen für den Martinibasar zu zaubern – natürlich nachts, tagsüber müssen wir ja arbeiten. (Anmerkung: Ja, ich gebe es offen zu. Ich habe das bei meiner ersten Tochter tatsächlich alles gemacht. Nicht weil es mir Spaß machte, sondern weil ich dachte, ich müsste es tun, aus Sorge, ansonsten als Rabenmutter abgestempelt zu werden. Erst bei meinem dritten Kind dachte ich mir: »Ein gekaufter Kuchen tut es genauso und macht mich noch lange nicht zu einer weniger fürsorglichen Mama.«)

Wir wollen also, dass es unseren Lieben gut geht, tun enorm viel dafür und geben alles für ein: »*Mama, du bist die Beste!*« Wir wollen unbedingt »das Richtige« tun und lesen, um das neben uns liegende Zwergerl nicht zu wecken, unter der Bettdecke noch den letzten Absatz des zwanzigsten Ratgebers über Kindererziehung. Und Gott weiß, wir beschimpfen uns selbst wie niemanden sonst, wenn wir die »Mrs. Right« in uns nicht ausgraben konnten. Wenn wir einfach supermenschlich das Handtuch warfen, uns heulend im Auto, im Bett oder im Badezimmer wiederfanden, um festzustellen, dass heute mal wieder der fieseste Mamatag aller Zeiten war.

EIN STRAFGERICHT IRGENDWO IM NIRWANA IST SANFTER ALS EINE MAMA, DIE DENKT, SIE HÄTTE VERSAGT.

Dahinter verbirgt sich oftmals eines: mangelndes Selbstvertrauen. Dieses bringt uns in Gedankenfelder und Situationen, die wir niemals erleben wollten. Denn es führt uns zu Menschen, die unsere Grenzen überschreiten, unsere Schwächen ausnutzen, uns manipulieren oder kleinreden. Um Mom-Shaming aus dem Weg gehen zu können, müssen wir deshalb Selbstvertrauen aufbauen. Die Vermittlung von Selbstwert und Selbstwirksamkeit sind die Grundpfeiler einer guten Bindung sowie einer positiven Einstellung dem Leben und uns selbst gegenüber.

Wenn wir das Gefühl haben, dass die eigene Selbstwirksamkeit, das bedeutet konkret: »*Meine Wünsche und Bedürfnisse finden Gehör bei meinem Umfeld*«, schwach ist, fühlen wir uns unwohl und suchen nach Wegen, diese zu erhöhen. Oftmals, das kennen wir von Kindern, indem wir uns »auffälliger« verhalten. Wir sprechen entweder lauter an, was wir brauchen, oder wir beginnen uns zurückzuziehen, zu mauern, andere abzuweisen. Typische Vertreterinnen der Müttermafia verschafften sich oftmals dadurch Gehör, dass sie sich selbst lautstark aufwerten und andere abwerten. Selbstzweifel plagen uns auf irgendeine Art und Weise alle. Diejenigen unter uns, die unter Mom-Shaming leiden, und diejenigen, die es betreiben.

Es sei denn, es handelt sich um eine Mama, die einen hohen narzisstischen Anteil in sich trägt. In diesem Fall ist sie vollkommen davon überzeugt, dass sie alles richtig macht und alle anderen alles falsch. Selten steckt hinter Verhaltensweisen von narzisstischen Mamas mangelnder Selbstwert, sondern genau das Gegenteil ist der Fall. Mit ihnen ist tatsächlich nicht so leicht Kirschenessen. Denn um mit ihnen klarzukommen, braucht das Gegenüber entweder ein dickes Fell oder die Fähigkeit, klar und konsequent Grenzen setzen zu können. Beides fällt vor allem Müttern mit großen Selbstzweifeln enorm schwer. Aus genau diesem Grund sind sie es auch, die in deren Falle tappen. Die einzige Möglichkeit, sich aus dieser zu befreien, ist demnach, den eigenen Selbstwert drastisch zu erhöhen.

Stell dir vor, du wachst morgen auf und wärst alle Selbstzweifel, jede noch so quälende Idee des Nicht-genug-Seins los. Wie würdest du dich fühlen und was würdest du tun?

Manche würden sagen: »*Ich würde machen, was ich sonst auch tue, weil ich ein Mensch bin, der immer das tut, was mir guttut.*« Andere würden vielleicht sagen: »*Herrje, da würde aber vieles in meinem Leben anders aussehen, weil ich eher dazu tendiere, es anderen rechtzumachen als mir selbst.*«

Würdest du eine andere Art der Erziehung für dein Kind wählen? Würdest du vielleicht deinen Traumberuf starten? Würdest du deinem Partner endlich sagen, dass du dich für eine Ehe oder ein weiteres Kind bereit fühlst oder eben nicht? Würdest du der Müttermafia nun endlich sagen, wie es dir mit ihrer Kritik wirklich geht, wo du bisher die »Liebe in Person« warst, die Harmonie und Ruhe wollte? Vielleicht würdest du aber auch die Scheidung einreichen? Wem würdest du deine ehrliche Meinung sagen, weil du keine Angst mehr vor Zurückweisung hast?

WIE VIELE DINGE TUN WIR IM LEBEN NICHT EINZIG UND ALLEIN DESHALB, WEIL WIR DARAN ZWEIFELN, GUT GENUG ZU SEIN, ODER ANGST HABEN, ABGELEHNT ZU WERDEN?

Wir hindern uns oft selbst daran, ein erfülltes Leben zu führen, weil wir Angst vor den Folgen haben und uns selbst oder unserer Umgebung gewisse Dinge nicht zutrauen. Oftmals tendieren wir dazu, den anderen die »Schuld« an Missständen in unserem Leben in die Schuhe zu schieben. Viele Mütter leiden unter so großen Selbstzweifeln, dass sie keinen anderen Ausweg sehen, sich ihr eigenes Leben schönzureden, als das anderer herunterzuspielen oder zu kritisieren. Diese

Erklärung soll das Verhalten der Müttermafia nicht rechtfertigen – es geht darum, Verständnis zu fördern. Jemanden zu verstehen bedeutet nicht, dass wir seiner Meinung sind, sondern vielmehr, dass wir signalisieren: »*Ich interessiere mich für deine Geschichte und möchte erfahren, warum du so bist, wie du bist.*« Ein sinnvoller Dialog zwischen Menschen kann erst stattfinden, wenn wir einander verstehen wollen und aufhören, einander voreilig zu verurteilen. Ich möchte dich dafür sensibilisieren, dass die Vertreterinnen der Müttermafia selbst oft voller Selbstzweifel stecken und deshalb verbal unsensibel aufeinander einschlagen. Dieses Verhalten hat einen Grund und den müssen wir verstehen, um miteinander umgehen zu können, damit das Mom-Shaming ein Ende finden kann.

Es gibt sehr erfolgreiche Frauen und ich habe mit vielen von ihnen gearbeitet, die in ihrem Beruf über viel Selbstvertrauen verfügen, weil sie sich Fachwissen angeeignet haben, dass ihnen diese Souveränität im Job gibt. Doch sobald es darum geht, in nahen Beziehungen, zu Hause, mit dem Partner oder den eigenen Kindern, Schwiegereltern oder Freunden, vielleicht sogar Vorgesetzten die gleiche Souveränität an den Tag zu legen, scheitern die meisten. Das heißt, Selbstvertrauen gibt es in unterschiedlichen Bereichen und auf unterschiedlichen Ebenen. Hat Frau viel Selbstvertrauen im Job, muss das nicht unbedingt heißen, dass sie das auch in Beziehungen hat.

In welchen Lebensbereichen fühlst du dich souverän und in welchen nicht?

Wer greift an? Zähnefletschender Topdog und schnurrender Underdog

Um mächtige Bäume zersägen zu können, wird unter den zu fällenden Bäumen ein Loch gegraben. In der Holzfäller-Sprache steht der »Topdog« dabei oben, der »Underdog« befindet sich in der Grube. Auf diese Weise bedienen sie gemeinsam die Säge. In der Psychologie wurde dieses aussagekräftige Bild für Konfliktsituationen übernommen, wenn Topdog und Underdog sich streiten.

Der Topdog repräsentiert die Vernunft und das Herz und der Underdog das Bauchgefühl. Während die Vernunft sich fragt: »*Was ist in dieser Situation vernünftig und nützlich?*«, fragt sich das Herz: »*Was sind meine Werte und was wäre moralisch und ethisch an dieser Stelle richtig?*« Der Topdog ist dazu in der Lage, beide Stimmen miteinander zu vereinen und daraus schlüssige Antworten und Ergebnisse zu finden. Sobald der Topdog eine Entscheidung trifft, können wir als reflektierte Menschen davon ausgehen, dass diese in der Regel sehr hilfreich ist. Wohingegen der Underdog nur auf das Bauchgefühl hört. Dieses kennt weder Moral noch kann es zwischen gut und böse, richtig oder falsch unterscheiden. Der Bauch »handelt« deshalb meist basierend auf zwei Trieben. Er will (a) Unlust vermeiden und (b) Lust und Freude gewinnen.

Ein Beispiel: Eine hochschwangere Frau wird von ihrer Freundin zum Jungesellinnenabschied eingeladen. Dieser soll in einem Club stattfinden, in dem es meist recht eng, stickig und vor allem sehr laut ist. Selten, so weiß die Schwangere aus der Vergangenheit, konnte sie sich dort in Ruhe unterhalten. Ihr Underdog schreit laut: »*Ja, lass uns dahin gehen, endlich wieder Party machen und noch einmal ein letztes Mal so richtig abfeiern.*« Ihr Topdog fragt sich hingegen: »*Du hast vorzeitige Wehen und liegst eigentlich den ganzen Tag entspannt am Sofa. Bist du dir sicher, dass du das körperlich überhaupt schaffst? Dort musst du vermutlich die halbe Nacht stehen. Außerdem ist es total laut und das Baby tritt schon jedes Mal, wenn du zu Hause den Mixer anmachst, was stellt es erst an, wenn du im Club bist? Denkst du nicht, dass das zu viel für euch beide wird?«* Je lauter der Underdog an dieser Stelle schreit, umso größer wird der innere Konflikt. Beide beginnen sich zu kloppen. Wie jede von uns weiß, ist dies unendlich mühsam und kraftaufwendig. Stell dir dabei einen zähnefletschenden Underdog vor, der ausschließlich das eigene Lustempfinden vertritt und auf alles andere keinen besonderen Wert legt. Er zerrt nun an den Beinen des Topdogs, der recht vernünftig und besonnen ist. Der Underdog verbeißt sich liebend gern in erquickenden Gedanken, Visionen und Träumen. Für ihn sind sie wie leckere Knochen, an denen er nagen kann. Wir kennen doch alle das Gefühl, wenn wir etwas richtig Vernünftiges planen und uns der Underdog einen Strich durch die Rechnung macht.

Der Topdog sagt: *»Ich möchte gerne eine Fastenkur machen. Das hat mir immer richtig gutgetan.«* Der Underdog sagt: *»Der Kuchen dort drüben ist so lecker! Das hältst du sowieso nicht durch, vergiss es und iss den Kuchen.«*

Das Spannende dabei ist, dass beide Seiten zu uns gehören. Sowohl der innere Zweifler als auch der innere Befürworter sind Teil unseres Selbst. Die Lösung für diese Zerrissenheit ist, wie so oft im Leben, die Kooperation. Beide Seiten müssen miteinander sprechen, ihre Bedenken und Ängste, Lüste und Unlüste, aber auch Hoffnungen und Sehnsüchte auf den Tisch legen können, um einander zu verstehen.

Wenn wir Mom-Shaming ausgesetzt sind, spricht der zähnefletschende Underdog der Gesellschaft zu uns. Die Müttermafia spiegelt oftmals die Einstellung und Erfahrungen des Underdogs wider und fordert uns im Grunde dazu heraus, den Topdog in uns wach werden zu lassen. Der Topdog steht für reflektierte Mütter, die ihre Reflexe – zurückzubeißen, sich zu unterwerfen oder zu flüchten – zurückdrängen können und mit dem Underdog reflektiert kooperieren.

Verführt uns beispielsweise die Müttermafia dazu, über eine Mitmutter negativ herzuziehen, würde der Topdog sagen: »*Was du nicht willst, das man dir tut, das füg auch keinem anderen zu*«, und es in Folge sein lassen. Der Underdog würde vielleicht sagen: »*Ach, komm schon, das bisschen Gossip schadet doch nicht.*« Je nachdem, über wie viel innere Stärke wir verfügen, halten wir uns entweder an den einen oder den anderen.

Meist öffnen wir uns erst dann für die Perspektive des anderen, wenn wir uns sicher, geborgen, geliebt, verbunden, anerkannt, wertgeschätzt und willkommen fühlen. All diese emotionalen Zustände sind innerhalb eines energischen Konfliktes meist nicht gegeben. Wenn wir uns im Konflikt mit anderen Menschen befinden, erwarten wir vom anderen, dafür zu sorgen, dass unsere Grundbedürfnisse erfüllt werden. Wir erwarten, dass unser Gegenüber uns versteht, auf uns eingeht, sich unserer Meinung anschließt und uns wohlwollend gegenübertritt. Wir erwarten, dass deren Underdog brav in der Ecke sitzt und der Topdog alles im Griff hat, wohingegen wir selbst es meist anders halten. Kinder sind die Einzigen, die das Recht darauf haben, diese Erwartungen an Erwachsene zu stellen. Denn Kinder sind vor dem Underdog vieler Erwachsener zu schützen. Wenn der Underdog eines Pädophilen beispielsweise sagt: »Ich habe Lust«, dann muss das Kind davor uneingeschränkt geschützt werden. Aber auch, wenn der Underdog des Elternteiles sagt: »Ich bleib heute den ganzen Tag im Bett, sollen die Kinder doch selbst schauen, wie sie zurechtkommen, ich habe keine Lust aufzustehen.« Erwachsene Menschen haben im besten Fall dafür zu sorgen, dass sie ihren Underdog in den Griff bekommen. Gelingt dies nicht eigenständig, müssen sie sich Hilfe bei Experten, Psychotherapeutinnen oder Psychiaterinnen holen. Genau darin liegt häufig jedoch das Problem, denn vor allem die Vertreterinnen der Mom-Shamerinnen fühlen sich eher in der Rolle eines Kindes gefangen, das darauf wartet, dass alle anderen dafür Sorge tragen, dass es sich wohl und geborgen fühlen kann. Geschieht das nicht, toben sie und fordern genau das von ihrer Umgebung ein. In dem Moment, in dem wir uns dieser Dynamik bewusst werden, können wir innehalten und erkennen, dass wir nicht von einem großen Mammut angegriffen werden, sondern ein kleines Kind vor uns steht, das außer Rand und Band ist.

Liana, 32, Mutter von vier Kindern, erzählt: »*Ich ging mit meinen Kindern einkaufen, als plötzlich eine Dame mir den Wagen wegschnappte, in den ich zuvor einen Euro eingeworfen hatte. Ich ging irritiert zu ihr hin und machte sie darauf aufmerksam, dass dies mein Wagen sei. Als sie mich ignorierte und einfach weiterging, bat ich sie etwas energischer, meinen Wagen stehen zu lassen. Plötzlich drehte sie sich um und schob mir den Wagen über meine Füße. Vor Schmerz schrie ich auf und fragte sie, was das denn soll. Sie antwortete:* »*Heute ist der vierte Todestag meines Kindes und keiner rief an. Niemand fragte, wie es mir geht oder ob ich vielleicht reden mag. Als ich Sie mit Ihren Kindern sah, hatte ich plötzlich Lust, Ihnen etwas wegzunehmen. Ich wollte Ihnen wehtun.*« *Die Dame fing schnell an zu weinen, hielt sich ihre Hände vor ihr Gesicht und bat mich um Verzeihung. Ich wusste ehrlich gesagt nicht, wie mir geschah, aber ich musste sie einfach umarmen. Nach einer Weile beruhigte sie sich und sagte:* »*Sie können ja gar nichts dafür und, wie mir gerade klar wurde, auch keiner sonst.*« *Sie drehte sich um und verschwand so schnell, wie sie gekommen war. Auch wenn meine Zehe noch immer sehr wehtat, so wusste ich, dass dieser Schmerz vergehen würde, ihrer hingegen vermutlich nie.*«

JEDER VON UNS TRÄGT EINEN UNDERDOG IN SICH.

Sobald wir uns mit uns selbst oder anderen im Konflikt befinden, sollte uns jedoch auch klar werden, dass es einen Topdog in uns gibt. Denn nur so sind wir dazu in der Lage, auch wieder reflektierte Fragen zu stellen, die letzten Endes zur Lösung führen können, und andere nicht länger für unser Unglück verantwortlich zu machen.

Ich möchte gern – aber … Im weiten Land der Ängste

Selbstzweifel haben unterschiedliche Ebenen. Da gibt es die Ebene, die lautet: *Ich möchte gern, aber …* Das heißt, der Wunsch, die Vision und die eigenen Träume werden untergraben, missachtet oder abgetan. Durch das »Aber« missachten wir, was wir wirklich wollen. Im Grunde müssen wir uns an diesem Punkt entscheiden. Entscheide ich mich für das Aber und lasse das, was ich wollte, einfach bleiben? Oder: Entscheide ich mich für die Vision und tue einfach, was dafür nötig ist?

Und genau damit haben wir ein Problem, vor allem, wenn wir Mütter geworden sind und die Verantwortung für jemand anderen mittragen. Denn an diesem Punkt ist es für viele unmöglich, eine Entscheidung zu treffen – aus Angst, etwas Falsches zu tun oder zu viel zu riskieren. Es gibt im Grunde vier Ängste, die uns wahnsinnig dabei lähmen, das »Aber« auszuklammern.

- *Die Angst, dass unsere Handlungen ein negatives Ergebnis mit sich bringen könnten,* mit dem wir nicht umgehen können, weil es anderen und uns selbst einen zu großen Schaden zufügt.

- *Die Angst, unsere Taten zu bereuen,* weil wir feststellen, dass wir falschlagen.
- *Die Angst, dass unsere Taten eine viel zu große Verantwortungen mit sich bringen,* der wir nicht gewappnet sind.
- *Die Angst zu versagen* und infolge unserer Entscheidungen von jenen, die uns wichtig sind, abgelehnt oder verurteilt zu werden.

Diese Ängste lähmen uns in einem Ausmaß, dessen wir uns selten bewusst sind. Was, wenn ich das tue, *aber* mich dann niemand mehr mag, was, wenn ich scheitere? Was, wenn andere dann *aber* schlecht über mich denken und sich von mir abwenden? Was *aber,* wenn es sich dabei um die eigenen Kinder handelt? Was *aber,* wenn sie mich nicht mehr lieben werden, sobald ich damit beginne, meine Träume zu leben?

Du siehst, diese Ängste drehen sich alle im Grunde um die Angst vor Ablehnung und Liebesentzug und genau deshalb zögern so viele von uns, eine Entscheidung zu treffen, die unserem individuellen Weg entspricht.

Wenn wir zusätzlich als Kind die Erfahrung gemacht haben, dass unsere Bedürfnisse kaum Gehör fanden oder unsere Eltern ein sehr strenges Erziehungsregiment führten, in dem unsere Meinung wenig zählte, und sie die Entscheidungen für uns trafen, tun wir uns extrem schwer, auf das »Aber« zu verzichten.

> **DAS KLEINE, UNSCHEINBARE WORT »ABER« IST ZU EINEM BEGLEITER GEWORDEN, AUF DESSEN ANWESENHEIT WIR NUR UNGERN VERZICHTEN, SO SEHR HABEN WIR UNS AN ES GEWÖHNT.**

Das »Aber« nehmen wir deshalb in Kauf, weil das Risiko, diejenigen zu verlieren, die uns wichtig sind, zu groß ist. Denn was würde passieren, wenn wir plötzlich unseren eigenen Weg gehen? Solange andere Menschen über diesen bestimmen oder bestimmt haben, ist es kaum auszudenken, Individualität zu leben. Wir alle haben die Angst gemeinsam, auf jene, von denen wir abhängig sind, verzichten zu müssen. Genau darin liegt oftmals noch der Denkfehler. Obgleich wir uns vielleicht in einem erwachsenen Körper befinden und zweifelsfrei eigenständig für uns sorgen könnten, denkt ein wesentlicher »Aber«-Teil in uns, dass wir nach wie vor vom Zuspruch unserer Kindheitsbegleiter oder anderer Menschen abhängig sind. Diese Abhängigkeit wird uns oftmals erst dann so richtig bewusst, wenn wir selbst Mütter sind und die Kinder vielleicht gerade dabei sind, das Haus zu verlassen. An diesem Punkt bemerken wir, sofern wir selbstbewusste Kinder haben, wie unabhängig und frei diese ihre Entscheidungen treffen können und wie abhängig wir uns selbst oftmals fühlen.

Lass dich nicht beirren – die fünf Ebenen des Selbstwerts

Wie gelingt es uns nun, diese Selbstzweifel und Ängste zu überwinden und dem Underdog mehr innere Stabilität zu geben? Die Antwort liegt in den fünf Ebenen des Selbstwerts:

Die erste Ebene ist die der Emotion: Wie fühle ich mich in Bezug auf mich selbst? Mag ich mich? Find ich mich gut? Bin ich gut zu mir? Verhindere ich, dass ich mich in Gefahr begebe, oder gehe ich Beziehungen ein, die mir offensichtlich nicht guttun? Höre ich auf meine Intuition und vertraue dieser Stimme in mir? Habe ich das Recht, dass es mir gut geht?

Wenn ich mich mag, dann habe ich das und tue auch etwas dafür? Würde ich mich mit mir selbst befreunden? Würde ich mich sogar liebhaben?

Die zweite Ebene ist die des Kontaktes: Mag ich mich auch im Kontakt mit anderen? Vermeide ich Kontakte? Spiele ich eine Rolle im Umgang mit anderen? Muss ich mich da aufplustern oder mich über sie stellen oder gar verstecken und still verharren? Traue ich mich, etwas zu sagen?

Die dritte Ebene ist die der Kritik: Wie gehe ich mit Kritik um? Es gibt Mütter, die können Kritik absolut nicht ertragen. Sie verfallen innerlich und halten Kritik partout nicht aus. Sie können nicht damit umgehen, dabei ertappt zu werden, einen Fehler gemacht zu haben. Sie streben Perfektion an, weil ihr Selbstwert irgendwann in ihrer Biografie stark gelitten hat, und zwar so stark, dass sie sich keine Fehler mehr erlauben dürfen. Kritik ist nie angenehm, das ist klar. Mit Selbstwertgefühl gelingt es jedoch, darüber zu reflektieren, sich damit auseinanderzusetzen, ohne daran zu zerbrechen. Man wächst daran. Das ist etwas, das uns in der Reflexion gelingen kann und zu einem erfüllten Leben als Mama beitragen kann. Denn die Welt ist voll mit Möglichkeiten und auch Wahrscheinlichkeiten, Fehler zu machen. Wir haben hier im deutschsprachigem Raum großteils eine Fehlerkultur, die Selbstoptimierung fördert und Menschen hervorruft, die einem Perfektionswahn unterliegen, und schlichtweg krank macht. Wir glauben, wir müssten wie Maschinen einwandfrei und TÜV-geprüft funktionieren, doch das ist falsch. Wir sind Menschen mit Ecken, Kanten und Fehlern und trotz allem liebenswert und wertvoll.

 JE MEHR SELBSTZWEIFEL WIR HABEN, UMSO SCHLIMMER IST KRITIK.

Stell dir vor, du begegnest einer Mutter, die gerade von ihrem Mann verlassen wurde, um mit seinem, wie sie sagt, »vollbusigen, superschlanken, immer gut gelaunten Barbie-Klon« zusammenzuziehen. Diese Mama wird in ihrem Selbstwert gerade nicht die zehn Punkte erreichen, logisch, oder? Du begegnest ihr in einem emotional schwachen Moment an der Supermarktkasse und siehst, wie sie ihrer neunjährigen Tochter ziemlich forsch die Tüte aus der Hand nimmt und sie in unangenehmer Weise vor allen Kunden zurechtweist. Da in dir ein Gerechtigkeitssinn liegt, weist du sie darauf hin, dass es doch auch liebevoller gehen könnte. Daraufhin beginnt sie zu weinen und sagt: »Ich mach aber auch alles falsch!« Weil du sie nicht kennst, weißt du nicht, wie es um ihr Selbstwertgefühl bestellt ist. Selbst wenn du sie liebevoll und achtsam darauf hinweist, dass ihr Verhalten womöglich nicht das sinnvollste für ihr Kind ist, kann es durchaus passieren, dass auch du für sie in dem Moment zur Müttermafia wirst und sie deine Anmerkungen als Mom-Shaming bezeichnet. Denn vielleicht hat sie, selbst wenn sie tough wirkt, wenig Selbstwertgefühl und fühlt sich dadurch entwertet. Du siehst, dass es viel Fingerspitzengefühl braucht, um einer unsicheren Mama konstruktives Feedback geben zu können und es manches Mal auch einfach das Beste ist, nur dem Kind liebevoll zuzuzwinkern und der Mama eine Hand zu reichen, als sie zu belehren.

Im Grunde tut es sehr weh, wenn draußen jemand etwas sagt, das wir vielleicht gerade in dem Moment innerlich über uns selbst denken.

Die vierte Ebene des Selbstwerts ist die der Leistung: Wie schätze ich meine Leistung ein? Es gibt Mütter, die nicht würdigen können, was sie leisten. Sie schmälern sich ständig und finden keine Wertschätzung für sich, sehnen sich aber danach. Sätze wie »*Du bist ja nur bei den Kindern daheim*«

oder »*Du arbeitest ja nur halbtags, seit du Mutter bist*« können Unglaubliches auslösen.

Viele Frauen flüchten sich in die Arbeit, weil das der einzige Bereich ist, wo sie für das, was sie tun, Anerkennung finden. Kaum einer wertschätzt und achtet es noch, wenn eine Frau »nur zu Hause« bei den Kindern ist. So bedauerlich das ist, aber so funktioniert das gesellschaftliche Denken und das setzt massiv unter Druck, doch noch etwas zu finden, was als Leistung anerkannt werden könnte. Die Mama, die »nur« daheim bei den Kindern ist, wird dann meist belächelt und kurz nach der Geburt gefragt, wann sie denn wieder arbeiten gehen wird. Manchmal wird auch angenommen, sie hätte keine ausreichende berufliche Qualifikation, würde sich von ihrem Mann »aushalten lassen« und später, wenn sie dieser verlassen hat, zu einem »Sozialfall« werden.

Sicherlich gibt es Mütter, die so wenig Selbstvertrauen haben, dass sie, ehe sie sich weiterbilden oder nach der Elternzeit für einen Job bewerben, lieber bei den Kindern daheimbleiben und sich dadurch finanziell von ihrem Mann abhängig machen, aber das ist nicht die Regel, sondern eher die Ausnahme. Jede Mama, die sich für ein Leben als Hausfrau und Mutter entscheidet, unreflektiert als »dumm« oder »faul« abzustempeln ist und bleibt Mom-Shaming und das ist schlichtweg falsch.

Von der fünften Ebene des Selbstwerts hören wir ein bisschen später.

Viel Freizeit und eh nichts zu tun?

Ich bin selbst Mutter und arbeite viel, sowohl in der Praxis als auch im Haushalt, wobei ich meine Arbeit weder als Belastung noch als Flucht verstehe, sondern schlichtweg als einen Dienst sehe, einerseits am Nächsten, andererseits für mich und meine Kinder. Schließlich muss jeder von uns von etwas leben und auf irgendeine Weise Geld verdienen. Im besten Fall von etwas, dass wir auch als eine absolute Bereicherung empfinden. Aber dieses »Glück« hat nun mal nicht jede von uns. Und nicht jede von uns will dasselbe. Gerade deshalb leben wir in einer Demokratie, in der jede für sich, idealerweise zum Wohle aller Beteiligten und frei von Mom-Shaming, entscheiden kann, wie sie leben möchte.

Nun erhielt ich während der Corona-Maßnahmen zahlreiche Anrufe von Müttern, die mir unter Tränen mitteilten, dass sie sich durch die Kurzarbeit, Homeoffice und Homeschooling plötzlich als kein vollwertiges Mitglied der Gesellschaft empfanden. Obwohl sie rund um die Uhr rackerten, um alles irgendwie unter einen Hut bringen zu können, fühlten sie sich schlecht. Warum? Weil sie vielfach von ihrem Umfeld zu hören bekamen: *»Na, endlich mal viel Freizeit und nichts zu tun?!«* Wie bitte?

Keine einzige Mama saß während der strengen Maßnahmen zu Corona »einfach nur zu Hause«! Sie waren Babysitterinnen, Lehrerinnen, Köchinnen, Krankenschwestern, Trösterinnen, Homeoffice-Mitarbeiterinnen und vieles, vieles mehr.

Mütter, die so fleißig und unfassbar tapfer diese Zeit gemeistert haben und dann unter Selbstzweifel leiden, darf es schlichtweg nicht mehr geben. Gerade in dieser Corona-Maßnahmen-Zeit gab es sehr viel Mom-Shaming. Von Lehrerinnen und Lehrern, die davon ausgingen, dass ihr Job nun mühelos von den Eltern zu Hause aus dem Nichts heraus übernommen werden kann: *»Laden Sie doch einfach mal eben 114 Arbeitsblätter aus der Cloud herunter und sorgen Sie dafür, dass Ihre Kinder alles ordentlich erledigt haben.«*

Von Behörden, die davon ausgingen, dass es keinerlei finanzielle, emotionale und soziale Unterstützung für Familien bräuchte, weil es offenbar tatsächlich »mal eben« allen von uns offenbar möglich sein muss, rund um die Uhr die sichere Betreuung der Kinder und das Homeoffice zu gewährleisten. Diese Haltung zeigt schlichtweg, wie wenig honorierbare Leistung darin empfunden wird, Kinder durch das Leben zu begleiten.

 ES IST EIN ENORMER KNOCHENJOB, MAMA ZU SEIN.

Mütter müssen einen hohen Selbstwert darin empfinden dürfen, wenn sie »nur« zu Hause sind, und wenn sie arbeiten und deshalb bedauerlicherweise glauben, ihre Kinder zu vernachlässigen, dann läuft schlichtweg im gesellschaftlichen Denken etwas nicht richtig.

Ich möchte dir an dieser Stelle eine Geschichte aus meinem Leben erzählen. Vor drei Jahren stürmte der Notarzt unser Haus. Ich lag, völlig unfähig mich zu bewegen, im Flur am Boden, mit Atemnot und Schüttelfrost. Es folgten Intensivstation, ein halbes Jahr Lungenentzündung und die Gewissheit, dass ein Virus namens Hantha mich beinahe das Leben gekostet hätte. Damals war ich bereits Mama von vier Kindern. Acht von zehn Menschen überleben diese Art von Virus nicht. Die Pandemie Covid-19 samt all ihren Folgeerscheinungen ist mir deshalb in allen Aspekten wohlbekannt. Einschließlich der Erscheinung des »Mom-Shamings«.

»Nur Mama?« – Mutter-Sein 24/7 unter dem Radar

Ich sage nicht, dass wir Angst vor dem Muttersein haben sollen. Mir geht es darum, dass stärker anerkannt wird, was Mutterschaft bedeutet, welches Risiko, welche Leistung ohne Pause und unter dem Radar.

Wusstest du, …
- dass 1990 weltweit 523.000 Frauen in der Schwangerschaft oder innerhalb von 42 Tagen nach der Geburt starben?
- oder dass selbst noch im Jahr 2020 jeden Tag etwa 800 Frauen weltweit an den Folgen einer Schwangerschaft sterben?
- dass rund 1,6 Millionen der Alleinerziehenden unter der Armutsgrenze leben?

Vielleicht wacht die Welt nun auch auf anderen Ebenen auf und erkennt, dass es Zeit ist, *Stop Mom-Shaming* großzuschreiben.

Was können wir alle als Gemeinschaft – was kann jeder und jede Einzelne von uns tun, um nachhaltige Änderungen herbeizuführen? Wenn wir merken sollten, dass wir eine Mutter in Gedanken abwerten oder verurteilen, überlegen wir uns doch lieber, wie man sie unterstützen könnte.

WANN HAST DU DEINE EIGENE MUTTER ZULETZT ZUM LÄCHELN GEBRACHT?

Es fängt im Kleinen an. Bei uns selbst. Miteinander statt gegeneinander – so können wir die Welt verändern!

Mein Sein als Frau und Mama ist mir, dank viel innerer Arbeit, mittlerweile immer mehr genug und ich brauche dafür nicht stets die Bestätigung von außen. Ja, ehrlicherweise muss ich sagen, dass sie genau da am meisten zufriedenstellt, wo ich mich am wohlsten fühle. Manches Mal ist das in der Rolle als Hausfrau und Mutter und andere Male als Therapeutin, Autorin oder Sprecherin. Ich glaube, das wichtigste Geschenk, das wir uns selbst und unseren Kindern machen können, ist, uns täglich die Frage zu stellen: Erfüllt mich das, was ich gerade tue, auch? Und wenn nein, was könnte ich heute dafür tun, um mehr Freude in meiner Aufgabe zu finden?

Es gab eine Zeit, da war ich mit vier Kindern »nur« zu Hause. Ich putzte, kochte, versorgte die Kinder, die Tiere und den Haushalt. Ich tat dies nicht ganz freiwillig, wie bereits erwähnt, sondern weil mein Körper aufgrund des Hantha-Virus schlappmachte und mir sehr zusetzte. Also legte ich beruflich eine Art Zwangspause ein. Am Anfang merkte ich, wie ich täglich vor mich hin grummelte, weil ich mich unausgelastet und somit unausgeglichen fühlte. Erst als ich mir die Frage stellte, woran das liegen könnte, fand ich heraus, dass ich mich wertlos in meiner Rolle als »nur Mama« fühlte. Das war eine spannende Beobachtung. Irgendwie hatte ich offenbar tief in mir verankert, dass eine Frau nur dann wirklich Wert für sich empfinden darf, wenn sie Familie und Beruf unter einen Hut bringt. Bewusst hätte ich immer gesagt, dass jede Frau wertvoll ist, natürlich. Aber mein Unterbewusstsein ließ anhand meiner unausgeglichenen Gefühle die Wahrheit ans Licht kommen. Als ich näher nachforschte, erkannte ich, dass die Ursache wohl in dem Rollenverständnis meiner Kindheit zu finden war.

Ich wuchs auf einem Bauernhof zusammen mit meinen Eltern, Geschwistern, Großeltern und Großonkels auf. Damals galt eine Frau nicht viel, das bedeutet, Männer waren deutlich im Vorteil. Meine Mama beispielsweise wurde von meiner Oma wüst beschimpft, als sie sich dazu entschied, wieder arbeiten zu gehen. Ich selbst bekam sehr böse Blicke, als ich als einziges Mädchen im Dorf aufs Gymnasium ging. In den Augen meiner Großeltern-Familie sollten Mädchen und Frauen hinter dem Herd ihr Zuhause finden. Da meine Mama eine ziemliche Rebellin ist, gab sie sich schon immer mit dieser Rolle nicht zufrieden. Sie studierte als später Alleinerziehende mit vier Kindern Psychotherapie, hatte sechs Jobs, um uns zu ernähren, und kümmerte sich um uns Kinder.

Ich stand also irgendwie zwischen den Stühlen, wenn es um die Rolle der Frau ging. Einerseits lernte ich, dass Frauen eigene Visionen und Träume haben sollten, um anerkannt zu werden, andererseits erlebte ich, wie unglücklich meine Mutter früher war, ehe sie sich aus den alten Ketten der Mutterrolle befreite und damit begann, ihre Visionen und Wünsche zu leben.

Viele Frauen fühlen sich wertlos, weil Frauen zu Hause kaum noch Anerkennung für das bekommen, was sie tun, und das ist erschreckend! Es wird Zeit, dass wir auch wieder eine Leistung darin sehen, emotional gesunde Kinder in diese Welt zu begleiten, zu kochen, zu putzen, zu waschen, oder einfach darin, Laternen für das Martinsfest zu basteln. Mütter, die diesen Weg 24/7 gehen, sind nicht einfach »nur« zu Hause. Jede Aufgabe, der wir unser Leben einhauchen, ist wertvoll. Wir dürfen uns nicht länger von alten Dogmen oder Vorstellungen, wie etwas zu sein hat, den Lebensatem rauben lassen. Weil es aber in unseren Köpfen vielfach nicht ausreicht, verwirklichen wir uns im Job, was aber dazu führen kann, dass wir unseren Selbstwert mit dem Lob im Außen verwechseln. Genau deshalb ist es wichtig, sich selbst und die eigenen Taten immer wieder zu reflektieren und zu hinterfragen. Aber auch sich selbst sagen zu können: »*Hey, du bist eine tolle Frau.*«

Nicht gehört und nicht verstanden?

Kommen wir nun zur nächsten Ebene des Selbstwerts: *Die fünfte Ebene des Selbstwerts ist die der Empathie.* Diese Fähigkeit ist nicht angeboren, sondern muss erlernt werden und sie ist nur dann möglich, wenn mir andere und ich mir selbst empathisch begegne.

Ein Beispiel: Ein Kind, das von den Eltern niemals getröstet wird, wenn es sich verletzt, oder nicht zurückgehalten wird, wenn es anderen Kindern oder Tieren immer wieder mit der Schaufel auf den Kopf schlagen möchte, wird sich schwer damit tun, ein gesundes Verständnis für Empathie sich selbst oder anderen gegenüber zu entwickeln. Wie gehe ich mit mir selbst um, wenn ich mich emotional verletzt fühle oder ein anderer verletzt ist?

BIN ICH ABGESTUMPFT ODER KANN ICH MICH IN MEIN GEGENÜBER EINFÜHLEN?

Nur dann, wenn wir feinfühlig auf uns selbst und andere eingehen können, gelingt es uns, eine präsente und einfühlsame Mama zu sein. Wir nehmen dann auf eine gesunde Art und Weise wahr, was unsere Kinder wirklich brauchen, wenn wir wahrnehmen können, was wir selbst brauchen.

Das braucht Training, und zwar jede Menge, denn nicht jede von uns hat Empathie oder Feinfühligkeit automatisch von den Eltern oder in der Schule gelernt. Vielfach hieß es: »Ein Indianer kennt keinen Schmerz.« Oder: »Jetzt hör auf zu weinen, ist doch nicht so schlimm, bist du heiratest, ist alles wieder gut.« Feinfühliges Verhalten hingegen wäre: »Ich nehme wahr und sehe, dass dich das richtig verletzt hat. Was brauchst du, damit es dir bald wieder besser geht? Wie kann ich dir dabei helfen?«

Die Fragen, die wir uns an dieser Stelle stellen dürfen, lauten:
- Mit welchen Menschen umgebe ich mich?
- Wovor habe ich in diesem Umfeld Angst?
- Fühle ich mich von ihnen verstanden, gesehen und feinfühlig behandelt?
- Wo liegen meine Zweifel?
- Sind diese begründet, trotzdem ich mit diesen Menschen gesprochen habe oder nicht?

Ich habe oft Paare bei mir in der Praxis sitzen, die sagen, dass sie sich von ihrem Partner in ihren Bedürfnissen weder gehört noch verstanden oder gar feinfühlig behandelt fühlen oder sich sogar ängstigen. Dies hat zur Folge, dass beide Parteien immer unsicherer werden und von Selbstzweifeln durchzogen sind. Es gibt Mütter, die Mom-Shaming von ihrem eigenen Partner erleben. Es ist wichtig, dass wir uns ein Umfeld schaffen, in dem wir uns verstanden und gehört fühlen. Oftmals ist der Anfang schon damit getan, dass wir damit beginnen, einander mitzuteilen, was wir brauchen, und uns die zuvor erwähnten Regeln für die Bedürfnisse auch mitteilen. Denn der andere kann nur dann entscheiden, ob er uns geben kann, was wir brauchen, wenn wir uns auch mitteilen. Meist gehen wir davon aus, dass unser Gegenüber sicherlich weiß, was wir brauchen. Doch in den seltensten Fällen ist das tatsächlich so. Vor allem Frauen mit weniger Selbstvertrauen trauen sich häufig nicht, ihre Bedürfnisse klar anzusprechen, und leiden dadurch unnötig in ihrer Partnerschaft. Es kam vor, dass Männer sehr erstaunt darüber waren, wenn sie von ihren Frauen hörten, dass sich diese ungeliebt und unverstanden oder gar »gemobbt« in ihrer Ehe fühlten. Viele Partner dachten, die Partnerin würde das alles »gut« oder »lustig« finden. Als ihnen das Gegenteil bewusst wurde, änderten sie sofort ihr Verhalten. Wenn das einem Partner nicht gelingt, sollte dringend eine Paartherapie in Betracht gezogen werden. Ändert sich trotzdem nichts zum Besseren und leidet die Frau weiter, wird wohl einer Trennung nicht mehr allzu viel im Wege stehen.

Vergleichen – die Saat des Mom-Shamings

Zum Selbstzweifel gehört der Vergleich. Wie oft vergleichen wir Mütter uns mit anderen?

- Ist mein Kind gut genug angezogen?
- Habe ich mein Kind ausreichend gefördert?
- Mein Kind verhält sich in Gruppen viel besser als das von XY.
- Mein Kind kann schon deutlich besser sprechen als XY.
- Warum krabbelt mein Baby noch, obwohl schon alle anderen laufen?

Ein Vergleich ist an sich nichts Schlechtes. Wir Menschen brauchen Orientierung und Vergleich gibt sie. Denn nur, wenn ich weiß, was oben oder rechts ist, kann ich auch das unten oder links verstehen.

Das Problem im Vergleich entsteht nur dann, wenn wir das, was andere tun, als Maß aller Dinge auch für uns selbst nehmen. Das heißt, wenn wir das Gefühl haben, ich selbst oder mein Kind muss so werden wie der andere, limitieren wir uns selbst und leben ein Leben, das nicht das unsere ist. Die eigenen Bedürfnisse, Werte und Visionen spielen da keine Rolle mehr. Dann wird es gefährlich. Und es passiert, dass wir vielleicht so verunsichert sind, dass wir unser Kind oder uns selbst so sehr zu etwas drängen, das wir eigentlich gar nicht wollten oder das einfach nicht zu uns passt.

Wir zwängen es vielleicht in Marken-Kleidchen, obwohl es lieber Hosen trägt, im Matsch spielt und wir im Grunde auch kein Geld für Schnickschnack haben, oder wir laufen von Flötenstunde zu Ballett, Sport und Pfandfinderclub, obwohl wir lieber einfach jeden Tag im Wald spazieren gehen und dort spielen wollen würden. Wir »üben« mit unserem Baby laufen, aus Sorge, es könnte entwicklungsverzögert sein, oder fühlen uns schlecht, nur weil XY einfach anders ist als wir.

Genau an so einer Stelle realisieren wir, dass wir das Leben anderer gelebt haben oder unsere Träume hintangestellt haben. Was bleibt, ist oftmals tief empfundene Reue. Reue kann einerseits dazu bewegen, die eigenen Verhaltensweisen zu verändern, aber sie kann auch lähmend auf uns wirken und wir bekommen keinen Fuß mehr vor den anderen, weil wir in Selbstmitleid oder Vorwürfen versinken.

 SOBALD WIR ETWAS SO SEHR BEREUEN, DASS WIR FESTSTECKEN, BEDEUTET DAS, DASS WIR UNS AM LEBEN HINDERN.

Dieses Gefühl ist zermürbend, egal an welcher Stelle im Leben wir uns befinden.

Wenn dein Kind in den Schrank pinkelt – zwischen Fassaden, Sehnsüchten und Müttervisionen

Es passiert völlig unerwartet. Wir bereiten gerade das Essen für unsere Kinder zu, sortieren die rosafarbenen Leggins in den Schrank, nehmen ein Bad oder gehen mit dem Hund, den die Kinder unbedingt wollten, Gassi. Vielleicht beobachten wir aber auch gerade eine Mutter, die verzweifelt mit den Tränen kämpft, weil sie im Supermarkt hilflos ihrem bockenden Kind zu erklären versucht, dass es heute keine weiteren Süßigkeiten gibt. Oder wir liegen völlig erschöpft im Bett, sehnen uns nach ein paar Streicheleinheiten ohne lästige Hintergedanken, doch unser Mann hat es sich auf dem Sofa bequem gemacht und guckt Sportschau.

Plötzlich ist er da. Dieser eine Moment. Er kommt meist so unverhofft und plötzlich, dass wir ihm rasch eine knappe Antwort geben müssen, ehe er sich nagend festsetzt und uns womöglich noch in seinen Bann zieht. Dieser eine Moment wirft alles über Bord: Fantasie, all die Perfektion, all die Maßstäbe und Vorgaben, um eine perfekte und »richtige Mutter« zu sein.

Dieser Moment entfacht in uns den Wunsch, einfach nur wir selbst sein zu können. Liebend, gebend, aber all das in einer herzerfrischenden Unvollkommenheit, die so menschlich ist, dass wir uns zum ersten Mal als Mutter und Frau echt und real fühlen. Ein Leben ohne Perfektion. Ein Leben ohne Maske. Eben mitten drin im Leben. Echt. Hautnah. Praktisch und im Alltag. Ein Leben frei von Schuldgefühlen oder To-do-Listen. Ein Leben, in dem wir mit Humor, Selbstironie und auch etwas Stolz auf unsere Röllchen, Fältchen, Wäscheberge, pädagogisch desaströsen Antworten auf Kinderfragen und dunkle Augenringe blicken. Ein Leben, in dem wir uns als Frau und Mutter rundum wohlfühlen.

Erlauben wir uns, diesen Gedanken freien Lauf zu lassen, bleibt für einen kurzen Moment die Zeit stehen und wir sehen uns selbst in einer anderen Wirklichkeit. Einem Leben, in dem wir entspannt und rundum zufrieden sind. Fern dem ständigen Gefühl der Zerrissenheit und dem Anspruch, allen gerecht werden zu müssen. Fern von Blogartikeln mit konstruierten Alltagsproblemen und idealisierten Reaktionen, die uns den letzten Rest an Kraft rauben. Vielleicht sehen wir uns einfach glücklich in den Spiegel blickend und liebevoll die Röllchen streicheln, die uns daran erinnern, dass unser Körper einem kleinen Menschen als Zuhause diente und dadurch deshalb einfach etwas mehr an Raum gewann. Vielleicht sehnen wir uns aber auch die Zeit herbei, in der wir mit einem echten, zufriedenen Lächeln im Gesicht und sauberen Kleidungsstücken am Körper, frei von Schoko-Abdrücken der kleinen Fingerchen, das Haus verließen. Oder wir träumen davon, endlich Anerkennung und Wertschätzung vom Staat, der Politik, der Gesellschaft und im Job für unsere Mutterschaft zu erhalten, und verlieren uns genussvoll in dieser Vorstellung, deren Realität schon gut 30 Jahre überfällig ist!

Vielleicht gehen wir sogar einen Schritt weiter und finden Gefallen in der Vorstellung einfach zu uns selbst als Frau und Mama stehen zu können, frei von dem Druck, »alles richtig machen zu wollen«.

 VIELLEICHT ERTAPPEN WIR UNS DABEI, UNSEREM SCHLAFENDEN KIND ÜBERS HAAR ZU STREICHEN UND TIEF IN UNS ZU WISSEN: »DA HABE ICH ALLES RICHTIG GEMACHT.«

»Mama, ich muss Pipi!«, schwupps sind wir wieder im Alltag und das mitten in der Nacht. Wir stehen auf, eilen zu unserem fünfjährigen Sprössling und setzen ihn auf die Toilette. Nebenbei: Es kann jedoch völlig anders kommen wie bei meinem Sohn: Als ich gegen drei Uhr morgens ins Kinderzimmer komme, weil ich nächtliche Geräusche hörte und er schlafwandelnd vor dem Kleiderschrank stand, den er für die Toilette hielt ...

In dem Moment, in dem wir zur Realität zurückkehren, stellen wir fest, dass das Pipi im Bett (oder im Schrank) landet und wechseln um vier Uhr morgens die Bettwäsche. Oder machen einfach die Tür des Schrankes zu und tun bis morgen früh so, als hätten wir nichts gesehen.

Die Stunden der Realität, die nur wir kennen und kaum jemand im Außen mitbekommt, passieren öfter als gedacht. Doch dort, in der Außenwelt, halten wir die Fassade der Perfektion mit viel Geschick aufrecht. Im Außen gibt es weder Sehnsüchte noch ungelebte Träume oder Kinder, die nachts noch Hilfe beim Pipi-Machen brauchen. Für die anderen sind nicht nur wir perfekt, sondern auch unsere Kinder.

Damit wir uns unangreifbar machen, haben wir für die Außenwelt eine perfekte Welt erschaffen. Denn das »Außen« stellt uns als Mutter infrage, sobald »irgendetwas«

nicht passt oder »auffällig« ist. Deshalb halten wir lieber die Klappe und suchen uns erst dann Hilfe, wenn wirklich der Hut brennt. Vorher kaufen wir diese fiesen Ratgeber, die oftmals nur noch alles schlimmer machen, weil dort steht: Ihr Kind nässt nachts ein? Es scheint massive Schwierigkeiten, Ängste und Probleme zu haben! Hat man einen dieser »Spirit«-Ratgeber erwischt, steht da womöglich noch Schlimmeres: »Einnässen bedeutet, dass die Mutter ihren Emotionen keinen freien Lauf lässt und das Kind unbewusst ihre Tränen vergießt!« Ja, und das soll helfen, oder wie? Nein, tut es nicht! Es frustriert. Macht wütend. Ohnmächtig. Hilflos oder sogar depressiv. Wenn wir so etwas lesen, glauben wir noch mehr zu versagen, halten noch mehr die Fassade aufrecht und fragen uns: »Bedeutet das jetzt, ich muss täglich vor dem Schlafengehen weinen, damit mein Kind die Nacht trocken durchhält?«

Für mich hört sich das nach Schuldgefühlen an und danach, dass, egal was mit dem Kind ist, meist die Mutter diejenige ist, die irgendwas »nicht richtig macht«. Kein Wunder, dass Frauen kaum über Probleme sprechen! Am schlimmsten ist es für viele Mamas, wenn solche Aussagen von männlichen Autoren stammen, die sich für ganz besonders einfühlsam halten, es aber definitiv nicht sind. Ähnlich dem Satz: »Ich weiß genau, wie Frauen sich bei einer Geburt fühlen, auch ich hatte während meiner Visionssuche im Wald das Gefühl, mein Selbst neu zu gebären.« Alles klar …

Nur wir kennen die Wahrheit, die sich hinter der Fassade verbirgt. Ich bin sicher, viele Mamas nicken an dieser Stelle.

Windeln wechseln, einkaufen, kochen, stillen. Nächte lang ein schreiendes Baby tragen und sich fragen: Wann war ich eigentlich das letzte Mal richtig lange duschen?

Kotze aus dem Kinderbett, den Haarspitzen und der Bluse entfernen, Hundekot aus dem Flokati-Teppich schneiden, immerhin war er ja teuer und sollte noch länger das

Wohnzimmer verschönern, oder die Reste der vollen Windel aus den Fingernägeln und der Sofaritze puhlen, alles schon mal passiert, nicht wahr? Klar ist bestenfalls Papa auch da und hilft tatkräftig mit, aber wenn die eigene »Mrs. Perfect Mom« ihr Unwesen treibt, macht Mama am liebsten alles selbst, nicht wahr?! Und vor allem dann, wenn Papa in alten Rollen festhängt, wir selbst genauso, er auf der Arbeit ist, wir getrennt leben oder eine Fernbeziehung führen, erst recht. Im realen Mamaleben können solche Szenen auch innerhalb von zehn Minuten passieren und meist gerade dann, wenn keiner da ist.

Hundert Windpocken-Pusteln eincremen, trotzige Dreijährige in Supermärkten bändigen, Läuse im Kindergarten und am Gesundheitsamt melden, zu Hause dann stundenlang entfernen und die liebsten Kuscheltiere der Kleinen in schwarze, dunkle Mülltüten stopfen, ehe sie eingefroren werden. Erkläre diese Prozedur mal bitte einem Dreijährigen, der seit einem Jahr mit Bob, dem Baumeister, in Plüsch schlafen geht und niemals, aber auch niemals, ohne ihn auch nur ein Auge zumachen kann! Kein Kinderspiel und garantiert alles andere als ein entspanntes Yoga-Retreat.

Oder noch eine meiner Alltags-Episoden: den Stubenwagen bei offener Toilettentür hin und her schieben und darauf hoffen, dass das Baby wenigstens dieses Mal so lange nicht brüllt, bis die Toilettenspülung betätigt werden kann. Alternativ wird es ins Tragetuch gebunden und sitzt mit uns auf der Schüssel. Hilfe! Die Toilettenspülung betätigen geht ja gar nicht. Denn sobald diese gedrückt wird, wacht es wieder auf. Wo war noch mal der Raumduft-Spray und in welchem Buch stand noch mal, dass Säuglinge mehrere Stunden allein schlafen können? (Anmerkung an dieser Stelle: Kein Baby muss allein schlafen lernen!)

Am liebsten mag ich folgende Szenarien: brüllende Teenager hinter fest verschlossenen Türen hervorlocken, nachdem sie dachten, dein gesunder Obstsalat als Nachtisch wäre eine

Anspielung auf ihre Hüften! Oder den offensichtlich neidvollen Nachbarinnen erklären, warum man nach der Geburt wieder eine halbwegs passable Figur hat, und Ehemännern, warum es einige Monate dauert, bis die Schwangerschaftsstreifen und die Reste des Bauches verschwinden, und gleich nach der Geburt die Lust auf Sex so gering ist wie die, mit der Schwiegermutter eine Woche gemeinsam in den Urlaub zu fahren. (Ja, ich weiß, es gibt natürlich Männer, die fantastisch sind und uns, so wie wir sind, vergöttern, und auch grandiose Schwiegermütter, aber du weißt schon, was ich meine.)

Es sind alles in allem Auszüge aus dem Alltag einer jeden Mutter und das steht selten in einem Buch und kaum eine Freundin berichtet von diesen Augenblicken, denn sie werden als »top secret« gehandhabt! Niemand darf davon wissen, wie anstrengend, peinlich und grauslich es sein kann, nicht wahr? Wer will das schon hören? Also passen wir uns an und werden alternativ perfekt.

Die Rolle der auferlegten »richtigen und perfekten Mutter« zu spielen strengt aber am meisten uns selbst an. Die Liste von Ansprüchen nagt an uns, vor allem an Tagen, an denen wir abends zu Bett gehen und uns nicht mehr daran erinnern können, ob wir heute schon etwas anderes außer den Resten vom Kinderteller zu uns genommen haben. Reste von Fischstäbchen gab es wie viele Male diese Woche?

Ich weiß nicht, wie es dir geht, ich für meinen Teil hatte solche Momente zuhauf. Die Rolle der «richtigen» Mutter im neuen Jahrtausend nagte an mir wie der Hund meiner Kinder an seinem Lieblingsknochen. (Der nebenbei erwähnt ebenso liebend gerne im Flokati landet. Hast du schon mal einen abgenagten Hundeknochen aus einem Langhaar-Flokati entfernt? Von allem anderen möchte ich hier gar nicht reden, das habe ich schon irgendwo in die Untiefen meines Unterbewusstseins abgedrängt!)

Willkommen in der Müttermafia – über Grenzen der Unantastbarkeit

Als Ausweg sehen viele Mamas keine andere Alternative, als selbst ein Mitglied der Müttermafia zu werden. Immerhin ist es in uns Menschen nun mal verankert, dass wir, sobald wir uns mit einer Sache etwas unwohl fühlen, alles tun, um uns abzulenken. »Ich geh erst zum Zahnarzt, wenn wirklich gar nichts mehr hilft, bis dahin nehme ich eine Ibu und lenke mich eben ab.« Andere Mütter für ihre Unzulänglichkeiten zu bashen lenkt von den eigenen durchaus sehr gut ab. Aber es gibt auch andere Gründe, um in der Wahrnehmung einer anderen Mutter als Müttermafia-Member zu gelten.

Ich muss gestehen, dass auch ich natürlich schon Mom-Shaming-Gedanken hatte. Vor allem erwische ich mich beim Bewerten, wenn ich sehe, wie Mütter ihre Kinder lautstark anschnauzen, wie einen ungehorsamen Hund hinter sich herziehen oder wochenlang nicht aus dem Haus lassen, weil sie unbedingt ihre Noten verbessern müssen. Am härtesten urteile ich über Mütter, die neben ihren Neugeborenen rauchen, keinen Blickkontakt aufnehmen, weil sie so mit ihrem Handy beschäftigt sind, oder ihre Kinder schlagen.

Das bringt mich zu der Frage: Wo verläuft die Grenze? Es gibt einfach Situationen, in denen es unheimlich schwerfällt, einander nicht zu verurteilen.

>> **MANCHES MAL IST EINSCHREITEN UNABDINGBAR UND NOTWENDIGE PFLICHT!**

Für mich endet die Unantastbarkeit der Mutter, wenn das Kindeswohl in Gefahr ist. Und damit meine ich nicht, dass ein Kind zwei verschiedene Socken trägt, fernsieht oder zwei

Eis am Tag bekommt, sondern, dass es an Körper oder Seele Schaden nimmt.

Stark überlastete Mamas brauchen dringend Hilfe und um diese Hilfe zu bitten fällt ihnen oftmals sehr schwer. Selten erkennen sie, dass ihr Verhalten schädlich und falsch ist. Deshalb bedeutet Solidarität in diesem Fall: ansprechen, Unterstützung anbieten, möglichst gemeinsam nach Lösungen suchen. Wenn Kinder körperlich verletzt werden, ist es für mich eine Frage der Zivilcourage und Pflicht, sich für diese einzusetzen und gegebenenfalls behördliche Hilfe zu holen. Dies ist kein Akt der Müttermafia, sondern ein notwendiger Schritt, um allen Beteiligten die Chance zur dringend notwendigen Veränderung zu geben.

Babyzeit – sei bereit und bis an die Zähne bewaffnet

Ich empfand den Eintritt in die Mutterschaft mit der Geburt immer als unsagbar heilige Zeit, die ich in Würde, Stille und Einkehr beginnen wollte. Ich hatte weder Lust auf Klinikpersonal noch auf neugierige Besucher oder den ungefragten Rat Dritter. Deshalb suchte ich mir ab der zweiten Schwangerschaft eine Hebamme und brachte zwei meiner Kinder zu Hause und mein viertes Kind im Geburtshaus zur Welt. Nach der Geburt meines fünften Kindes gönnte ich mir zusätzlich zur Hebamme noch die Betreuung einer Doula, die wirklich unbezahlbar und genial war.

Mit der Schwangerschaft meiner fünften Tochter kam ich in eine ganz andere Spirale: die der Vorsorgeuntersuchungen ab 35. Hätte ich gewusst, was da auf mich zukommt, wäre ich bewaffnet mit einem Heer an Psychotherapeuten in die Schwangerschaft gegangen. Wir erhielten insgesamt vier falsche Diagnosen, unter anderen Trisomie 21, die allesamt ein extrem hohes Maß an Reflexion verlangten. Als ich las, dass neun von zehn Babys aufgrund dieser Diagnose abgetrieben wurden, oftmals weil sich Eltern, vor allem Mütter, von ihrem Umfeld so unter Druck gesetzt fühlten, steigerte sich das Bedürfnis in mir noch mehr, ein Buch zu veröffentlichen, in dem Klartext gesprochen wird.

Es ist zudem unfassbar, wie der kostbare Beruf der Hebamme durch völlig überteuerte Versicherungen und oftmals wenig nachvollziehbare Regeln zunichtegemacht wird. Jede Frau sollte frei entscheiden können, wie sie ihr Baby zur Welt bringt, und eine kompetente und erfahrene Hebamme unterstützt dabei. Diesen Berufsstand zu reglementieren ist Mom-Shaming der Extraklasse.

Ich liebe es, Mama zu sein, von ganzem Herzen. Ich verliere mich in den Augen meines Neugeborenen und kann oft Stunden nicht schlafen, nur um den Augenblick abzuwarten, wenn es die Augen öffnet und sein Blick den meinen trifft.

Ich liebe es, meinen Kindern Gute-Nacht-Geschichten vorzulesen, mit ihnen zu lachen, sie zu begleiten und zu umsorgen, es ist herrlich und erfüllt mich wie nichts anderes auf der Welt.

Ich liebe die Art, wie sie die Sonne malen, mit dem Mond sprechen, in Pfützen springen, Nudeln wie Pippi Langstrumpf essen und darum bitten, länger wachbleiben zu dürfen. Ich liebe es, wie meine 18 Monate alte Tochter selbstbewusst die Welt entdeckt und dann immer wieder zurück in ihr mütterliches Nestchen huscht, um gestillt zu werden.

Doch manchmal strengt es mich auch einfach mega an. Das ist die reine Wahrheit. Manchmal sind ihre schrillen Stimmchen so in mein Ohr eingebrannt, dass ich abends nicht einschlafen kann, weil sich darin so ein Summton festgesetzt hat, der mir den Schlaf raubt. Manchmal will ich mich einfach ruhig hinlegen, in Ruhe essen, keine Fischstäbchen zum dritten Mal die Woche, oder ich will einfach nur herrlichen Sex mit meinem wundervollen Lebenspartner haben und dabei laut sein. (Wenn ich noch länger keinen Mucks dabei mache, denkt er noch, es würde mir keinen Spaß machen.)

Manchmal bin ich so müde, dass ich am liebsten überhören würde, dass mein Kleines an meinem Ärmel zupft und die neunte Runde Verstecken spielen will. Andere Male, vor allem nachts, entdecke ich einen Ärger in mir aufsteigen, den ich sonst so nicht kenne. Dann, wenn mein Kleines mich zum 27. Mal, kein Scherz, aufweckt und dauernuckelnd am Busen hängt, der definitiv kein Plastikteil ist, sondern verdammt wehtun kann, merke ich, wie mir die Puste ausgeht.

Ich habe mir angewöhnt, in diesen Minuten besonders tief und ruhig zu atmen und mir vorzustellen, wie ich sie zum ersten Mal im Arm gehalten habe und welche Freude ich dabei hatte. Diese Vorstellungen und das ruhige Ein- und Ausatmen retteten mich über die eine oder andere Situation hinweg. Manchmal, wenn es besonders stressig ist, sage ich zu meinen Kindern: »Kinder, ich bin gerade so gestresst, ich muss für einige Minuten eine Pause machen und gehe auf die Toilette.«

Ich glaube, es ist völlig menschlich, dass wir in gewissen Situationen so unter Strom stehen, dass wir das kleine Zwergerl am liebsten im Regen stehen lassen, aussteigen, anbrüllen oder zurücklassen wollen. In 20 Jahren Mutterschaft hatte ich so einige Fantasien und doch habe ich nie eines meiner Kinder aussteigen lassen, gehauen, angebrüllt oder im Regen stehen gelassen. Ja, ich habe gesagt, dass es mir zu viel ist, und ja, ich habe auch gesagt, dass ich nicht mehr weiß, wie ich jetzt mit der Situation, die mich überfordert, umgehen soll, und ich deshalb eine kurze Verschnaufpause brauche. Ja, ich habe mich danach ins Auto gesetzt und laut meine Lieblingsmusik gehört oder mir eine Badewanne eingelassen, um endlich mal wieder ein wenig Zeit für mich haben zu können, während die Kinder mit Papa oder miteinander spielten.

Will ich in so einer Situation mit Mom-Shaming konfrontiert werden? Nein! Wir wollen einfach sagen dürfen, wie es uns wirklich geht, ohne dafür verurteilt zu werden. Vor allem, wenn wir besonders darauf bedacht sind, alles richtig zu machen, denken wir, wir müssten permanent ein grinsendes Honigmäulchen sein, dass sich durch nichts und niemanden aus der Ruhe bringen lässt. Sobald Fantasien auftauchen, in denen wir uns etwas gönnen, Spaß haben, Zeit ohne die Kinder verbringen oder einfach mal fertig sind und nur unsere Ruhe wollen, verurteilen wir uns selbst dafür. Wir denken, wir müssten immer richtig reagieren und zu jeder Zeit liebevoll und entspannt mit unseren Kindern umgehen. Wir denken, wir dürften keinen Spaß mehr haben, es sei denn, die Kinder sind anwesend. Als würden wir unsere Liebe zu ihnen verraten, wenn wir auch mal ohne sie glücklich sind. Wir denken so, wenn wir in einer Vorstellung und Rolle der Mutterschaft feststecken, die uns einengt oder einfach nicht unseren wahren Werten entspricht.

Manchmal haben wir Angst, dass wir irgendwas in ihnen kaputt machen könnten, wenn wir überfordert sind oder zeigen, dass wir gerade einfach nicht mehr können und eine Pause brauchen. Gerade Mütter, die wirklich fantastisch im Umgang mit ihren Kindern sind, werden in solchen Situationen von Schuldgefühlen geplagt und halten sich selbst für miserable Mütter.

 DOCH DIE WAHRHEIT IST, DASS ES AUCH UNS MAMAS EINFACH MAL ZU VIEL SEIN DARF.

Kein Kind wird einen seelischen Schaden davontragen, wenn Mama mitteilt, dass sie Zeit für sich braucht, oder wenn sie zeigt, dass auch ihr einmal etwas zu viel sein kann, ganz im Gegenteil! Kinder lieben es, wenn die Mama ausgeglichen ist, und sie lieben uns auch, wenn wir es mal nicht sind. Das Superheldinnen-Zeitalter darf sich ruhig auch mal verabschieden.

Wenn wir unseren Kindern beibringen, dass es nicht an ihnen, sondern zeitweise einfach nur an ihrem Verhalten oder unserer Müdigkeit, der Überlastung oder dem Wetter liegt, dass wir durchschnaufen müssen, zeigen wir unsere menschliche Seite und helfen ihnen dabei zu erkennen, dass Mama auch nur ein Mensch und keine Göttin oder Superheldin ist. Wenn wir gut auf unsere Energie achten und andere um Hilfe bitten, verhalten wir uns sehr verantwortungsbewusst. Denn Kinder merken sofort, wenn wir ausgebrannt sind, und beziehen dies meist auf sich, sofern wir unseren Zustand vor ihnen verbergen wollen. Wir sind sehr verantwortungsvoll, wenn wir uns immer wieder Pausen gönnen und erkennen, dass wir diese Hochleistungsarbeit nicht 24/7 tun können.

Jeder Mensch, ja, auch wir Mamas, braucht Zeit, um sich zu regenerieren. Ich sage das deshalb so eindringlich, weil in meiner Praxis oder in meinen Seminaren viele großartige und sehr intelligente Frauen sitzen, die insgeheim glauben, sie wären furchtbare Mütter, sobald sie mal »nicht so funktionieren«, wie es von ihnen erwartet wird oder sie es selbst gern hätten.

Wenn wir dazu in der Lage sind, uns immer wieder menschlich zu betrachten, mit all dem, was wir so mitbringen, sind wir auf Dauer durchaus glücklichere Mütter. Mit dem Ergebnis, auch glückliche Kinder ins Leben begleiten zu können.

DIE MACHT EINER EINZIGEN MÜCKE, ODER: DIE EIGENE INNERE MÜTTERMAFIA

»Was hast du denn jetzt schon wieder gemacht?«

»Schau dir mal das Kind an, wenn du entspannter wärst, würde es weniger quengeln oder es wäre kein Schreikind.«

»Sag mal, schaffst du aber auch gar nichts? Schau nur, wie toll der Haushalt der anderen Mamas aussieht!«

»Bist du wirklich so wenig diszipliniert, dass es dir nicht gelingt, so schlank wie die anderen Mamis auf Instagram zu sein?«

»Schau mal, wie sie lächeln und gut gestylt sind, selbst ihre Haare sind gewaschen! Du läufst rum wie das letzte Huhn am Bauernhof.«

»Du warst gefühlt seit Tagen nicht mehr duschen, denkst du ernsthaft, das turnt ihn noch an? Wirst schon sehen, der wird dir bald davonlaufen.«

»Irgendwie bekomme ich Arbeit und Kind nicht unter einen Hut. Sicherlich bin ich einfach zu inkompetent dafür. Schau mal, wie die anderen das alles hinbekommen, gehen arbeiten, sind gut gelaunt, gestylt und verdienen Geld. Du liegst deinem Mann nur noch auf der Tasche. Armselig. Echt wahr.«

Wer hier spricht, ist deine persönliche innere Müttermafia. Die innere Stimme, die uns lautstark mit Schuldgefühlen und Selbstvorwürfen zuballert, sobald wir nur irgendetwas nicht so perfekt gemacht haben, wie wir uns das eigentlich erwartet hätten.

 WIE EINE LÄSTIGE MÜCKE SUMMT DIE INNERE MAFIA IM DUNKELN VOR SICH HIN UND IST NIE ZU KRIEGEN. SIE HAT MACHT ÜBER UNS.

Es wird dich vielleicht überraschen, wie du sie in den Griff bekommst: nicht, indem du sie verdrängst, sondern, wenn du sie wie eine reale Freundin behandelst. Im Ernst! Im Grunde ist es simpel, mit ihr klarzukommen.

Wenn meine innere Müttermafia wieder ihre Reden schwingt, stelle ich mir vor, sie säße direkt vor mir. Ich biete ihr eine Tasse Kakao an, mache es ihr gemütlich und frage sie, ob sie mir erzählen möchte, warum sie sich so mies fühlt und was sie sich von mir wünschen würde.

Ich habe gelernt, dass gegen sie zu schießen das genaue Gegenteil von dem bewirkt, was ich mir von ihr wünsche. Dasselbe passiert im Übrigen mit der externen Müttermafia da draußen. Erst, wenn wir anfangen, darüber zu sprechen, wie sehr wir unter Mom-Shaming leiden, schaffen wir ein Bewusstsein dafür und erhöhen die Chance, es zu beenden, zumindest in der Öffentlichkeit.

Um meine innere Müttermafia zum Schweigen zu bringen, habe ich viel ausprobiert. Ich ignorierte sie, lenkte mich ab und jammerte, was das Zeug hielt. Manches Mal stimmte ich ihren Worten zu und gab ihr recht. Doch all das führte zu nichts. Erst nach einigen Jahren lernte ich, mit ihr so umzugehen, dass sie zufrieden in meinem inneren Garten saß und die Schmetterlinge beobachten konnte. Sie ließ mich leben und ich sie. Und das war die absolute Befreiung.

Stop Mom-Shaming – Befreiung von der inneren Müttermafia

Mittlerweile ist meine innere Müttermafia so gut mit mir befreundet, dass sie sich schmunzelnd hinsetzt und mich einfach machen lässt. Wie mir das gelungen ist?

Zuallererst hilft es enorm, wenn du davon ausgehst, dass so eine innere Müttermafia tatsächlich existiert. Dann kannst du dich innerlich deutlich besser von ihren Nörgeleien und Anmerkungen distanzieren.

Ich notierte mir alle Vorwürfe, die ich mir selbst machte, Wort für Wort in einem Notizbuch.

Anschließend stellte ich ihr gezielte Fragen.

»Du bist also, wenn ich dich richtig verstehe, der Ansicht, dass ich vieles falsch mache und deshalb meinen Kindern keine wunderbare Mutter sein kann, ist das so korrekt?«

Meist wurde sie bei direkter Ansprache schon deutlich leiser und antwortete mit etwas eingeschüchterter oder ertappter Stimme: *»Ja, ich denke, dass es andere gibt, die den Job deutlich besser machen, als du es tust.«*

Danach stellte ich ihr die Frage: *»Ist das wirklich wahr?«*

Natürlich konnte sie darauf nur antworten: *»Ich weiß nicht, ob es zu 100 Prozent wahr ist, dass du alles falsch machst. Es kann natürlich sein, dass du auch etwas gut kannst.«* Daraufhin bat ich sie, mir aufzuzählen, was ich richtig gut machte, und es fiel ihr mit der Zeit und etwas Übung durchaus einiges dazu ein.

Irgendwie relativierten sich ihre Aussagen sehr schnell, als ich sie anschließend fragte: *»Wann hast du zum ersten Mal so gefühlt, wie du es jetzt tust? Wann hast du dich schon einmal falsch, unverstanden, nicht gesehen oder nicht geliebt gefühlt?«*

An diesem Punkt wurde es spannend und eine Reise begann, die ich THE PROCESS nenne.

The Process ist eine Art Begegnung und Perspektivenwechsel, die wir in unserer Vorstellung mit der inneren Müttermafia haben. Denn es ist ein Prozess, sich selbst und dem anderen näherzukommen. Einer, der oftmals ein Leben lang dauern kann und manches Mal innerhalb weniger Minuten geschieht.

Dazu stellst du dir vor, dass du in eine »Wünsch dir was«-Maschine einsteigst, zusammen mit einem Mentor oder einer Mentorin und einem Menschen, den du gernhast, Platz nimmst und das Steuerrad in die Hand nimmst. Danach stellst du dir vor, wie diese »Wünsch dir was«-Maschine sich verkleinert und durch deine Ohren hindurch in das Zuhause der inneren Müttermafia mit all ihren Vorwürfen fliegt. Manches Mal landest du dabei im Herzen, andere Male im Kopf, vielleicht aber auch in deiner Gebärmutter, dem Magen oder der Lunge. Je nachdem, wo sie sich festgesetzt hat und sich ihr Jammer- oder Moser-Nest baut, dort wirst du landen. Diese Maschine ist eine Zaubermaschine und deshalb hat sie alle Szenarien, die dir in deinem Leben je passiert sind, für dich auf Video festgehalten. Nach Landung im Müttermafia-Zuhause ist sie bereit, dir diese vorzustellen.

Aber zuvor gilt es, noch etwas zu besprechen. Deshalb steigst du mit deinen Begleitern aus ihr aus und stellst dir vor, wie deine innere Müttermafia an einem Lagerfeuer sitzt. Dieses Lagerfeuer ist nicht nur irgendein Lagerfeuer, sondern das der bedingungslosen Liebe und Weisheit. Irgendwie fühlt es sich dort geborgen und sicher an, deshalb nimmst du Platz. Die innere Müttermafia spricht nun in deiner Vorstellung zu dir. Und zwar nicht mehr aus Sicht der Angst, der Verzweiflung oder der Nörgeleien, sondern aus Sicht der Weisheit. Diese Weisheit liebt dich über alle Maßen und wird dich über den Schmerz aufklären, der hinter den Attacken deiner inneren Müttermafia steckt.

Manchmal wirst du dabei entdecken, dass du plötzlich dein inneres Kind am Lagerfeuer siehst, das sich nichts sehnlicher wünscht, als von Mama oder Papa in den Arm genommen zu werden. Es ist deshalb da, weil es bisher wenig Gehör, Liebe oder Zuwendung erhalten hat und mit den Eltern noch ein klärendes Gespräch sucht. Die innere Müttermafia war oftmals das Sprachrohr dieses inneren Kindes. Es teilte dir über immer wiederkehrende Gedanken deine Ängste und Zweifel mit. Manchmal spülte es auch Erinnerungen an die eigene Kindheit in den Vordergrund, die du womöglich schon längst verdrängt hattest. Diese Entdeckungen können sehr tief gehen und berühren.

Mein inneres Kind sagte während einer »The Process«-Session mal zu mir: »*Weißt du, ich bin recht unsicher, ob ich richtig bin. Du weißt ja, ich wurde als erste und einzige Tochter geboren, lebte auf einem Bauernhof und unsere Großeltern gaben uns durchaus das Gefühl, dass nur Jungs wirklich etwas zählen. Nachdem mich die Nachbarsjungen anspuckten, nur weil ich als Mädchen darum bat, im erzkatholischen Bauerndorf auch als ‚Ratscher'-Kind mitgehen zu dürfen, glaubte ich, ich sei falsch und wäre zu nichts imstande.*«

Damals kamen mir die Tränen, weil ich mich bewusst gar nicht mehr an diese Gefühle und Szenen erinnern konnte, sie sich aber mit einem Mal wieder vor meinem inneren Auge abspulten. Ich empfand tiefes Mitgefühl mit meinem inneren Kind und war meiner inneren Müttermafia plötzlich so dankbar, dass sie durch ihr Dasein bewirkte, dass mein inneres Kind dieses furchtbare Gefühl der Ausgrenzung und Wertlosigkeit endlich ansprechen konnte. Mit dem Tag, an dem es dieses ausgesprochen hatte und ich in meinem Herzen Mitgefühl und Dankbarkeit spürte, endete dieses tiefe Gefühl, »falsch« zu sein, und meine innere Müttermafia transformierte sich zu meiner besten Freundin. Denn sie beherbergte das innere Kind und schenkte ihm Aufmerksamkeit.

Als ich zurück zur Wunschmaschine ging, sah ich in meiner Vorstellung eine große, weiße Leinwand. Auf dieser zeigten sich mir Bilder, wie mein Leben nach dieser »The Process«-Session aussehen wird. Ich sah mich selbst wieder strahlen, mit meinen Kindern spielen, einen wundervollen Mann an meiner Seite (damals war ich alleinerziehend) und zahlreiche andere Frauen inspirierend, indem ich mit ihnen ebenfalls eine »The Process«-Session machte.

Seither habe ich Hunderte dieser inneren Reisen gemacht. Ich habe festgestellt, dass es ein unfassbar heilsamer Prozess ist, wenn wir erkennen, dass es weder in uns noch außerhalb von uns Feinde gibt, sondern lediglich Wegweiser, die als verlängertes Sprachrohr unserem Selbst dienen.

Ich glaube zutiefst daran, dass wir nur dann von anderen Müttern, aber auch durch uns selbst verletzt werden können, wenn wir ignorieren oder verschweigen, was gesagt werden muss. Deshalb rate ich in jedem Fall dazu, sobald du von jemandem ungerechtfertigt kritisiert oder ungefragt beratschlagt wirst, den Mund aufzumachen und über deine Gefühle, Wünsche und Anregungen klar zu sprechen.

Früher schwieg ich oft und dachte, der andere würde sich schon beruhigen oder nur eine Ausnahme sein. Doch gerade in kleinen Dörfern oder Gemeinschaften kann es schnell gehen, dass der eigene Ruf als Mutter durch Gerüchte oder unbedachte Aussagen Dritter ins Schwanken gerät. Wenn es uns gelingt, innerlich ruhig und klar zu bleiben, können wir auch anderen gegenüber, selbst wenn sie der Müttermafia angehören, ruhig und klar äußern, was wir brauchen.

»The Process« hilft dabei. Seither kann ich deutlich gelassener mit mir und anderen umgehen. Auch, wenn ich mal verletzt bin oder mich ärgere, so schaffe ich es, dank »The Process« immer wieder, mir selbst und somit anderen näherzukommen.

DAS INNERE MOM-SHAMING TREIBT SO LANGE SEIN UNWESEN IN UNS, BIS WIR ES ALS DAS ENTTARNEN, WAS ES IN WAHRHEIT IST.

Es ist, als würde ein lang vergessener Freund vor uns sitzen und eine unachtsame Bemerkung über uns machen. Je besser wir jemanden kennen und je lieber wir ihn haben, umso mehr fragen wir danach, wie er eine Aussage wohl gemeint haben könnte und warum er sich gerade so fühlt. Wenn ich der inneren Müttermafia angstfrei und offen begegnen kann, erkenne ich sehr schnell, dass ihre Aussage einem Hilferuf entsprang und oftmals nichts mit der Situation im Hier und Jetzt zu tun hat. Ich erkenne, dass sie lediglich die Angst meines inneren Kindes widerspiegelt, der ich mich zuvor nicht gestellt habe. Auch anderen Menschen, die Mom-Shaming betreiben, geht es deutlich besser, wenn sie erkennen, warum sie das eigentlich tun. Denn die Kritik oder Wut, die sie oder wir auf andere projiziert haben, spiegelt oftmals eigene unterdrückte Gefühle wider. Stellen wir uns diesen, geht es allen Beteiligten besser.

Mom-Shaming als Projektion eigener Unzulänglichkeiten

Ich hatte mit 20 Jahren die Gelegenheit, vier Jahre lang von Schamanen zu lernen. Diese sagten damals zu mir: *»Wenn dir das Gebrabbel deines Unterbewusstseins bewusst wird, bist du im Leben eines Erwachsenen angekommen, der bewusst entscheiden kann, wie er leben will. Zuvor leiten uns die unbewussten Gedanken eines inneren Tiers, das weder klar denken noch reflektieren kann.«*

Damals hatte ich keine Ahnung, was genau sie damit gemeint haben könnten. Jetzt, viele Jahre später und konfrontiert mit Mom-Shaming, weiß ich natürlich, wovon sie sprachen. Im Prinzip wird die zweifelnde innere Stimme, die an uns nagt, tatsächlich mit uns mit geboren. In dem Moment, indem wir das Licht der Welt erblicken, saugt sie alles, was um uns herum geschieht, wie ein Schwamm auf und verwertet es. Dinge, die als irrelevant erscheinen oder zu schmerzhaft sind, werden einfach vergessen, begraben oder verdrängt. Das ist grundsätzlich eine geniale Erfindung unserer menschlichen Spezies. Denn somit gelingt es uns, schmerzhafte Szenen unseres Lebens einfach auszublenden und trotz ihnen weiterzuleben. Erst, wenn wir zu vieles verdrängen oder etwas zu Schlimmes in unserem Leben passiert ist, erkennen wir diesen Prozess und werden dazu aufgerufen, uns zu stellen. Du kennst sicherlich Menschen, die mehr oder weniger offensichtlich ein Trauma in sich tragen, weil sie womöglich als Kind geschlagen oder ausgegrenzt und gemobbt wurden. In nahen Beziehungen kann es für sie und ihr Gegenüber mitunter herausfordernd werden, vor allem, wenn ihnen selbst die verdrängten Gefühle von früher nicht bewusst sind. Denn sie fühlen sich vermutlich leichter und schneller gekränkt, zurückgewiesen oder vernachlässigt als andere.

Entsprechend unseren Erfahrungen speichern wir auf der unbewussten Festplatte ab, wie wir diese damals für uns interpretierten, und bauen darauf unsere Werte, Ideologien, Weltbilder und Glaubenssätze über uns und die Welt auf. Doch Vorsicht! Wenn wir denken, dass unsere Handlungen im Leben von diesem bewussten Teil gesteuert werden, liegen wir weit entfernt von der Realität.

IN WAHRHEIT STEUERN UNS UNSERE INNEREN ZWEIFLER, DIE UNBEWUSSTEN UND VERGESSENEN ERINNERUNGEN AUS LÄNGST VERGANGENEN KINDERTAGEN, UNSER WELTBILD.

Wenn etwa ein zweijähriges Kind die Mama fragt: »Mama, welche Farbe hat das Gras?«, und Mama antwortet darauf, fröhlich lächelnd: »Gelb, mein Schatz.« Dann nimmt das Kind ihr das ab. Erst viel später, wenn wir unter dem Einfluss anderer stehen, erkennen wir, dass Mama sich vermutlich geirrt hatte, denn das Gras ist ja grün und nicht gelb. Dennoch wird es weiterhin diese innere Stimme geben, die das Gelernte niemals infrage stellen wird. Immerhin kam die Auskunft von jemandem, den wir, vor allem mit zwei Jahren, sehr lieben und bewundern: von der eigenen Mama.

Lass uns dieses Beispiel auf andere Weltbilder übertragen. Nehmen wir an, Mama wäre von Papa verlassen worden und wir hören im zarten Alter von zwei, drei oder vier Jahren immer und immer wieder, wie furchtbar unzuverlässig und unsensibel Männer sind und dass Mama die arme und verlassene Frau ist, die ihr Leben ohne einen Mann sicher nicht mehr in den Griff bekommen wird. Vielleicht passiert es uns mit so einer Erfahrung im Rücken, dass wir später beim Elternabend einer selbstbewussten und alleinerziehenden Mama begegnen und automatisch annehmen, dass sie »arm und verlassen« ist. Womöglich äußern wir uns ihr gegenüber in bester Absicht wie folgt: »*Du musst es so allein ja richtig schwer im Leben haben und kaum Zeit noch Ruhe für dich und deine Kinder finden. Gern nehme ich dir was ab und helfe, wo ich kann.*« Hier passiert Folgendes: Wir gehen aufgrund unserer frühkindlichen Erfahrungen automatisch davon aus, dass diese Frau, wie Mama damals, Hilfe gebrauchen könnte und nicht trotz einer Trennung mit beiden Beinen im Leben stehen kann. Vielleicht antwortet sie: *»Hör auf, über mich als Alleinerziehende Mama zu urteilen, ohne mich zu kennen! Mir und meinen Kindern geht es wunderbar und wir brauchen sicherlich von niemandem Hilfe, der so über uns denkt.«* Oje, das saß. War das nun Mom-Shaming oder einfach nur ein freundliches Hilfsangebot?

Unser Unterbewusstsein speichert Informationen als »wahr« ab, ohne weiter darüber nachzudenken. Wir projizieren diese dann völlig unbedacht auf andere Menschen, die sich dadurch womöglich blamiert, gedemütigt oder falsch verstanden und nicht gesehen fühlen. Der beste Nährboden für Mom-Shaming sind vielfach unbewusst abgespeicherte Annahmen über das Leben oder Menschen. Irgendwann mit Mitte 40 stellen wir dann womöglich auf der Couch eines Therapeuten fest, dass unsere Weltsicht über Mütter vermutlich mit dieser einen, aber eindrucksvollen Aussage von damals zu tun hat. Wir stellen fest, dass auch wir deshalb Angst davor haben, eines Tages alleinerziehend zu sein, und deshalb, länger als nötig, in einer sehr unglücklichen Partnerschaft bleiben oder andere Mütter vorschnell verurteilen. Auch wenn wir es »doch nur gut« gemeint haben, können solche Urteile verletzend für andere sein.

Kinder denken, sie wären der Schicksalslenker oder Gott in Person und schuld dran, wenn die Eltern unglücklich sind, oder verantwortlich dafür, dass sie wieder glücklich sind. Man bezeichnet dies auch als »kindliche Omnipotenz«. Das ist einer der Gründe, warum viele Kinder, sobald sie erwachsen werden, immer noch glauben, sie wären für die Handlungen Dritter verantwortlich. Das kann sich in einer überfürsorglichen Art, die sie anderen Menschen dann entgegenbringen, zeigen oder eben in Formen des Mom-Shamings, weil Erwachsene, die noch immer die kindliche Omnipotenz in sich tragen, meist auch jetzt davon ausgehen, sie hätten das Recht, anderen Ratschläge zu erteilen oder Kritik zu äußern. Meist mit dem Gedanken, »es ja besser zu wissen« oder »nur helfen zu wollen«.

Das ist einer der Hauptgründe für späteres Mom-Shaming oder Mobbing. Im Grunde kann man provokativ sagen, dass Erwachsene, die einfach so eine Meinung über andere aus sich rauslassen, auf dem Reflexionsstand eines Kleinkindes sind.

Klara, 42, Mutter von vier Kindern, erzählt: »*Meine Mutter war recht klein, zierlich und oft krank. Ich half ihr, so gut es ging, und hatte dadurch nicht wirklich eine eigene Kindheit. Ich übernahm schon früh die Rolle der Erwachsenen im Haus. Jahre später, als ich bereits selbst Mutter war, ertappte ich mich dabei, wie sehr ich sie bevormundete und wie wenig ich in Wahrheit von ihr hielt. Eines Tages, sie wollte gerade eine Reise nach Neuseeland antreten, schrie ich sie an: ›Siehst du nicht, wie gefährlich das für dich ist? Du bist alt, schwach und brauchst Hilfe. Du solltest zu Hause bleiben, wo du hingehörst!‹ Ich war entsetzt über meine eigene Aussage und wusste gar nicht, wie mir geschieht. In der Therapie mit Katharina erkannte ich, dass ich mich schon immer ›größer, klüger und erwachsener‹ als meine Mutter fühlte und deshalb auch oftmals recht herrisch ihr gegenüber war. Aber auch, dass ich mich deshalb so wenig entspannen konnte, weil ich glaubte, ›immer für andere da sein zu müssen‹. Das ging sogar so weit, dass ich ein Burn-out hatte. Es half mir sehr, meiner Mama gedanklich folgende Sätze mitzuteilen: ›Mama, du bist die Große und ich die Kleine. Ich dachte lange, es wäre andersrum. Jetzt will ich gerne dein Kind sein und bei dir Rat suchen.‹ Als sie aus Neuseeland zurückkam, konnte ich sie endlich als die sehen, die sie ist. Meine Mama. Mich selbst als die, die ich bin, ihre Tochter. Das veränderte unser Verhältnis sehr zum Positiven und auch ich selbst bemerkte, dass ich deutlich gelassener mit mir und anderen umgehen konnte und nicht mehr dachte, ich müsste alles für jeden regeln. Ich war zu lange die Müttermafia meiner eigenen Mutter, es war Zeit, dies zu beenden.«*

Wann immer wir mit uns selbst oder anderen im Konflikt stehen, lohnt sich folgende Frage: »Wer in mir denkt, er müsste mich vor einem Unheil bewahren, indem er mich selbst oder andere anklagt?« An dieser Stelle tritt meist unser inneres Kind hervor. Dieses innere Kind sehnt sich danach, geliebt, beschützt und genährt zu werden. Innere Ankläger sind im Grunde nichts anderes als eine Art Schutzmechanismus für unser inneres Kind. Sie wollen es vor einem erneuten Schmerz bewahren, den es irgendwann in unserer Kindheit schon einmal gespürt, jedoch vergessen hat oder der ungeklärt blieb.

Denn eines ist sicher, die innere Müttermafia sagt Sätze wie: »*Tu das nicht, du wirst als Mutter ansonsten versagen*«, nicht deshalb, weil sie uns hasst und unser Scheitern sehen will, sondern weil sie unser Überleben sichern möchte. Sie tut im Grunde genau das für unser inneres Kind, was eine »gute« Mutter für ihr eigenes Kind tut: es beschützen.

Die unsichtbare Schnur – Warum Mom-Shaming bei der eigenen Mutter beginnt

Unsere Persönlichkeit besteht in etwa zu 50% aus Genetik, zu 30% aus frühkindlichen Ereignissen und in etwa zu 20% aus Erfahrungen, die wir als Erwachsene machen. Das wissen wir aus der Persönlichkeitsforschung. Aus diesem Grund lohnt es sich, wenn wir unser Verhalten als Mütter dahingehend betrachten, wie wir selbst als Babys und Kinder behandelt wurden und wie unsere Mütter, aber auch unsere Großmütter ihre eigene Kindheit erlebten.

Die Schweizer Neurowissenschaftlerin Isabelle Mansuy hat diese Vererbung an Mäusen untersucht. Sie trennte die

Muttertiere in unregelmäßigen Abständen von ihrem Wurf, setzte sie Kältereizen oder Einschränkungen der Beweglichkeit aus. Der Stress übertrug sich auf den Nachwuchs. Die Jungtiere verloren ihre natürliche Scheu vor Licht und Wasser und begaben sich bei den Versuchen häufig in gefährliche Situationen. Auch der Stoffwechsel des Nachwuchses war beeinträchtigt: Insulin- und Blutzuckerspiegel waren niedriger als bei Jungtieren, deren Elterngeneration keinen Stress erfahren hatte. Bei der ersten Generation könnte man die Auswirkungen noch durch die häufige Trennung und die psychische Zerrüttung des Muttertieres erklären. Mansuy konnte die Stressfolgen jedoch auch in der Enkelgeneration nachweisen, deren Mütter niemals gestresst wurden. Die Forscherin führte dies auf eine Veränderung kurzer RNA-Moleküle zurück, die von außen auf die Gene einwirken. Sie bestimmen beispielsweise, welche Gene angeschaltet werden und welche stumm bleiben. Diese Micro-RNA konnte Mansuy in einer früheren Studie in den Spermien der Mäuse nachweisen. Jetzt war nachweisbar, dass der Stress der Mutter die Zusammensetzung der Micro-RNA bei ihren Söhnen verändert. In den Spermien fand die Forscherin eine Reihe von Micro-RNA, die sie bei den gestressten Müttern für die stressinduzierte Störung des Stoffwechsels verantwortlich machte. Durch die Injektion der Micro-RNA in befruchtete Eizellen ließen sich die Verhaltensstörungen dann auf Mäuse übertragen, deren Mütter niemals gestresst wurden. Derzeit arbeiten Mansuy und ihr Team daran, die Rolle der kurzen RNAs in der Trauma-Vererbung auch bei Menschen zu untersuchen. Da sie das Ungleichgewicht der Micro-RNAs bei Mäusen auch im Blut nachweisen konnten, sowohl bei der Eltern- als auch bei der ersten Nachwuchsgeneration, hoffen die Wissenschaftler, daraus einen Bluttest für die Diagnostik entwickeln zu können.

FRAUEN, UND BESONDERS MÜTTER, TRAGEN UNENDLICH VIEL WUNDERBARE KRAFT IN SICH.

Ich bin davon überzeugt, dass jede Frau wunderschön und einzigartig ist und es überhaupt nichts zu reparieren gibt. Doch warum fällt es dann so vielen schwer, sich einfach mal in das Mamasein entspannt hineinfallen zu lassen? Warum tragen auch die liebevollsten Frauen und Mütter eine bewaffnete innere Müttermafia mit sich herum, die uns selbst, aber auch andere fertigmacht?

Viele von uns wurden weitgehend von einer Generation großgezogen, die entweder im Krieg Kinder waren oder Nachkriegskinder sind. Mittlerweile haben zahlreiche Studien gezeigt, dass die Auswirkungen der Traumatisierungen, die in einem Krieg stattfinden, enormen Einfluss auf den Erziehungs- und Bindungsstil der Eltern hatten. Diese Auswirkungen wiederum erleben wir heute noch immer, denn die Art und Weise, wie unsere Eltern uns ihr Weltbild beigebracht haben, prägt uns natürlich ein Leben lang.

Du erkennst Auswirkungen von Traumata deiner Ahnen daran, dass du eines oder mehrere dieser Eigenschaften an dir entdeckst:

seltsame Unsicherheiten und Ängste, die du nicht einordnen kannst/du bist sehr sensibel oder hochsensitiv/oder das Gegenteil davon: du wirkst starr und unterkühlt/du bist sehr emotional in Gesprächen/bei Konflikten plagen dich seltsame Gedanken der Trennung/du ziehst dich gern zurück, vor allem, wenn dir alles zu viel wird/du meidest den nahen Kontakt mit Menschen/du bevorzugst die Gesellschaft von Tieren/du schreist deine Kinder an, obwohl du das nicht willst/du fühlst dich ein-

sam und ungesehen/du hast das Gefühl, die Welt ist ein Haifischbecken/du erträgst das belanglose Gerede Dritter einfach nicht/du hast immer wieder dieselben Probleme/du hast finanzielle Ängste/dich plagen Verlustängste/du bist immer wieder krank und gesundheitlich angeschlagen/du hast oft sehr starke Rückenschmerzen, ohne medizinische Hintergründe/deine Periode ist dir unangenehm

Vielleicht kennst du den Satz: »Ich will nie so werden wie meine Mutter oder mein Vater!« Plötzlich entdeckst du, vor allem in stressigen Situationen, dass du genauso reagierst wie sie damals. Danach fühlst du dich elend und hast Schuldgefühle deinen Kindern gegenüber. Oder du ertappst dich dabei, dass du dich stets fragst: »*Was hätte Mutter jetzt getan?*«, und du erkennst, dass du eher danach bestrebt bist, ihren Idealen zu entsprechen als deinen eigenen.

Das Verlangen, der eigenen Mutter nah sein zu können, ist völlig natürlich. Selbst als Erwachsene sehnen wir uns danach und es ist der Grund dafür, dass wir oft ähnliche Verhaltensmuster annehmen wie unsere Eltern. Selbst wenn wir das Gegenteil behaupten. Denn je mehr wir uns bewusst von ihnen entfernen und je lauter die innere Stimme sagt: »Ich will nie so werden wie meine Eltern«, umso mehr wird unser Unterbewusstsein mit seinen natürlichen Sehnsüchten wach und sagt: »Okay, Mama, damit ich dir nah sein kann, muss ich so werden wie du.« Das ist ein Schlüsselsatz, denn er erklärt, warum wir ihr womöglich doch immer ähnlicher werden, obgleich wir dies nie wollten.

Es ist sehr schmerzhaft, wenn eine Mama erkennt, dass sie ihrem Kind einen Klaps auf den Po gegeben hat, obwohl sie strikt dagegen war. Sie wollte niemals dieselben furchtbaren Erziehungsmethoden wie ihre Mutter annehmen – und genau dies ist letzten Endes jedoch passiert. Und meistens ist es tatsächlich genau das, was sie so sehr am Erziehungsstil ihrer Mutter verurteilt hatte. Es kann aber auch passieren, dass sie andere Mütter vorschnell und hart verurteilt, sobald diese sich in ihren Augen ähnlich wie ihre eigene Mutter damals verhalten. Sie wird die Wut, die sie ihrer eigenen Mama gegenüber womöglich nie kommuniziert hat, anderen gegenüber zeigen und bewusst gar nicht wissen, warum sie das tut. Schlimmer noch, sie wird davon ausgehen, dass sie im Recht ist.

Der innere Wunsch, der eigenen Mutter nah sein zu können, ist für jedes Kind, egal ob bereits erwachsen oder nicht, stets präsent. Ob wir uns dessen bewusst sind oder nicht. Der größte seelische Schmerz eines Kindes ist, wenn es von der Mutter, die zunächst für die eine und ausschließliche Quelle der Bedürfnisbefriedigung steht, wodurch auch immer, getrennt wird. Wird ein Baby geboren, erlebt es durch die Urgewalt der Wehen, dass es mit einem Mal ohne den wohltuenden mütterlichen Herzschlag und das sanfte Glucksen innerhalb der wohlig-sicheren Gebärmutter auskommen muss. Das kann eine schmerzhafte Erfahrung sein.

Diese Urkraft, die dafür sorgt, dass ein Menschenkind ins Leben entlassen wird, ist nur dann gut anzuerkennen, wenn das Menschlein in irgendeiner Form auch außerhalb des mütterlichen Körpers Nähe, Geborgenheit, Sicherheit und Liebe erfahren kann. Haben wir dies jedoch nicht erfahren, aus welchen Gründen auch immer, werden wir uns im hohen Alter noch nach dieser Zeit zurücksehnen. Nicht unbedingt nach der Mutter, sondern danach, alles, was für sie steht, zu erhalten. Liebe, Geborgenheit, Pflege und Sicherheit. Alte Menschen, die an Alzheimer oder Demenz erkranken, entwickeln sich meist genau in diesen Zustand der ersten Lebensmonate zurück.

Als Erwachsene verhalten wir uns oftmals ähnlich. Wir nehmen die Gewohnheiten eines Kleinkindes an, schmollen oder trotzen, sobald etwas nicht in unserem Sinne ist, oder adaptieren eben auch ab und an die Gewohnheiten der Mutter, obgleich wir diese womöglich sogar abgelehnt haben. So erfüllen wir uns die Sehnsucht, ihr nah sein zu können. Erst wenn wir uns dieser kindlichen Wünsche, die uns Erwachsenen immer noch innewohnen, bewusst werden, können wir eine eigene Identität als Mutter aufbauen und die Sehnsucht nach der Mutter in eine Freude über unser eigenes Muttersein verwandeln. Nur dann gelingt es uns tatsächlich, damit aufzuhören, an unseren Kindern oder uns selbst zu ziehen. Nur dann können wir vor allem auch in Affektsituationen andere erzieherische Methoden anwenden, als unsere Mutter es konnte.

Sophie, 37, Mutter von zwei Kindern, erzählt: »*Ich fühlte mich meinem Vater immer näher als meiner Mutter. Ich war lange Zeit böse auf sie, weil sie mir nicht die Mutter war, die ich mir wünschte. Ich glaube, ich bestrafte sie, indem ich meinem Vater so nahe war. Nie war sie gut genug für mich. Dabei war sie, rückblickend betrachtet, eine sehr liebevolle und einfühlsame Mutter, doch irgendwie reichte mir das nie. Lange Zeit konnte ich sie nicht als Frau mit eigenen Wünschen, Sehnsüchten, Fehlern und Macken sehen. Ich sah sie nur als die eine ›Quelle‹, die für mich sorgen sollte, und zwar auf eine Weise, der ich voll und ganz zustimmen konnte. Ich trug jede Menge Zorn in mir. Letztes Jahr ist sie plötzlich verstorben und zum ersten Mal erkannte ich ihre Verletzlichkeit. Jetzt ist sie tot und ich kann ihr nicht mehr sagen, dass sie nichts falsch gemacht hat. Ich hoffe, ich kann mir das eines Tages verzeihen.*«

Unsere Heilung ist dann gegeben, wenn wir damit beginnen, vollkommen erwachsen zu werden, indem wir unsere Eltern als diejenigen, die sie sind, anerkennen. Wenn wir damit aufhören können, Mom-Shaming unserer eigenen Mutter gegenüber auszuüben, kommen wir dem Gefühl des inneren Friedens sehr viel näher, als wir vielleicht glauben. Wenn wir erkennen, dass unsere eigene Mutter genauso wie wir ihre Traumata und Schicksale erlebt hat, auf die Liebe ihrer Eltern verzichten musste und vielleicht nicht dazu in der Lage gewesen ist, diese zu überwinden, finden wir innerlich zu mehr Ruhe und Frieden.

Dann kann uns bewusst werden, dass auch sie eine Frau ist, die Dinge erleben musste, mit denen sie nicht zurechtkam. Wir sehen sie plötzlich nicht mehr nur als unsere Mutter, die uns Dinge, die wir ihr womöglich vorwerfen, angetan hat, sondern können sie als Mensch und Frau sehen, die genauso Leid erfahren hat wie wir. Diese Sichtweise kann sehr versöhnlich sein. Es kann zur Folge haben, dass wir plötzlich sagen können: »*Mama, weil du mir so wenig Liebe entgegengebracht hast, ist aus mir nun eine Mama geworden, die alles dafür tut, um ihren Kindern das Gefühl zu geben, bedingungslos geliebt zu werden.*« Das sorgt nicht nur dafür, der eigenen Mama wieder näherzukommen, sondern auch uns selbst und anderen. Mom-Shaming hat ihren Ursprung oftmals in der eigenen Beziehung zu unserer Mutter. Wenn uns das bewusst wird, müssen wir nicht länger andere als Projektionsfläche benutzen.

Wenn wir diese Zusammenhänge verstanden haben, können wir begreifen, warum wir selbst in manchen Situationen Mom-Shaming betreiben oder warum andere Mütter uns angreifen.

> **WIR KÖNNEN UNS NUR DANN VON MOM-SHAMING BEFREIEN, WENN WIR DAMIT BEGINNEN, EINANDER AUS UNSEREN ROLLEN ZU BEFREIEN, UND DIES BEGINNT ZUERST IM KOPF, DANN IM HERZEN UND LETZTEN ENDES IM LEBEN.**

Unsere Mütter sind nicht nur unsere Mütter. Sie sind auch Frauen mit Sehnsüchten, Wünschen, Schicksalen, Ängsten, Träumen und Lastern. Genau wie wir.

Sobald wir deren Schicksal erkennen und somit letzten Endes unseres anerkennen können, entlasten wir auch unsere Mütter von der Bürde, die Mrs. Right in unserem Leben zu sein. Wir können ihr ihr Schicksal in Würde zurückgeben und sagen: »*Dies ist dein Schicksal, Mama, dies ist deine Bürde, dies sind deine Ängste, dies ist dein Unvermögen, die Liebe, die ich als dein Kind gebraucht hätte, weiterzugeben. Ich gebe es nun zurück in deine Hand, weil ich dir zutraue, dass du es selbst tragen kannst. Indem ich dir deine Bürde zurückgebe, gebe ich dir die Würde zurück, dein Schicksal selbst meistern zu können.*«

Ich habe mit dieser Methode erlebt, wie Frauen ihren Müttern nach langen inneren Kämpfen und äußeren oft Jahre andauernden Pausen, in denen sie sie nicht gesehen haben, endlich vergeben konnten. Außerdem hören wir dadurch auf, für unsere eigenen Mütter die Müttermafia zu sein. Auch Frauen, deren Mütter bereits verstorben waren, berichteten, dass sie sich um einiges erleichtert gefühlt haben und wohlwollender auf Mama zurückblicken konnten, als sie es zu Lebzeiten je in der Lage waren zu tun.

Was gibt es Schöneres, als wenn uns jemand zutraut, die eigenen Herausforderungen im Leben selbst tragen zu können?

Traumata, verschwiegen, aber nicht vergessen – über Schweigen und betäubte Gefühle

Wie viele von uns wuchsen mit Eltern oder Großeltern auf, die wenig bis gar nicht über ihre Kindheit sprachen? Über den Krieg oder die Nachkriegszeit, die furchtbar autoritäre Erziehung, in der Gewalt Kindern gegenüber üblich war und in der Hunger und Armut auf der Tagesordnung standen.

Kaum eine Frau der letzten Generationen berichtete über das Leid, das in ihr und den Nachkommen entstand, durch Vergewaltigungen, den Verlust eigener Kinder oder ihrer Männer im Krieg oder durch den Alkohol. Dieses Schweigen wiederum hat sehr große, bisher oftmals ungeahnte und nach wie vor heruntergespielte Auswirkungen auf deren Nachkommen, insbesondere die weiblichen. Erst jetzt beginnen immer mehr Opfer durch #metoo-Aktionen ihr Schweigen zu durchbrechen, doch auch das kostet enorm viel Kraft und fordert öffentlichen Rückhalt. Weder das eine noch das andere hatten unsere Großmütter. Damals war es ein »allgemeines Schicksal«, von dem beinahe jede Frau in irgendeiner Form betroffen war. Keine von ihnen bekam eine Psychotherapie, geschweige denn ein mitfühlendes und offenes Ohr.

Das Schicksal traf jede Frau damals auf ihre eigene Weise und so gab es kaum Platz und Raum für individuelle Geschichten, die aufgearbeitet werden konnten. Somit war der Großteil von ihnen schwer traumatisiert. Unverarbeitete Traumata werden an die kommende Generation zwangsläufig weitergegeben, dies zeigen mittlerweile zahlreiche Studien. Aber auch Männer sprachen nicht über die Gräueltaten, die sie mitansehen mussten, zu denen sie gezwungen wurden oder die sie selbst ausübten, und stellten stattdessen meist die Sinne mit Spirituosen taub.

Was blieb übrig? Ein biografisches Puzzle mit fehlenden Teilen, das es für nachkommende Generationen unmöglich machte, ein gesamtes Bild der Familienidentität zusammenstellen zu können. Als Kind solcher Eltern kann man sich keinen Reim darauf machen, warum Papa wieder mal betrunken in der Ecke liegt, Mama starr vor sich hin schweigt und beide kaum noch ein liebevolles Wort füreinander oder uns übrighaben. Wir verstehen deren ablehnende Haltung uns, dem Leben und sich selbst gegenüber nicht, aber auch nicht, wenn sie von uns Leistungen fordern, die wir unmöglich erfüllen können.

Das Ergebnis ist eine bruchstückhafte Biografie und die ewig quälende Fragen nach dem »Wer bin ich?« und »Warum bin ich so, wie ich bin?«, »Warum sind meine Eltern so, wie sie sind?«.

Kannst du folgende Fragen beantworten?

Wer waren meine Großeltern?/Welche Erlebnisse und Verluste erlitten sie?/Wovon träumten sie?/ Welchen Preis müssen sie dafür bezahlen?/Wie empfanden sie ihre Kindheit?/Wo komme ich her?/ Unter welchen Umständen wurde ich gezeugt?/ Warum reagiere ich genauso wie sie, sobald es schwer wird?

Diese Fragen müssen gestellt und nicht länger verdrängt werden. Ohne Antworten bleibt eine Leere, die das Schweigen niemals erfüllen kann. Meist erfüllen und betäuben wir sie durch Drogen, Medikamente, Konsumsucht, Sport-Flucht, Alltagsstress, Depressionen, Scheidungen oder Gewalt. Aber auch durch Mom-Shaming.

Ich bin davon überzeugt, dass Mom-Shaming sowie zahlreiche weitere Probleme der Menschen in der heutigen Gesellschaft darauf zurückzuführen sind, dass das Leid, die Traumata und der Schmerz früherer Generationen nicht ausreichend aufgearbeitet und kommuniziert wurden.

> **WENN WIR SCHWEIGEN, BETÄUBEN WIR UNSERE GEFÜHLE, UND WENN WIR DAS TUN, LEBEN WIR NICHT WIRKLICH.**

Gezielte und reflektierte Beachtung der Ahnen-Traumata enthüllt die Freiheit, das Glück und die innere Zufriedenheit, nach der wir uns alle sehnen. Und in dieser Freiheit können wir Mom-Shaming, das wir aus unserer eigenen Geschichte auf andere projizieren, verstehen und abstellen. Wir können aber auch mit Angriffen anderer Mom-Shamer auf uns besser umgehen und an uns abprallen lassen. Wenn wir auf die Geschichte unserer Ahnen nicht mehr zugreifen können, dann hilft es, sich folgende Frage zu stellen:

> *Wovor fürchte ich mich insgeheim?/Was will ich wirklich erreichen, glaube aber, es stünde mir nicht zu?/Gibt es Dinge, die ich meinen Eltern unbewusst vorwerfe?/Wofür mache ich sie verantwortlich?/Was kann ich jetzt tun, um mir selbst diese Wünsche zu erfüllen, ohne sie von ihnen zu erwarten?*

Wenn wir uns selbst reflektierende Fragen stellen und in uns selbst Ausschau nach den Antworten halten, lernen wir uns auch selbst besser kennen und somit einen Teil unserer Geschichte. Das macht uns frei, unabhängig und letzten Endes auch glücklicher.

Wenn sich das innere Kind irrt – eine Last, die du nicht verantworten musst

Als ich zwölf Jahre alt war, verstarb mein Großvater plötzlich an einem Herzinfarkt, kurz nachdem er mit mir gesprochen hatte. Ich dachte damals, wenn ich nur länger mit ihm gesprochen hätte oder eine »interessante Gesprächspartnerin« für ihn gewesen wäre, wäre er noch am Leben. Ein Beispiel für die zuvor erwähnte kindliche Omnipotenz. Es quälte mich jahrelang, dass ich damals nicht in der Lage war, ihn zu retten. Selbstverständlich weiß ich nun, dass ich absolut nichts für seinen Tod kann. Mein kindliches Ich jedoch brauchte zahlreiche innere Zwiegespräche, um das endlich zu verstehen, denn es steckte in seiner kindlichen Omnipotenz fest und ging davon aus, dass es für alles, was geschieht, die Verantwortung trägt.

Lange hielt es an diesem Glauben fest. Näher analysiert, entdeckte ich während »The Process« (siehe Seite 159), dass ich aufgrund dieses Ereignisses damit begann, so viel Wissen in mich hineinzustopfen, dass ich stets ein »interessanter Gesprächspartner« bleiben konnte, und dadurch unbewusst verhindern wollte, dass mir dieser Trennungsschmerz des Todes erspart bleiben konnte. Ich dachte tatsächlich, wenn ich im Gespräch nicht ordentlich »performe«, sondern mal etwas für mich tue, sterben Menschen, die mir nahestehen. Das führte dazu, dass ich mich natürlich, sobald ich Mama war, absolut schwer damit tat, mir selbst eine Auszeit zu gönnen, mich zu entspannen oder »Ruhe zu geben«. In meiner frühen Arbeit als Therapeutin stand mir das natürlich genauso im Weg. Meine Klienten waren glücklich, weil ich »alles« gab, aber ich fühlte mich in jungen Jahren nach Sitzungen leer und energielos. Diese verdrängte Angst sorgte dafür, dass ich mich ausgebrannt fühlte und letzten Endes eine Krebsdiagnose hatte.

Das alles klingt völlig irrational und absurd. Ich weiß. Unsere zwischenmenschlichen Handlungen zeichnet aber genau diese Absurdität aus. Wenn du an einen Streit in deinem Leben denkst, der zu einer Trennung führte, sind die Gründe dafür, sobald wir »wieder bei klarem Verstand sind«, oftmals ebenso absurd und wir verstehen die Welt nicht mehr. Dennoch glaube ich daran, dass alles, was im Leben geschieht, auch für uns ist. Durch die Erfahrung mit meinem Großvater ist aus mir sicherlich ein Mensch geworden, der bewusst und gern hinhört, feinfühlig und achtsam mit anderen umgeht und sich auf Beziehungen gern einlässt.

Bevor ich dieses Ereignis dank »The Process« näher analysiert hatte, tat ich all das jedoch aus Angst, meinen Gesprächspartner zu verlieren. Jetzt, wo ich erkannt habe, dass ein Kind denkt, es wäre für alles verantwortlich, und mein inneres Kind in diesem Glauben festhing, konnte ich es befreien und ihm bewusst machen, dass Beziehung, echtes Interesse aneinander und Hingabe nichts mit dem tragischen Tod meines Großvaters zu tun haben.

> **FRÜHER HÖRTE ICH ANDEREN ZU, WEIL ICH ANGST HATTE, SIE ZU VERLIEREN. JETZT HÖRE ICH HIN, UM WAHRHAFTIGE BEZIEHUNGEN ZU FÜHREN.**

Wenn wir erforschen wollen, wer wir sind und aus welchem Grund wir geworden sind, wie wir sind oder warum es Auffälligkeiten gibt, ist es wichtig, sich folgende Fragen zu stellen:
- Gab es Erfahrungen in meinem Leben, die mich stark prägten oder gar traumatisierten?
- Gab es verloren gegangene, vielleicht sogar verstoßene Kinder? (Wenn ja, was habe ich in meinem Leben verloren, was mir wichtig war, konnte mir aber nicht erklären warum?)
- Wurde ein Kind abgetrieben, tot geboren oder verloren? Durfte darüber nicht geredet werden? (Wenn ja, habe ich Probleme mit Kinderwunsch oder damit, meine beruflichen Ideen und Begabungen in die Welt zu gebären, sie umzusetzen? An welcher Stelle darf ich meine Visionen und Träume nicht leben?)
- Wie viele im Krieg gefallene Familienmitglieder gibt es? (Wenn es welche gibt, was in meinem Leben wurde durch

äußeres Einwirken zerschlagen/zum Fallen gebracht? Ideen, Träume, Visionen, Wünsche, Beziehungen?)
- Wer von meinen Ahnen musste fliehen und verlor dabei alles? (Falls das passierte, was wurde mir in meinem Leben genommen und habe ich das Gefühl, keinen Einfluss darauf gehabt zu haben?)
- Wie viele Trinker gab es? (Wenn es welche gab, an welcher Stelle gebe ich mich einer Sucht hin, flüchte vor Aufgaben im Alltag oder Schwierigkeiten? Wo und bei wem mache ich mich abhängig?)
- Wie viele Schläger gab es in meiner Familie? (Wenn es die gab, wann habe ich Angst, auf andere zuzugehen, verstecke ich mich, zeige ich meine Individualität nicht, verberge ich Fehler und verstecke mich hinter Perfektionen? Tendiere ich zu Gewalt?)
- Wer wurde verfolgt aufgrund von Homosexualität oder Andersartigkeit? (Wenn das passierte, an welchen Stellen fällt es mir schwer, meine Individualität auszuleben?)
- Heirateten alle Paare meiner Familie aus Liebe? (Wenn nein, in welche Art Beziehungen entfliehe ich? Bin ich in Beziehung, kann aber nicht bleiben oder sehne mich immer nach anderen?)
- Mit welchen Nöten hatte meine Familie zu kämpfen? (Mit welchen Nöten habe ich parallel dazu zu kämpfen?

Und wenn du dir all diese Fragen gestellt hast, Antworten gefunden hast, dich befreit hast aus den Ketten deiner Ahnen: Dann überlege dir, dass es vielleicht allen anderen Müttern auch so geht. Jenen, die dich kritisieren, jenen, die dir ungefragt Ratschläge erteilen, jenen, die dich attackieren. Und auch jenen, die alles tun, um sich deiner Meinung anzupassen, die still in einer Ecke sitzen oder nicht auffallen wollen. Sei offen für sie. Es wird auch dich bereichern.

MITEINANDER STATT GEGENEINANDER STÄRKT UNS ALLE!

Der Kreislauf der Gewalt – wenn Mütter schlagen

Gewalt umfasst auch seelische Gewalt in Form von stark autoritärer Erziehung, Ignoranz, Mauern, das bedeutet, den anderen nicht an sich heranzulassen oder diesen herablassend zu behandeln. und genereller Lieblosigkeit.

Wenn Mütter oder Väter als Kind geschlagen wurden, neigen sie selbst eher dazu, im Affekt, auch wenn sie dies niemals wollten, ebenso zuzuschlagen – physisch oder psychisch. Viele, die selbst diese Erfahrungen machen mussten, hinterfragen ihren Erziehungsstil nicht und setzen ihn bedauerlicherweise bei ihren Kindern fort.

Viele Frauen neigen dazu, sich einen Partner zu suchen, der die Handlungen der Eltern an ihnen fortsetzt. Selten nehmen diese Mamas wahr, dass ihnen ein Unrecht geschieht. Sie wehren sich kaum bis gar nicht gegen körperliche oder seelische Misshandlungen. Es kommt auch vor, dass sie nicht einschreiten, wenn ihren Kindern ein ähnliches Schicksal wie ihnen selbst geschieht. Doch genau darin besteht bereits ein Missbrauch. Denn »zusehen« und nicht einschreiten, ist genauso ein Akt von Gewalt. Das weiß jeder, der schon einmal erlebt hat, in Notsituationen nicht beschützt zu werden.

 WIR AHMEN UNBEWUSST NACH, WAS UNS VORGELEBT WIRD.

Hinzu kommt, dass der Effekt der Nachahmung ohne Reflexion und emotionale Arbeit stärker ist als der Gedanke: »*Ich will nie so werden wie Mama.*« Das bedeutet, dass wir eher zuschlagen, als die Verhaltensweisen zu unterbinden. Das ist einer der Gründe dafür, dass Mütter, die eigentlich dringend Hilfe bräuchten, diese nicht suchen oder denken, sie bräuchten sie nicht. Sie denken sich: »*Auch meine Eltern haben mich so behandelt und aus mir wurde trotzdem jemand. Damals hat mir auch keiner geholfen, also wird es nun nicht besser werden.*«

Gesellschaftlich kommt außerdem hinzu, dass die Mutter per se unter einer Art »heiliger unantastbarer Glocke« liegt, in der Misshandlung oder Missbrauch keinen Platz finden kann. Dies führt nicht selten dazu, dass Mütter oder Frauen, die Kinder misshandeln oder missbrauchen, oftmals »untergehen« in der Annahme, dazu würden nur Männer im Stande sein. Natürlich üben großteils Väter Gewalt aus, das verdeutlichen Studien, aber eben auch zu 24 Prozent Mütter, vor allem jüngere Müttern. Diese Tatsache gehört genauso in dieses Buch! Außerdem möchte ich an alle Väter da draußen appellieren, ihre Frauen deutlich mehr in der Kindererziehung zu unterstützen, als es womöglich die eigenen veralteten Rollenvorstellungen bisher zugelassen haben, denn bedauerlicherweise ist oft Überforderung das Eingangstor zur Gewalt.

Menschen, denen Gewalt angetan wurde oder die Zeugen von Gewalt wurden und diese Erlebnisse nie ausreichend verarbeiten konnten, reagieren in affektiven Situationen ähnlich gewalttätig wie die Täter von damals.

Destruktive Partnerschaften haben ihre Ursache darin, dass zwei Menschen mit unterdrückten oder verdrängten Erlebnissen aus der Kindheit oder frühen Adoleszenz aufeinanderprallen und sich das Leben mehr als nur schwer machen. Diese eingegrabenen »Dinosaurier« der frühen Kindheit treten aus den Tiefen hervor und beginnen, gegeneinander zu kämpfen, wann immer sich die Gelegenheit dafür bietet. Das kennt vermutlich jeder von uns. Wenn der Ehemann wieder einmal zu spät aus dem Büro nach Hause kommt, ohne uns Bescheid zu geben, kann uns das durchaus triggern. Triggern bedeutet, dass uns eine Situation im Hier und Jetzt völlig unbewusst an ein früheres Erleben erinnert. Uns überkommt ein negatives Gefühl, von dem wir denken, der Partner hätte es in uns ausgelöst. In Wahrheit handelt es sich dabei jedoch um eine alte, aufgestaute, nie kommunizierte Emotion, die nun zum Ausbruch kommt und mit dem tatsächlichen Ereignis so wenig zu tun hat wie ein Eisbär mit der Wüste.

Wir sagen in so einer Situation vielleicht: »*Immer lässt du mich allein, wenn ich dich brauche. Ich bin dir völlig egal. Du machst, was du willst. Ich weiß nicht, ob so eine Beziehung überhaupt noch Sinn macht.*« Derart emotionale Dialoge rühren meist aus einem nicht verarbeiteten Erleben aus der Vergangenheit. Sie treten dann zum Vorschein, wenn unser Unterbewusstsein sich an längst vergangene Erlebnisse erinnert. Ohne eine Vorwarnung fühlen wir uns von einer Sekunde zur nächsten ähnlich wie damals. Dass der Ehemann eigentlich damit gerade nichts zu tun hat, sondern etwas anderes dahintersteckt, ist uns in diesem Moment nicht bewusst. Aus genau diesem Grund bleibt unser Gegenüber, in diesem Fall der Ehemann, auch der Verursacher unserer Emotionen. Aus dieser Fehlverknüpfung heraus denken wir, er müsste sein Verhalten ändern, damit wir wieder zufrieden und glücklich sein können. Dem ist nur selten so. Denn die Wahrheit ist, dass wir durchaus selbst über unsere Gefühle entscheiden können und niemandem diese Macht über uns geben sollten.

Wenn ein Mädchen beispielsweise erlebt hat, dass sein Vater es nicht besuchen kam, als es als Kind in der Klinik lag, kann der Ehemann, der es nun versetzt, durchaus die alten, aufgestauten Gefühle abbekommen. Die erwachsene Frau wirft ihm Dinge vor, die eigentlich ihr Vater viele Jahre zuvor hätte hören sollen. Damals war sie jedoch noch ein kleines Kind und erlaubte sich nicht, dem Vater diese negativen Emotionen entgegenzubringen. Manches Mal aus Angst, Verzweiflung, Unwissenheit, Erziehung oder einfach Anpassung.

Beim *Mom-Shaming* passiert genau das, was auch in der eben geschilderten Situation abläuft: Die Müttermafia projiziert im Grunde innere Erlebnisse und Gefühle auf eine andere Mutter, wenn sie Mom-Shaming betreibt.

Um beim letzten Beispiel zu bleiben, wenn wir unser Verhalten hinterfragen, wird es uns nicht mehr aus der emotionalen Fassung bringen, wenn der Ehemann vergessen hat anzurufen. Wir werden vielmehr dazu in der Lage sein, unsere Bedürfnisse zu äußern, indem wir sagen: »*Ich würde mir wünschen, dass du mir Bescheid gibst, wenn du zu spät kommst. Ich fühle mich deutlich wohler damit, wenn ich weiß, wann du nach Hause kommst.*«

Es ist deshalb so wichtig, dass immer mehr Menschen lernen, wie sie ihre Verhaltensweise deuten und ändern können. Denn nur so gelingt es uns wieder, einander auf Augenhöhe zu begegnen und die Waffen niederzulegen.

Spieglein, Spieglein an der Wand – schau der Wahrheit ins Gesicht

Der Großteil aller Mom-Shaming-Aktionen entsteht deshalb, weil Menschen nicht reflektiert über ihre eigenen Traumata nachdenken und unwillkürlich ihre eigene Geschichte auf den anderen projizieren. Dann bekommt man den ganzen Mist der anderen einfach vor die Tür gestellt und diese behaupten auch noch, es wäre unserer.

Ich bin jeder Frau, die sich ihrer eigenen Biografie und jener der Ahnen stellt, sehr dankbar. Ich empfinde tiefen Respekt für sie. Denn nur wenn wir diesen Mut aufbringen, gelingt es, Heilung in die eigene Familie und in die Mutter-Kind-Beziehung zu bringen und letzten Endes in der Welt mehr Frieden vorfinden zu können.

Viele trauen sich nicht, diese Reise anzutreten, weil ihnen genau dieser *Mut* fehlt. Spannend, dass das Wort Mutter mit Mut beginnt, nicht wahr? Es braucht nicht nur Mut, Mutter zu werden, sondern auch, sich dem Leben mit all den möglichen Gefahren, die es für uns und unsere Kinder mit sich bringt, zu stellen. Logisch, dass dieser an der ein oder anderen Stelle fehlt. Immerhin kann es mitunter auch recht schwer werden. Selbst Menschen, die eine sehr positive Grundeinstellung dem Leben gegenüber haben, kommen angesichts eines schweren Schicksalsschlages ins Strauchen. Aber auch dann, wenn wir uns zum ersten Mal mit unserer Biografie oder jener der Familie beschäftigen, kann es passieren, dass wir am liebsten nicht hinsehen und alles vergessen wollen.

Ich kann das sehr gut verstehen, denn oftmals ist das, was wir dabei entdecken, wenn wir in den Geschichten der eigenen Familie herumkramen, erschreckend.

Lisa, 32, eine Tochter, erzählt: *»Als ich erfuhr, dass meine Mutter zwei Kinder abgetrieben hatte, weil ihr erster Mann sie missbrauchte, war ich geschockt. Nie hätte ich gedacht, dass sie vor der Ehe meines Vaters noch ein anderes, so erschreckendes Leben führte. Irgendwie ahnte ich es jedoch. Denn jedes Mal, wenn es darum ging, dass mich ein Junge daten wollte, fand sie irgendeinen Vorwand, der mich dazu brachte, meine Verabredungen abzusagen. Als ich dann meinen Mann kennenlernte und es ernst wurde, lud sie ihn zum Essen ein. Es war alles andere als ein netter Kaffeeplausch, sondern glich mehr einem Verhör. Keiner wusste, warum sie dermaßen auf ihn losging. Erst, als ich ihre erste Heiratsurkunde fand, rückte sie mit der Sprache heraus, brach in Tränen aus und offenbarte sich mir. Sie* *machte sich ein Leben lang Vorwürfe, hatte große Schuld- und Schamgefühle und erzählte niemandem etwas davon aus Angst, vorschnell verurteilt zu werden.«*

Manches Mal fällt es schwer, in sich hineinzuhorchen und sich selbst mit all dem, was wir so mitbringen, zu vergeben. Wenn wir uns gegenseitig weniger verurteilen und uns in unserem Menschsein mehr annehmen, fällt es uns auch leichter, die Masken der Perfektion und das Leid der Vergangenheit endlich fallen lassen zu können.

Wir halten uns aber einfach ungern den Spiegel aus dem Märchen »Schneewittchen und die sieben Zwerge« vors Gesicht, der stets ehrlich ist und uns einfach mal so drauflos mitteilt: »Sie sind hier nicht die Schönste im Land. Es gibt jemanden, der ist noch viel, viel, viel schöner.« Verständlich, dass wir an diesem Spiegel lieber vorbeimarschieren und so tun, als würden wir ihn nicht hören.

Festzustellen, dass wir selbst beispielsweise genauso oft Mom-Shaming betreiben wie die Mutter von nebenan, an der wir kopfschüttelnd vorübergehen, wollen wir natürlich vermeiden. Es tut aber auch weh, wenn wir begreifen, dass wir die Vergangenheit nicht mehr ändern können und den einen oder anderen Menschen, den wir einst geliebt haben, aufgrund unseres Handelns aus unserem Leben vertrieben haben.

Ich habe unglaublich viele Menschen getroffen, die irgendetwas bereuen. Entweder etwas, das sie getan oder nicht getan haben. Reue kann uns einerseits dazu bewegen, neue Entscheidungen zu treffen, was durchaus sinnvoll ist. Wenn eine Mutter bereut, dass sie tagein, tagaus überfordert ist, wird sie eher darüber nachdenken, sich Hilfe zu suchen, als eine Mutter, die keine ihrer Entscheidungen hinterfragt. Reue per se ist demnach nichts Schlechtes, wenn wir gewillt sind, dieses Gefühl richtig zu interpretieren. Aber sie kann uns in alten Geschichten festhalten, die unsere Zukunft betrüben, das Selbstbild blenden oder Verbitterung ins Leben bringen. Letzten Endes geht es im Leben darum zu lernen, aus den Gefühlen heraus, die wir haben, Entscheidungen treffen zu können, die unser Leben zum Besseren wenden. Auch Gefühle von Wut oder Ärger sind per se nicht schlecht oder verwerflich. Vielmehr zeigen sie uns auf, in welchen Bereichen unseres Lebens wir etwas ändern sollten. Wenn wir wütend sind, dann oftmals nur deshalb, weil wir bereuen, in welcher Lage wir stecken, und nicht wissen, wie wir sie ändern können.

Weißt du was? Diejenigen, die am meisten bereuen, sind oftmals Mütter. Viele Mütter bereuen jedes einzelne zu laute Wort, jedes Nein oder Ja, jedes Augenrollen, jede Unzulänglichkeit, das in ihrem Kind Scham, Angst, Unsicherheit oder Sorge auslöste. Mamas nehmen sich selbst sehr viel übel und können sich oftmals kaum verzeihen. Sie stecken viel zu oft in Wut über sich selbst fest. Deshalb schmerzt Mom-Shaming auch so unendlich. Denn das, was uns andere an den Kopf werfen, haben wir uns oft schon zuvor selbst an den Kopf geworfen oder es spiegelt unsere größten Ängste wider. Vor allem dann, wenn wirklich Schreckliches passiert ist und wir dies nicht mehr rückgängig machen können.

Grazia, 46, Mutter von drei Kindern, erzählt: *»Als ich von der Polizei erfuhr, dass mein Sohn von seinem Fußballtrainer missbraucht wurde, war ich wie gelähmt. Ich konnte nichts mehr sagen und fühlen. Ich steckte unfassbar in meinen Schuldgefühlen fest. Ich bereute, ihn dorthin gebracht zu haben, es nicht bemerkt zu haben, und noch viel mehr, dass dies meinem Kind passiert ist. Nach außen zeigte ich das nicht, denn ich wollte nun stark sein, vor allem für meinen Sohn. Es gab leider sehr viele Menschen, die mich genau deshalb als Mutter anklagten und übles Mom-Shaming betrieben. Sie sagten: ›Wie konntest du das nicht erahnen und deinen Sohn zu diesem Mann ins Training schicken?‹ Oder: ›Warum hast du es nicht verhindert?‹ Als ob man einem Kinderschänder seine Taten ansehen könnte.*

Ich dachte lange Zeit, ich wäre schuld daran, dass das alles passiert ist. Es war so schlimm, dass ich nicht mehr leben wollte. Es fehlte mir der Mut, den anderen Eltern zu sagen, wie ich mich mit ihren Anklagen und dem, was passiert ist, wirklich fühlte. Erst, als mich in der Schule die Großmutter eines Schülers unverhofft in den Arm nahm, fing ich an zu schluchzen und wimmerte: ›Ich weiß nicht mehr weiter.‹«

Wir können, sosehr wir es auch wollen, manche Dinge im Leben einfach nicht mehr rückgängig machen. Wir können sie uns auch nicht immer erklären. Was wir jedoch immer und zu jeder Zeit tun können, ist, füreinander in der Not da zu sein und somit die Zukunft zum Besseren zu wenden.

So selbstverständlich es klingen mag, doch es braucht oftmals Mut, die Entscheidung zu treffen, nicht mit der Masse der vorschnellen Verurteilung mitzuschwimmen und einfach, wie die Großmutter in unserem Beispiel, jemanden zu umarmen, der es bitter nötig hat.

 MUT WIRD SICH IMMER LOHNEN. MOM-SHAMING JEDOCH NIE.

Es braucht aber mindestens genauso viel Mut, über die eigenen Schicksalsschläge zu sprechen. Wenn ich eines gelernt habe, dann ist es die Feststellung, dass es im Grunde niemanden gibt, der frei von Fehlern, Ängsten, negativen Lebensereignissen oder Traumata ist. Schon gar nicht jene, die mit dem Finger auf andere zeigen und denken, dies wäre die einfachere Alternative, als sich den eigenen Ängsten zu stellen. All jene, die sich dieser Tatsache bewusst sind und den Mut haben, zu den eigenen Unzulänglichkeiten zu stehen, sind die perfektesten Geschöpfe, die mir je begegnet sind.

Wenn Mütter sich hingegen dazu aufgefordert sehen, sie müssten nach außen hin den Schein der Perfektion wahren und lauthals verkünden, dass sie nie unter Stress, Ängsten,

Lebensschicksalen oder Zweifeln in ihrer Rolle als Mutter leiden, sprechen sie in Wahrheit nicht über ihre Verletzungen oder Schicksalsschläge, sondern verschweigen sie.

Mütter, die sich hinter der Perfektion verbergen, verdienen Mitgefühl und ein offenes Herz, denn sie sind in einer inneren Not. Der Not, davon auszugehen, dass sie nicht so sein oder fühlen dürfen, wie sie eben sind oder sich fühlen. Sie glauben, dass sie nur dann wertvolle Mitglieder unserer Gesellschaft sind, wenn sie mehr als nur »in Ordnung« sind. Aus diesem Grund verbergen sie alles, was aus der Sicht des Umfeldes »in Unordnung« sein könnte. Sie tun dies meist überhaupt nicht aus Böswilligkeit anderen gegenüber, sondern zum Schutz des eigenen Selbst. Du kennst sicher auch die eine Mama, auf die du im Kindergarten oder in der Schule triffst, die einfach alles rockt. Einerseits bewundern wir sie, andererseits finden wir sie irgendwie gruselig, weil sie uns permanent daran erinnert, was wir noch besser machen könnten, und somit auch, worin wir nicht genügen. Der perfekte Nährboden für Mom-Shaming. Ich glaube zutiefst daran, dass gerade jene Mamas, die nach außen hin sehr stark wirken, in Wahrheit sehr viel mehr Zuspruch gebrauchen könnten, als wir denken.

Tretminenfeld Schuldgefühle – was inneres Mom-Shaming steuert

Ich weiß, es braucht sehr viel Mut, aus den alten, viel zu engen Schuhen der Vergangenheit oder Perfektion herauszutreten.

> **HINSEHEN UND TIEF GRABEN TUT ABER AUF DAUER VIEL WENIGER WEH, ALS IN ZU ENGEN SCHUHEN DURCH DAS LEBEN ZU GEHEN.**

Das zu verstehen realisieren wir aber oft recht spät im Leben. Meist dann, wenn ein Schicksalsschlag passiert ist.

Erst, wenn der Ehemann sich in eine jüngere Frau verliebt, das eigene Kind nicht mehr so gut mit anderen oder uns selbst zurechtkommt, der Krebsbefund positiv war oder die eigenen Eltern plötzlich pflegebedürftig werden, fragen wir uns: »*Ist das wirklich alles? Bin ich so, wie ich lebe, glücklich?*«

Das musste auch ich selbst sehr früh erkennen. Damals war ich erst 16 Jahre alt und bezahlte mir von meinem Taschengeld meine erste Therapie. Nachdem meine Mama Psychotherapeutin war, war es für mich wie der Gang zum Hausarzt, also völlig normal. Ich fühlte mich zu dieser Zeit irgendwie unwohl, wusste aber nicht genau, warum, und dachte mir, wenn mir jemand helfen kann, dann eine Expertin. Im Gespräch mit meiner Therapeutin fand ich Folgendes heraus: Da ich in einem erzkatholischen Dorf aufwuchs, gab es doch noch recht viele Vorurteile Mädchen und Frauen gegenüber. Damals war ich gerade in der Pubertät und im Begriff, eine Frau zu werden. Ich hatte irgendwie unbewusst die Sorge, dass das Leben als Frau deutlich schwieriger sein wird als das eines Jungen. Ich hatte durch die Eindrücke in der Kirche, die ich mehrfach die Woche besuchen musste, und dem Leben auf dem Bauernhof in meiner Kindheit oft das Gefühl, dass Frauen, vor allem Mütter, deutlich härter und mehr arbeiten müssen, als Männer es taten. Ich beobachtete beispielsweise, dass meine Großmutter täglich schon um halb fünf Uhr morgens in der Küche und im Stall stand, die Kühe molk, den Stall ausmistete, danach das Feld bestellte und das Mittagessen für alle zubereitete. Während meine Großonkel aßen oder lange Pause machten, räumte sie die Küche auf und flickte bis spät in die Nacht hinein, während alle anderen schon schliefen, noch die Hosen der Männer und stopfte deren Socken. Sie saß praktisch niemals auf dem Sofa, trank gemütlich einen Tee oder hatte einfach mal nichts zu tun. Außerdem fand ich es sehr ungerecht, dass Burschen deutlich mehr Privilegien hatten als wir Mädchen. Sie durften zur Feuerwehr, Priester werden, am Steuer sitzen (meine Omas hatten beide keinen Führerschein), Pfeife rauchen oder in die Schule gehen, in die sie gehen wollten. Obgleich es sich um das Jahr 1996 handelte, brauchte es schon einige Jahrzehnte, ehe sich die Gleichberechtigung der Geschlechter auch in den letzten Dörfern des Landes breit machte. Kaum zu glauben, nicht wahr?

Erst durch meine erste Therapie erkannte ich, dass ich nicht deshalb, weil ich als Mädchen und nicht als Junge geboren war, automatisch Mängel, Macken oder Fehler hatte, sondern dass es an mir liegt, was ich aus meinem Leben mache. Zuvor waren meine unbewussten Prägungen und Rollenbilder sogar so groß, dass ich mich als kleines Mädchen viele Jahre lang wie ein Junge kleidete und die Haare kurz trug, nur um »dazuzugehören«. Ich bin sehr dankbar darüber, dass ich mir dieser falschen Glaubenssätze und völlig veralteten Rollenbilder bereits in so jungen Jahren bewusst wurde und sie somit frühzeitig ändern konnte.

Immer wieder erlebe ich, wie schwer es Müttern fällt, frei von Schuldgefühlen zu reflektieren, aus alten Rollenbildern rauszukommen oder sich einzugestehen: »Ich halte diesem Druck nicht mehr stand, ich muss etwas verändern.« Es gibt zudem Schicksalsschläge, die Müttern so hart zusetzen, dass für sie ein Leben frei von Schuldgefühlen nicht mehr denkbar ist.

Ich erinnere mich noch gut an meine Klientin Frieda. Sie erzählte mir, dass sie ihr kleines Baby als Sternchen kurz vor der Geburt verloren hatte, und machte sich schreckliche Vorwürfe. Hinzu kam, dass sie sehr religiös erzogen worden war und das Thema »weibliche Schuld« in ihrem Leben schon immer recht groß war. Frieda wiederholte mehrfach den Satz: »*Wenn ich eine bessere Mutter gewesen wäre, hätte ich geahnt, dass mein Kind in Lebensgefahr ist, und ich hätte einen Notkaiserschnitt in die Wege geleitet. Es ist alles meine Schuld. Als ich in die Klinik kam, spürte ich ihre Tritte noch. Niemand der Ärzte dachte, dass es bald losgehen würde, also schickten sie mich spazieren. Obwohl ich irgendwie ein komisches Bauchgefühl hatte, hielt ich meinen Mund und ging spazieren. Als ich zurückkam, war mein kleines Mädchen tot. Ihr Herz hatte einfach so aufgehört zu schlagen und niemand konnte mir sagen, warum.«*

Frieda berichtete mir von dem Tod ihres Kindes so eindrucksvoll, als wäre das alles gestern geschehen. Ich merkte, wie auch mir Tränen die Wangen hinabliefen, denn mich berührte ihre Geschichte sehr. Bei solchen Schicksalen fühle ich ganz besonders mit. Wir schwiegen ein paar Minuten, ehe ich sie fragte, wann das Ganze passiert war, und Frieda antwortete: »*Das ist nun 20 Jahre her.*« In diesem Moment musste ich mich kurz zurücklehnen und tief atmen. Diese wundervolle Frau lebte seit 20 Jahren mit so untragbar großen Schuldgefühlen und mit einer inneren Müttermafia, die ihr beinahe jede Lebenskraft aus den Adern zog. Es dauerte einige Therapiesitzungen, ehe Frieda erkannte, dass sie um nichts auf der Welt den Tod ihres Babys verhindern hätte können. Der Gedanke, dass auch ihr Kind so etwas wie einen eigenen Willen hatte und für sich entschieden hatte, diese Welt zu verlassen, tröstete sie. Ihr ungeborenes Mädchen wollte ihr damit jedoch nicht sagen: »*Ich musste gehen, weil du für mich nicht gesorgt hast*«, wie Frieda über zwei Jahrzehnte angenommen hatte.

Frieda konnte nach einigen Sitzungen an ihre kleine Tochter denken, ohne von Schuldgefühlen geplagt zu sein. Sie schrieb mir einige Zeit später folgende Zeilen: »*Ich habe zum ersten Mal das Grab meiner Tochter besucht, ohne diese große Last auf meinen Schultern zu spüren. Es war, als könnte ich endlich richtig um sie trauern und ihrem Willen zu gehen den nötigen Respekt zollen, indem ich endlich zu ihr sagen konnte: ›Schatz, ich bin dankbar, deine Mama sein zu dürfen, auch wenn wir nur die Schwangerschaft gemeinsam hatten, so liebte ich jeden einzelnen Tag mit dir. Danke dafür. Ich vermisse dich und werde dich immer lieben. Du wirst für immer meine Tochter bleiben und endlich kann ich dieses Gefühl auch zulassen. Vorher war es, als wäre die Liebe zu dir von Steinen aus Schuldgefühlen zugemauert.‹«*

Die ewige Mama-Frage

Mamas werden häufig von einer Frage begleitet: »*Habe ich wirklich alles und genug getan?*«

Vor allem, wenn uns die Kinder später ein Fehlverhalten vorwerfen, seelisch krank werden oder ihr Leben nicht mehr im Griff haben. Immer wieder spulen wir vergangene Szenen gedanklich durch und überlegen, ob wir uns hätten besser oder anders verhalten sollen. Wir Mütter fühlen uns recht schnell für das Verhalten unserer Kinder, selbst wenn diese schon lange erwachsen sind, verantwortlich und meinen, wir hätten etwas anders tun müssen, um zu verhindern, dass sie nun unglücklich sind. An anderer Stelle kann es jedoch genauso gut passieren, dass Mütter andere, meist die Väter, die Umstände oder ihre eigenen Eltern, für das Versagen des Kindes verantwortlich machen und in eine große Verbitterung fallen. Das führt dazu, dass entweder Depressionen das Leben beherrschen oder permanente Wut an der Tagesordnung steht. Beides schränkt die Lebensqualität stark ein.

Wir Mütter sind deshalb dazu aufgerufen, uns selbst und anderen mit mehr Milde zu begegnen und uns zu verzeihen, zugleich aber auch Hilfe anzunehmen, wenn wir merken, dass doch nicht alles so gut gelaufen ist, wie wir es gern gehabt hätten. Die Fähigkeit zu vergeben ist eine der wichtigsten Lektionen für jede von uns. Vergebung bewahrt uns vor Verbitterung und Depression. Vergebung bedeutet nicht, dass wir das, was passiert ist, richtig fanden, es ist nur der Entschluss, dem eigenen Leben wieder mehr Freude und Versöhnung einzuhauchen. Denn die Wahrheit ist, jedes Mal, wenn dein Baby weint, weil es Koliken hat, wirst du dich dafür verantwortlich fühlen, und wenn es weint, weil es gestürzt ist, wirst du genau das Gleiche tun und auch dann, wenn es den ersten Liebeskummer hat oder in der Klinik ist und operiert wird. Es gibt mindestens so viele Gelegenheiten, sich schuldig zu fühlen, wie sich selbst und dem Leben gegenüber milde zu sein. Die Wahl liegt in unseren Händen.

Wir Mamas sind mit unseren Kindern über eine unsichtbare Nabelschnur ein Leben lang verbunden. Kein Arzt, keine Lehrerin und kein anderer Mensch dieser Welt kann es schaffen, uns und unser Kind von dieser Nabelschnur zu trennen. Sie ist, egal was passiert, immer existent, selbst über den Tod hinaus. Auch Mütter, die ihre Kinder verloren haben, durch einen Streit, eine Scheidung oder den Tod, berichteten mir, dass sie sich immer mit ihnen verbunden fühlen werden, was auch geschieht. Sogar wenn die ein oder andere zu Beginn unseres Gespräches versicherte, dass sie »über die Trennung hinweg« ist, konnte sie sich nach einiger Zeit ehrlich darüber austauschen, dass diese Haltung nur einen Selbstschutz darstellt. Der Schmerz, wenn Mamas von ihren Kindern warum auch immer getrennt wurden, ist für die meisten von uns schlimmer als jeder andere Schmerz auf dieser Welt.

Erst wenn wir uns diesen Schmerz in aller Gänze eingestehen können, kann er sich mit der Zeit in die Erkenntnis wandeln, dass die unsichtbare Nabelschnur zwischen Mutter und Kind ewig vorhanden sein wird.

Diese Verbindung wird es aushalten, ja sogar noch stärken, wenn wir Mamas offen zu unseren Fehlern und unserem Nicht-Perfekt-Sein stehen können. Wenn wir sagen können, dass wir trotz unserer Fehler diese Liebe, die uns ewiglich verbinden wird, wahrnehmen können, dann denke ich, sind wir einer Mutterschaft nahegekommen, die sehr erfüllend ist. Solange wir so tun, als hätten wir uns immer richtig verhalten, und die perfekte Mama spielen, wird sich unser Kind in seiner Wahrnehmung nicht gesehen und auf eine gewisse Weise auch beschnitten fühlen und dies wird sich negativ auf die Beziehung zu ihm auswirken. Aber auch, wenn wir von Schuldgefühlen geplagt unsere Lebenskraft verlieren.

Ich erinnere mich noch genau daran, als ich mit 25 Jahren mit meinen beiden Kindern meine Mama besuchte. Sie stand in der Küche und weinte. Ich fragte sie, was los sei, und sie sagte: »*Ich fühle mich immer noch so schuldig, wenn eines meiner Kinder nicht glücklich ist. Wenn Papa und ich uns nicht getrennt hätten, dann würdet ihr alle weitaus glücklicher sein, als ihr es jetzt seid.*« In diesem Moment wurde ich wütend, denn ich fühlte mich glücklich und wollte nicht, dass ich für ihr Leid verantwortlich gemacht werde, daher wurde ich laut und sagte bestimmt: »*Hör endlich auf mit deinen Scheiß-Schuldgefühlen!*« Als das ausgesprochen war, wurde ich milder und sagte: »*Schau dir an, wie gut es uns, deinen Kindern und Enkelkindern, geht. Nimm uns nicht unser Glück und nimm dir nicht das deine durch diese verdammten Schuldgefühle! Es darf uns allen aber auch nur dann wirklich gut gehen, wenn du dir endlich verzeihst, das weißt du, Mama. Es war, wie es war, und es ist gut, so wie es ist. Du kannst nicht mehr ändern, was passiert ist, aber wie du damit umgehst, schon.*« Sie schaute mich an, begann zu lächeln und sagte mir zehn Jahre später, dass dies der Moment war, indem sie sich von lebenslangen Schuldgefühlen lösen und sich selbst vergeben konnte, weil sie erkannte, dass sie durch ihre Schuldgefühle sich selbst und uns Kinder vom Glück abgehalten hatte.

Zu vergeben heißt nicht, dass wir gutheißen, was geschehen oder nicht geschehen ist. Das kann ich nicht oft genug wiederholen. Es heißt auch nicht, dass wir wegsehen.

Zu vergeben bedeutet vielmehr die Erkenntnis, dass wir nicht länger bereit sind, uns schuldig, schlecht, verraten oder im Schmerz zu fühlen aufgrund dessen, was passiert oder nicht passiert ist.

Du, liebste Frau, Schwester und Mama deiner Kinder, bist unendlich kostbar, was auch immer du getan oder nicht getan hast. Lass niemals zu, dass dir Schuldgefühle den Lebensatem rauben. Lass niemals zu, dass andere dir einreden, du wärst falsch, unwichtig oder wertlos, aufgrund der Ereignisse in deinem Leben. Lass niemals zu, dass du nicht in Liebe, Milde, Güte und Dankbarkeit an dich und deine Kinder denkst. Wenn du die Verantwortung für deine Taten übernimmst, dann kannst du deine Beziehungen auch wieder in Ordnung bringen, frei von Schuld, Schande oder Schimpf.

**ERLAUBE DIR, DICH GERNZUHABEN.
ERLAUBE DIR, DU ZU SEIN.
ERLAUBE DIR ZU LEBEN.**

Doch was, wenn das Worte sind, die uns nicht erreichen, und wir erkennen, dass die Verbindung zu uns selbst, unserem Kind und der Mutterrolle einen Bruch erhalten hat, der irreparabel scheint?

Was, wenn wir realisieren, dass wir dringend Hilfe brauchen, weil Vergebung das Letzte ist, wozu wir uns in der Lage sehen?

Lass uns in den kommenden Kapiteln di eGründe dafür genauer hinterfragen.

»BEST OF« MOM-SHAMING WAS TYPISCHE MOM-SHAMERINNEN ANTREIBT UND WAS DAHINTER STECKT

In diesem Kapitel beschreibe ich das Verhalten von typischen Mom-Shamerinnen. Wie sind diese Mütter so geworden, wie sie geworden sind? Was treibt sie an und wie können wir diesem Verhalten begegnen? Ich verwende dabei jene Begriffe, die diesen Frauen oft zugeschrieben werden. Dies tue ich allerdings nicht, um meinerseits Mom-Shaming zu betreiben, sondern weil diese Wörter oft – und oft auch sehr leichtfertig – verwendet werden. Ziel ist es aber, um Verständnis für diese Art des Verhaltens zu werben und einen Blick hinter die Kulissen zu erlauben.

Helikopter-Mom

Nina, 36, Mutter eines Sohnes: »*Ich weiß nicht, was ich daran ändern sollte? Ich muss einfach immer wissen, wo er ist und was er tut. Es ist wie ein Zwang. Ich hasse mich manches Mal selbst dafür, aber ich bin überzeugt davon, dass ich das Richtige tue. Wie soll ich denn sonst sicherstellen, dass er erfolgreich durchs Leben kommt? Es ist doch meine Aufgabe, dafür zu sorgen, dass er das Beste bekommt. Immerhin bin ich seine Mutter. Ich finde es schrecklich, wie Mütter ihre Kinder vernachlässigen und dabei so tun, als würden sie alles richtig machen. Ich finde nicht, dass ich übertreibe, Nein. Ich denke eher, die anderen sollten sich ein Vorbild an mir nehmen.«*

Helikopter-Moms sind jene Mütter, die ständig damit beschäftigt sind, alles aus dem Weg zu räumen, was ihrem Kind Schwierigkeiten bereiten könnte oder eine potenzielle Gefahr darstellt. Eine Gefahr ist für die Helikopter-Mom jedoch so gut wie alles. Sie scheint überfürsorglich zu sein, ist in Wahrheit jedoch extrem dominant und einengend. Sobald es nur einen Funken Ärger mit einem Spielgefährten gibt oder der Sprössling den Holzklötze-Turm nicht auf Anhieb allein stapeln kann, ist sie zur Stelle und »regelt« die Angelegenheit für ihr Kind. Helikopter-Moms sind eher wenig beliebt bei Lehrern oder Erzieherinnen, weil sie diesen das Gefühl geben, dass sie einen schlechten Job machen und Helikopter-Mom deutlich qualifizierter wäre, als die Erzieherin es jemals sein wird.

So kann es schon mal vorkommen, dass Helikopter-Mom den von der Lehrkraft korrigierten Text mit einem deutlich knalligen Rotstift durchstreicht und eine beachtliche Abhandlung über die negative Auswirkung von »Rotstiften« darunterschreibt. Es kann auch vorkommen, dass Helikopter-Mom am Zaun des Kindergartens steht und es fein säuberlich dokumentiert, wenn die Kinder ihre Nase nicht sofort von der Erzieherin geputzt bekamen. Sie hält dazu gleich fest, welche negativen Auswirkungen, auch wieder durch Studien argumentiert, diese, wie sie es nennt, »körperliche Vernachlässigung« auf die Kinder haben wird. Eine Helikopter-Mom funktioniert besser als jede High-Tech-Überwachungsapp. Sehr zum Leidwesen all jener, die mit ihrem Kind in Berührung kommen, aber auch zum

Nachteil des eigenen Kindes. Denn meist passiert mit diesem genau das, was Helikopter-Mom eigentlich vermeiden wollte.

Ihr Verhalten hat nämlich rasch zur Folge, dass die Helikopter-Kinder meist deutlich länger als ihre Spielkameraden brauchen, um sich eigenständig zu entwickeln. Außerdem dauert es länger, dass sie Selbstvertrauen aufbauen, und sie fühlen sich oftmals verunsichert ob ihrer eigenen Fähigkeiten und Möglichkeiten im Leben. Mütter, die »helikoptern«, kreisen, wie der Name schon sagt, um ihr Kind herum, und zwar in einem Radius, der meist sehr beengend auf das Kind einwirkt und diesem entsprechend wenig Freiraum zur eigenen Entwicklung oder individuellen Potenzialförderung gibt. Ein Helikopter-Kind bekommt sprichwörtlich keine Luft mehr und muss sich zwangsläufig der Bevormundung der Mutter beugen. Es hat ansonsten keine Chance, neben dieser Mutter »existieren« zu können. Das hat den Hintergrund, dass auch das Kind von Helikopter-Mom der eigenen Mama emotional nah sein will und deshalb besser tut, was sie sagt. Deshalb hält es Ausschau danach, wie es ihm am besten gelingen kann, Mama glücklich zu machen. Denn wenn Mama glücklich ist, so denkt das Kind, wird es auch ihm selbst gut gehen.

Ein Kind, das mit einer Helikopter-Mom aufwächst, idealisiert diese meist und kann später selten eine eigene Identität als Frau und Mutter, Mann oder Vater aufbauen. Die Orientierung an der eigenen Mutter ist so stark, dass es stets nach ihrer Bestätigung suchen wird, selbst, wenn diese womöglich schon verstorben ist. Kinder von sehr dominanten Müttern werden als Erwachsene meist konfliktscheu, wenig entscheidungsfreudig, ewig Suchende, Abhängige, manches Mal auch erfolgreich, aber nur solange dies im Sinne der Mutter ist.

Zu einer »freien Mutter« kann sie als ihre Tochter nur dann werden, wenn sie damit aufhört, ihre Helikopter-Mom zu idealisieren, und sie vom »Thron stürzt«, indem sie anerkennt, dass ihre Mutter durchaus Fehler machte und auch nur ein Mensch und somit keine Göttin war. Außerdem, indem sie sich bewusst macht, was sie selbst in ihrem eigenen Leben alles erreicht hat, ohne ihre Mutter im Schlepptau.

> **EINE HELIKOPTER-MOM KANN IHR VERHALTEN NUR DANN REFLEKTIEREN, WENN ANDERE SIE DARAUF AUFMERKSAM MACHEN UND IHR DAS EIGENE VERHALTEN SPIEGELN.**

Das bedeutet, es nachahmen und hoffen, dass die Helikopter-Mom wahrnimmt, wie sehr ihr Verhalten einengt. Dies kann jedoch zur Herausforderung werden, da sie ihr eigenes Verhalten für völlig gesund und nachvollziehbar hält. Schließlich, so wird sie sagen: »*Will man für das eigene Kind doch nur das Beste.*«

Helikopter-Moms heißen deshalb wie ein Gegenstand, weil sie sich bereits zu einem früheren Zeitpunkt ihres Lebens in eine Art »Funktionsmaschine« verwandelt haben. Sobald sie Sorge für ein Kind tragen müssen, ist diese im Dauereinsatz und findet kaum noch Ruhe. Denn das Leben als Mutter fehlerfrei zu meistern, kann in ihren Augen nur einer Maschine gelingen. Sie ist deshalb ständig präsent, schafft es kaum, sich zu erholen oder einfach mal das Handy beiseitezulegen, sobald das Kind außer Reichweite ist. Sie ist permanent im Stress und steht ständig unter Strom. Tragisch ist, dass sie auch ihr gesamtes Umfeld dazu bewegen möchte, sich ebenso wie fehlerlose Maschinen zu verhalten, und zeitgleich davon ausgeht, dass dies nur ihr selbst gelingen kann.

Deshalb ist die Helikopter-Mom oft sehr einsam, und da Einsamkeit bedrohlich für die menschliche Existenz ist, leidet Mama auch unter Angst. Wir alle waren einmal kleine Säuglinge und wir alle hatten von Natur aus große Angst, im Stich und allein gelassen zu werden. Denn dies hätte unseren Tod bedeutet. Eine Helikopter-Mom lebt in permanenter Angst, verlassen zu werden oder ungenügend zu sein, die ihr jedoch nicht bewusst ist. Sie will alles richtig machen, um von niemandem abgelehnt zu werden. Sie fürchtet die Einsamkeit, erlebt jedoch durch ihr Verhalten anderen gegenüber genau das, wofür sie sich fürchtet: Ablehnung.

Wer von uns möchte schon mit jemandem Zeit verbringen, von dem auch wir bevormundet werden, oder das Gefühl bekommen, eingeengt zu werden?

Um diese latente Angst zu verdecken, werden von Helikopter-Moms äußere Aktivitäten in Form von überwachenden Blicken und Momenten inszeniert, in denen die Mutter »gebraucht« wird. Das Gefühl, bedeutsam und wichtig für das Kind zu sein, generell für andere, ist für Helikopter-Moms enorm wichtig.

Da sie alles dafür tun, um fehlerfrei durchs Leben zu gehen, haben sie eine bestimmte Erwartung an ihre Kinder und ihr Umfeld. Sie sorgen unbewusst dafür, dass diese erfüllt wird. Frei nach dem Motto: *»Je mehr du dich in Schwierigkeiten bringst, umso mehr kann Mama für dich da sein!«* Gleichzeitig spüren sie aber eine große Erwartungshaltung des Umfeldes an sich selbst, sodass sie sich genauso permanent von so einem imaginären Helikopter über ihrem Haupt überwacht fühlen.

Der Teufelskreis, den dieses Bestreben mit sich bringt, ist den meisten Helikopter-Moms, aber auch deren Umfeld bedauerlicherweise nicht bewusst. Vielfach werden sie für ihr Verhalten von anderen belächelt, dies sogar öffentlich. In Wahrheit steckt eine große innere Not hinter dem Verhalten einer Helikopter-Mom und sie zeigt dadurch im Grunde ihre Bedürftigkeit und Hilflosigkeit. Mom-Shaming verstärkt hingegen ihr Verhalten und sorgt dafür, dass sie sich »noch mehr ins Zeug legt«.

Wenn wir einer Helikopter-Mom begegnen, ist es wichtig, ihr liebevoll einen Spiegel vorzuhalten, indem wir sie auf die eigenen Gefühle, die in uns entstehen, hinweisen. Wenn sie beispielsweise sagt: »*Also ich finde es unmöglich, dass Sie als Mutter nicht verhindern, dass Ihr Sohn meiner Tochter die Schaufel wegnimmt*«, wäre eine passende Antwort: »*Ich danke Ihnen für Ihre Wahrnehmung. Sie sagen nun also, dass ich als Mutter in die Situation eingreifen sollte, ist das richtig? Wissen Sie, ich traue unseren Kindern zu, dass es ihnen gelingen wird, die Situation ohne unser Eingreifen gut zu regeln. Ich weiß nicht, wie es Ihnen geht, aber mir tut es gut, wenn mir andere etwas zutrauen. Wollen wir den beiden noch etwas Zeit geben, die Situation eigenständig zu regeln?*«

Wenn du selbst merken solltest, in Richtung Helikopter-Mom zu tendieren, hilft es, sich folgende Fragen zu stellen:

Wessen Liebe und Aufmerksamkeit ersehnte ich mir als Kind mehr, die von Mama oder Papa? Wer musste ich sein, wie musste ich mich verhalten, um diese zu bekommen? Wann wurde sie mir verwehrt?

Du wirst recht schnell feststellen, dass »Anpassung« in deinem Leben als Kind eine große Rolle spielte, um an Liebe oder Aufmerksamkeit ranzukommen. In deiner Welt ist Anpassung also etwas, dass dir beim emotionalen Überleben innerhalb deiner Familie half. Aus diesem Grund meinst du, deinem Kind eine große Hilfe zu sein, indem du alles dafür tust, dass es gut ankommt, vor allem in seinem Umfeld. Wenn du dich deinen eigenen Gefühlen der Traurigkeit oder Wut über das Thema Anpassung stellst, werden deine Gedanken weniger um dein Kind, sondern mehr um dich selbst und dein inneres Kind kreisen und dies führt, sofern dir dabei geholfen wird, zu einer großen Entlastung.

Hexen-Mom

Corinna, 39, Mutter einer Tochter, sagt: »*Ich halte es nicht aus, wenn meine Tochter ihr Ding machen will. Sie muss tun, was ich ihr sage, ansonsten bestrafe ich sie. Ich nehme ihr das Handy weg oder erlaube ihr nicht, mit mir zu sprechen, manches Mal ignoriere ich sie auch tagelang. Ignoranz ist die beste Erziehungsmethode. So schnell, wie sie wieder tut, was ich ihr sage, schaffe ich nur dadurch. Wenn sie gute Leistungen erbringt, unternehme ich etwas Schönes mit ihr. Sie weiß genau, was sie zu tun hat, um mich zufriedenzustellen.*«

Im schlimmsten Fall wird aus einer Helikopter-Mom eine Hexen-Mom. Das sind Mütter, die ihre Kinder durch ihre Trugschlüsse-Erziehung vergiften. Ihr unbewusster Satz an ihre Kinder ist: »*Du darfst sein, aber nur solange du mir dienst, mir guttust und tust, was ich von dir erwarte.*«

Im Grunde kann man sagen, dass dies eine Art verdeckter Missbrauch ist. Denn eine Hexen-Mom hat so hohe emotionale Erwartungen an ihr Kind, dass sie wie eine Regentin über dieses herrscht und dem Kind tatsächlich jede Luft zum Atmen nimmt. Der Unterschied zur Helikopter-Mom ist, dass die Hexen-Mom ihr Kind auf eine Weise erzieht, die dem seelischen Wohl des Kindes langfristig schadet. Das Kind ertrinkt quasi in mütterlichen Anforderungen und vertrocknet parallel dazu am Liebesentzug von ihr. Denn die Hexen-Mom gibt nur dann Zuwendung, Aufmerksamkeit und Liebe, wenn das Kind »funktioniert« und tut, was sie möchte. Oftmals sind es alleinerziehende Mütter, die dem Kind beispielsweise mitteilen, ob offenkundig oder verdeckt: »*Du darfst nur mich lieben, nicht aber deinen Vater. Dein Vater ist schlecht und ich werde nur dann gut für dich sorgen, wenn du dergleichen Ansicht bist.*«

Kinder, die solch einen »Auftrag« erhalten und zeitgleich erleben, dass sie nur dann Liebe und Zuneigung des übrig gebliebenen Elternteiles erfahren, wenn sie den anderen ablehnen, befinden sich in einer heftigen Krise und einem Loyalitätskonflikt, der kaum ertragbar ist. Denn jedes Kind weiß instinktiv, dass es aus Vater und Mutter besteht. Wenn die Mutter den Vater ablehnt, lehnt sie rückschließend auch die eine Hälfte des Kindes ab. Somit ringt das Kind permanent um die Anerkennung der Mutter, um zu »beweisen«, dass es deren Liebe verdient hat, trotzdem die Mutter den Vater ablehnt und trotzdem es diesem womöglich sogar ähnlich sieht oder ist.

Diese Dynamik passiert jedoch nicht nur bei getrennt lebenden Elternteilen, sondern auch bei verheirateten Paaren. In vielen Familien kommt es vor, dass »Lager« gebildet werden. Die innige Bindung zwischen der Mutter und dem Kind ist so stark, dass der Vater als Störfaktor gilt und innerhalb dieser Dreieckskonstellation zwischen ihm, der Mutter und dem Kind kaum eine Chance hat, eine bedeutsame Rolle für das Kind einzunehmen. Dies hat oftmals zur Folge, dass der Vater zu einem Workaholic-Dad wird. Das sind Väter, die entweder viel Zeit im Job verbringen und kaum zu Hause sind oder selbst bedürftig sind, weil sie entweder krank, süchtig oder völlig überarbeitet sind und somit dem Kind signalisieren: »*Ich habe kein Interesse an dir.*« Durch diese väterliche Abstinenz wird das Kind in der fälschlichen Annahme, nur die Mutter sei die relevante Ressource, bestärkt und wird sich dahingehend orientieren, der Mutter ein gutes Kind sein zu können.

Wenn der Vater flieht, warum auch immer, können sich die Söhne zu »Muttersöhnchen« entwickeln. Der erwachsen gewordene Sohn ist oftmals schwach, energielos, abhängig und hat keine Lust auf Leistung. Gepaart mit den Auswirkungen der Hexen-Mom leidet er genauso wie seine Schwester unter Neurosen und Zwängen. Töchter solcher Elternpaare sind später oft dazu geneigt, sich in andere Welten, auch in die Welt esoterischer Denkweisen zu entfliehen, um dort Halt und Orientierung zu finden. Wenn es die mütterliche und väterliche Instanz nicht mehr gibt, so denkt die erwachsene Tochter, dann wende ich mich an die höchste aller Instanzen, das Göttliche und das Schicksal.

Die Hexen-Mom ist sich dieser verheerenden Auswirkung auf ihr Kind selten bewusst. Vielmehr denkt sie, sie wäre im Recht und würde ihr Kind mit allem versorgen, was es braucht. Sie wirkt auf Außenstehende oftmals fürsorglich, ja manches Mal bekommt sie sogar eine Portion Mitleid, weil sie das Jammern sehr beherrscht. Sie spielt die Rolle der bedürftigen Mutter oftmals so gut, dass Außenstehende ihr gern unter die Arme greifen und den Exmann oder das Kind zum Schutz der Mutter zurechtweisen.

Doch der Schein trügt, denn die Hexen-Mom ist eine großartige Blenderin und manipuliert andere in hohen Maßen. Oft ist sie selbst die Anführerin einer Müttermafiagruppe und betreibt bei anderen aufs Übelste Mom-Shaming.

Oftmals idealisieren auch diese Kinder und später Erwachsenen ihre Mutter. Außerdem leiden sie häufig unter Neurosen und Zwängen, vor allem aber unter der Unfähigkeit, Entscheidungen eigenständig treffen zu können. Sie suchen sich entsprechend dieser Prägung Partner, die ebenso herrisch sind wie einst die Mutter, aber nach außen hin durchaus als fürsorglich gelten. Sie finden ihr gesamtes Leben weder eine gesunde Nähe zu sich selbst noch zu anderen.

Die Hexen-Mom braucht natürlich dringend Hilfe und Unterstützung, diesmal jedoch zwingend auf professioneller Ebene. Als Laie ist es unmöglich, hier etwas Nachhaltiges zu bewirken. Daran haben sich die Partner der Hexen-Moms schon ihre Zähne ausgebissen und jeder, der interveniert, wird selbiges erleben.

Die Hexen-Mom hatte es in ihrer Kindheit selbst selten leicht. Meist hat sie erlebt, dass ihr eigener Vater sie stark ablehnte und als »Narzissten«-Dad seinen Terror an der Familie ausließ. Sie erlebte, dass ihr Vater ihr weder zuhörte noch sie bestärkte oder anerkannte. Meist ist ihre Erfahrung aus der Kindheit geprägt von vielen Streitigkeiten, Gewaltdelikten, herablassenden Worten und Ängsten.

Daraus resultierend wurde sie zur »eisernen Lady« und hat kein Mitgefühl, wenn ihr Kind eigenständig seinen Weg gehen möchte oder unter ihrer Dominanz sichtlich leidet.

Gott sei Dank ist das eher die Ausnahme als die Regel. Denn in diesem Fall sprechen wir schon von einer psychischen Erkrankung.

WENN DU EINER HEXEN-MOM BEGEGNEN SOLLTEST, HILFT MEIST NUR, EXPERTINNEN ODER EXPERTEN BEIZUZIEHEN.

Denn meist üben sie nicht nur verbale Gewalt aus. Ich erwähne diese Art Mütter deshalb, weil oftmals eine Unsicherheit zwischen: »Wann ist etwas Mom-Shaming und wann nicht?«, herrscht. Wenn du das Verhalten einer Hexen-Mom befremdlich findest und hellhörig wirst, weil ein Kind offenkundig leidet, dann ist das selten Mom-Shaming, sondern deine gesunde Wahrnehmung, dass hier etwas ganz und gar nicht stimmt und diese Frau und ihre Kinder wirklich Hilfe brauchen. Wende dich an Expertinnen oder Experten, indem du sie bittest zu intervenieren.

Tiger-Mom

Sue, 46, Mutter von drei Kindern: *»Meine Kinder sind alle drei hochbegabt und total talentiert. Ich bin sicher, sie haben eine große Karriere vor sich. Sie sind immer Klassenbeste und haben keine Zeit, um sich mit Unsinnigkeiten wie* *spielen zu befassen. Ich bin stolz darauf, was sie alles leisten, und tue alles dafür, dass sie erfolgreich werden.«*

Die Kinder einer typischen Tiger-Mom haben einen so vollen Terminkalender, dass selbst der Papst oder eine Präsidentin mehr Erholungsphasen hat als das vierjährige Kleinkind. Da ins Ballett, dort in den Kurs für östliche Volkstänze und hier eine Stunde Naturkunde für Kindergartenkinder. Der Fantasie der Förderungen ist keine Grenze gesetzt und genau das lieben Tiger-Moms. Sie tun alles, aber auch wirklich alles dafür, damit sie sichergehen können, dass ihr Sprössling eines Tages »ganz nach oben« kommen wird und einem erfolgreichen Leben nichts im Wege stehen kann. Der Erfolg des Kindes ist das Futter der Tiger-Mom.

Dabei klopfen sie sich selbst auf die Schulter, denn ihr Kind ist mehr ein »Produkt« ihrer mütterlichen Taten als ein eigenständiges Individuum. Tiger-Moms sehen ihren eigenen Lebenszweck darin erfüllt, dafür zu sorgen, dass ihr Kind alle Möglichkeiten, die das Leben im 21. Jahrhundert so bietet, wahrnehmen kann. Nicht weil sie wirkliches und wahrhaftiges Interesse daran hat, dass ihr Kind glücklich ist, dafür fehlt es Tiger-Moms oftmals an Einfühlungsvermögen, sondern vielmehr, weil sie sich selbst oftmals nur dann als wertvoll wahrnehmen kann, wenn sie etwas »Wertvolles« geschaffen hat. Dieses »Wertvolle« muss durch ihr Kind ausgelebt werden. Wenn du in ihren Augen »zu wenig« für dein Kind tust, dann wird sie dich das durch offenkundiges Mom-Shaming wissen lassen. *»Mütter, die ihre Kinder so wenig fördern wie du, sollten keine Kinder bekommen.«*

Da ihr Verhalten meist viel Narzissmus in sich trägt, solltest du ihr ein klares Gegenüber sein und ihre Unterstellungen nicht einfach so hinnehmen und in keinem Fall schweigend.

DIE TIGER-MOM IST ÜBERZEUGT DAVON, ALLES RICHTIG ZU MACHEN, UND MEIST RECHT SELBSTVERLIEBT.

Sie wird ein Hinterfragen Dritter an sich oder ihrem Kind kaum zulassen. Die Einzige, die ihr Kind kritisieren darf, ist sie selbst. Allenfalls noch ein Experte, der in ihren Augen »wirklich genauso viel Ahnung hat wie sie selbst«.

Wird das Kind gelobt, dann fühlt sich Tiger-Mom als vollwertiges Mitglied der Gesellschaft. Immerhin nimmt die Gesellschaft auch an, dass die Mutter für den Erfolg oder Misserfolg des Kindes verantwortlich ist. Aus diesem Grund wird Tiger-Mom sehr darauf bedacht sein, dass sie für die Leistungen ihres Kindes ausreichend Anerkennung bekommt. Man sieht manches Mal im Fernsehen oder auf YouTube stolze Mütter, die ihre aufgebrezelten Babys über den Laufsteg tragen, und die erst Dreijährige, die mit auftoupierten Haaren ihr erstes Fotoshooting absolviert.

Publik wurde der Begriff der Tiger-Mom jedoch erst nach dem Erscheinen des Buches »Tiger-Mom«, in dem eine asiatische Mutter darüber berichtet, wie aus ihren Töchtern sehr erfolgreiche Menschen wurden. Die Tragik dahinter ist, dass einer Tiger-Mom selten bewusst wird, dass das Leben nicht nur aus Erfolgen besteht, sondern auch aus tief empfundenen Werten wie Liebe und Verbindung. Da sie diese tiefe Verbindung und Liebe selbst als Kind meist nur in Verbindung mit Leistung erfahren hat, existiert dieses Weltbild in ihr nicht. Verstehst du den Teufelskreis?

Tiger-Mom musste oftmals selbst in ihrer eigenen Kindheit erfahren, dass Leistung alles ist und Versagen nicht geduldet wird. Das Kind einer Tiger-Mom wird sich im späteren Leben sehr schwer damit tun, individuelle Entscheidungen aus dem Herzen heraus zu treffen. Meist haben sie, selbst als Erwachsene, den »wachenden Blick« der Mutter im

Genick, der wie ein unsichtbares Navigationsgerät den eigenen Lebensweg plant.

Wir sollten auch Tiger-Moms spiegeln, denn nur so gelingt es ihnen, eine Wahrnehmung für ihr Tun zu bekommen. Wenn eine Tiger-Mom beispielsweise zu uns sagt: »*Sag mal, ich habe gehört, dass dein Jan Gitarrenunterricht nimmt und zum Fußball geht. Mein Tom ist ja noch beim Golfen, Reiten und im Spanisch-Unterricht. Wäre das nicht auch was für euch?*« Dann könnten wir entgegnen: »*Du sagst also, dass Jan auch Spaß daran hätte, wie Tom, mehrfach die Woche Kurse zu besuchen? Ich merke, dass Jan, der erst vier Jahre alt ist, durchaus überfordert ist, wenn er an zwei Nachmittagen verplant ist. Es tut Jan gut, wenn er einfach spielen kann.*«

Jammermama

Silvia, 42, Mutter von sechs Kindern: »*Ich bin immer müde, geschlaucht und ausgelaugt. Ich war als Kind schon oft krank und jetzt geht es mir genauso. Ich wollte schon Kinder, ja, aber irgendwie sind sie mir zu viel. Ich würde mich gern am liebsten immer hinlegen oder allein auf Weltreise gehen. Aber das geht nicht wegen der Kinder. Außerdem hätte ich gern studiert, aber auch das geht nicht. Wie sollte ich das machen, mit Kindern? Keiner weiß, wie schwer das ist.*«

Die Jammermama teilt ihrem Kind unbewusst oder auch offenkundig mit: »*Du darfst sein, aber verlange nicht zu viel von mir. Ich bin selbst bedürftig oder es gibt Wichtigeres im Leben als dich.*« Dies führt dazu, dass das Kind stets das Gefühl hat, schuld daran zu sein, dass keine Liebe von Mama kommt oder es ihr schlecht geht. Es trägt folglich unbewusst die »Bürde« von Mama, damit diese es leichter im Leben hat. Das Kind ist allerdings nicht freiwillig auf diese Idee gekommen, sondern eher von Mama dazu verpflichtet worden. Denn nur, wenn es alles dafür tut, dass es Mama leichter hat, wird es eines Tages auch bekommen, was es braucht, denkt das Kind und macht auch diese Erfahrung. Ich erinnere mich an den wunderbaren Film über den Comedian Hape Kerkeling: »Der Junge muss an die frische Luft.« Dort wird eindrucksvoll geschildert, was passieren kann, wenn Mama so depressiv ist, dass das Kind sich alle möglichen Strategien ausdenkt, um sie letzten Endes aus ihrer Depression befreien zu können. Gelingt dies nicht, trägt das Kind eine viel zu schwere Bürde mit sich, die nicht immer, wie im Falle des Hauptdarstellers, auch etwas Positives für es mit sich bringt.

Oftmals entwickelt das Kind den inneren Glaubenssatz, der zum Lebensmotto wird: »Tu was, streng dich an.« Später führt dies dazu, dass sie als Erwachsene Spitzensportler, Erfolgsmenschen oder gar arbeitssüchtig oder sehr selbstaufopfernd werden.

Die Bürde, die das Kind der Mutter abgenommen hat, liegt so schwer auf den eigenen Schultern und in den eigenen Händen, dass es keinen Platz mehr für das eigene Leben und Schicksal gibt. Diese Mamas haben das Gefühl, immer für andere da sein zu müssen, sich extrem anstrengen zu müssen, um Erfolg haben zu können oder im Übermaß Liebe zu geben, um auch ein wenig Zuneigung zu erhalten. Das brennt auf Dauer ziemlich aus, denn das innere Kind ist hungrig, nicht satt und ständig am Geben, um etwas »Wasser« zurückzubekommen.

EIN KIND WIRD ALLES TUN, UM VON MAMA LIEBE ZU BEKOMMEN, UND IST AUF DEREN LIEBE ANGEWIESEN.

Deshalb wurde ihm schnell klar, dass es nur als erfolgreiches Kind, das Leistung bringt, die Chance hat, einen Funken der so lebenswichtigen Mamaliebe abzubekommen. Eine Jammermama erfährt eher selten Mom-Shaming, da sie meist auf Mitleid aus ist. Anderen gegenüber kann sie jedoch hart sein und schnell selbst zur Mom-Shamerin werden: »*Sieh mal die Ulrike an, die bekommt auch alles, was sie will, in den Hintern geschoben, ohne dass sie je etwas dafür tun muss.*« Da sich Jammermamas oft in ihrem Leben benachteiligt fühlen, kann es schon mal vorkommen, dass sie wütend auf jene sind, denen es besser geht. Oft ist liebevolle Konfrontation die beste Art, ihnen zu begegnen. »*Ich sehe, du findest das, was Ulrike hat, gut. Was wünschst du dir in deinem Leben und wer könnte dir dabei helfen. es zu erlangen?*«

Killing-Mom

Lydia, 29, Mutter eines Sohnes: »*Es vergeht kein Tag, an dem ich mir nicht wünschte, er wäre weg. Ich sag ihm das auch. Immerhin treibt er mich in den Wahnsinn. Niemand will so ein Kind haben. Er macht nur Scheiß. Überall macht er Ärger. Nie wollte ich so ein Kind haben und jetzt ist er da. Ich kann es kaum erwarten, ehe er auszieht, bis dahin schlage ich die Zeit tot.*«

Es gab und gibt Mütter, die ihr Kind absolut ablehnen und auch keinen Hehl daraus machen. Sie sagen ihrem Kind klar und deutlich: »Dich will ich nicht haben! Die Tatsache, dass du am Leben bist, stört mich. Ich will dich nicht.« Da liegt es auf der Hand, dass sie mit Mom-Shaming konfrontiert sind, immerhin ist so eine verletzende und ablehnende Haltung einer Mutter ihrem Kind gegenüber sehr befremdlich.

Kinder, die mit Müttern aufwachsen, die sie ablehnen, werden später oftmals zu Erwachsenen, die entweder depressiv oder gewalttätig werden. Sie haben einen so großen inneren Hass auf das ihnen gegebene, aber gleichzeitig abgelehnte Leben, dass sie radikale Züge entwickeln. Wenn wir Menschen sehen, die auf den Straßen gegen Einwanderer demonstrieren oder rechtsradikale Parolen auf Plakate schreiben, dann können wir davon ausgehen, dass sie eine große Ablehnung erfahren haben, als sie klein waren. Wann immer ein Mensch dazu tendiert, radikal zu werden, fühlt er sich vom Leben so sehr abgelehnt, dass er die Existenz des Lebens ablehnt, in welcher Form auch immer.

Ein weiteres Resultat der mütterlichen Ablehnung kann die spätere Diagnose Borderline sein. Aber auch manche Superstars, die alles dafür tun, um gesehen und anerkannt werden, »ringen um ihr Dasein«. Sie sind oftmals deshalb so enorm erfolgreich, weil sie alles daransetzen, dem Leben zu beweisen, dass sie es wert sind.

Im schlimmsten Fall sind diese Mütter mit dem »*Gollum*«-Dad zusammen. Dieser lehnt seine eigenen Kinder ebenfalls ab. Dieser sagt zu seinem Sohn unbewusst oder offenkundig beispielsweise: »*Erfülle du meine Sehnsüchte. Sei du der Held, der ich nie war, aber mir nicht eingestehe.*« Beim Sohn entsteht in der Folge eine regelrechte Sucht nach Erfolg, um Papa endlich stolz machen zu können.

Oftmals entwickeln Kinder von Killing-Moms eine Borderline-Störung und ein destruktives Bindungsverhalten, das dafür sorgt, dass sie ohne Psychotherapie oder professionelle Hilfe nie eine glückliche Partnerschaft oder Mutterschaft erleben werden.

Diese Mütter sind später besonders gefährdet, Teil der Müttermafia und Opfer von Mom-Shaming zu werden. Denn ihnen fällt es besonders schwer, die eigenen Sehnsüchte und Defizite nicht auf andere zu projizieren, und sie polarisieren darüber hinaus enorm durch ihre absolut negative Haltung dem eigenen Kind und der Mutterschaft gegenüber.

 SO SEHR MOM-SHAMING MANCHMAL AUCH GERECHTFERTIGT SCHEINT, ES IST ES NICHT.

Wenn du einer Mama und ihren Kindern helfen möchtest, die offenkundig Hilfe brauchen, dann sprich mit jemandem vom Sozialamt und gehe achtsam und sehr bedacht mit deinen Eindrücken um. Schlecht über andere zu reden, die Hilfe brauchen, und dadurch Mom-Shaming zu betreiben hat noch nie wirklich geholfen. Wir sind dazu aufgefordert, Wege zu finden, die wirklich einen Beitrag im Leben anderer leisten.

»Rabenmütter« unter sich? – Wenn die Mama geht

Daniela, schwanger mit ihrem vierten Kind, schreibt in einer WhatsApp-Gruppe für Schwangere: *»Ich bekomme gerade mein viertes Kind und bin sehr aufgeregt, ob ich diesmal alles richtig mache. Meine drei anderen Kinder leben bei ihrem Vater, ich sehe sie alle zwei Wochenenden. Ich habe permanent Angst vor Verurteilung, sobald ich erzähle, wo meine Kinder leben, denn viele Mütter bezeichnen mich deshalb als Rabenmutter. Sie verstehen nicht, wie ich meine Kinder bei ihrem Vater lassen konnte und nun auch noch ein viertes in die Welt setze. Dabei habe ich diese Entscheidung nicht einfach so getroffen. Ich war lange Zeit depressiv und musste behandelt werden. Der Vater meiner Kinder ist ein wundervoller Papa und ich merkte, dass meine Kin-*

der, sobald sie sich verletzt haben, in seine statt in meine Arme gelaufen sind. Außerdem hat er mehr Geld und eine größere Wohnung. Seit der Trennung lebe ich von Hartz 4. Ich bin dankbar, dass meine Kinder das nicht miterleben müssen. Auf mein Baby freue ich mich und hoffe, dass ich es nun besser machen werde.«

Daniela erhielt in diesem Chat nicht nur positiven Zuspruch, sondern auch viel Gegenwind. Dass Mütter freiwillig nicht bei ihren Kindern sind, ist eines jener Themen, die am häufigsten zu Mom-Shaming und wahren Shitstorms führen können.

Vanessa, schwanger mit ihrem zweiten Kind, schrieb an Daniela: »*Ich verstehe so etwas nicht. Wie kann man als Mutter nur seine Kinder einfach so weggeben? Ich würde daran sterben, wenn eines meiner Kinder nicht jeden Tag bei mir wäre. Und dann setzt du auch noch ein weiteres Kind in die Welt. Du solltest dein eigenes Leben zuerst in den Griff bekommen, ehe du das eines weiteren versaust.«* Diese Diskussion ging noch über einige Zeit hin und her, ehe Daniela aus der Gruppe mit folgenden Worten ausstieg: »*Überall werde ich verachtet, weil meine Kinder bei ihrem Vater leben, ich fühle mich wie eine Hexe im Mittelalter, da stimmt doch etwas nicht!«* Ich widme die folgenden Zeilen einer wichtigen Aufklärungsarbeit, damit wir verstehen lernen, dass tatsächlich keine Mutter deshalb »schlecht« ist, weil sie ihre Kinder beim Vater oder anderen Bezugspersonen aufwachsen lässt. Denn im Grunde sollte keine Mutter dafür Mom-Shaming erfahren, wenn sie sich zu einem bestimmten Zeitpunkt ihres Lebens dafür entscheiden muss, ihr Kind in die verantwortungsvolle Obhut anderer abzugeben. Selbst auch dann, wenn sie sich dazu entschließt, arbeiten zu gehen, und ihr Partner oder die Großeltern das Kind großteils betreuen.

Es ist existenziell wichtig für unser Überleben, auch für unsere Beziehungen, dass die »Wo bist du«-Frage in den ersten Lebensjahren, im Speziellen nach der Geburt, adäquat beantwortet wurde. Das Kind fragt von klein auf: »*Jetzt, wo ich auf dieser Welt bin: Wo bist du, der mich nährt, mir Sicherheit gibt, mich wickelt, füttert, trägt, tröstet, mich sieht, mich liebt, mir das Gefühl gibt, von Bedeutung zu sein, und sich deshalb um mich kümmert?*« Nur dann, wenn wir sie adäquat beantwortet wissen, hören wir auf, nach »dem einen« zu suchen, der sie uns beantwortet. Diese Suche kann ein Leben lang dauern und uns von anderen Menschen und deren Zuneigung abhängig machen.

Die Erfüllung dieser Aufgabe muss nicht, wie du bereits weißt, zwangsläufig von der Mutter übernommen werden. Es ist nur wichtig, dass sie überhaupt beantwortet wird, wenn wir selbstbewusste Menschen werden wollen. Kinder bilden eine Bindungshierarchie und bauen Nähe und Bindung zu jenen auf, die ihre Bedürfnisse am feinfühligsten beantworten. Jener, der dies tut, kommt beim Kind an die erste Stelle, alle anderen folgen dahinter. Dies ist auch einer der Hauptgründe dafür, warum manche Menschen sagen, sie haben kaum Nähe zu ihren Eltern, eher zu Großeltern, Tanten oder gar Lehrern.

Ein Säugling legt keinen besonderen Wert auf biologische und genetische Verbindungen bei seiner Wahl der ersten Bindungsperson. Wichtig ist dem Kind, wer sich um die geäußerten Bedürfnisse nach Zuneigung, Sicherheit, Hunger, gewickelt werden, gestreichelt oder in den Schlaf gewogen zu werden, am feinfühligsten und schnellsten kümmert. Derjenige, der besonders feinfühlig, achtsam und prompt auf Babys Bedürfnisse reagiert, wird relativ schnell an die erste Stelle rücken. Dass man dort gelandet ist, merken wir relativ schnell, denn das Baby beruhigt sich oftmals in unseren Armen am besten.

Für die gesunde Entwicklung eines Säuglings ist es demnach wichtig, dass es mindestens einen Menschen gibt, auf den sich das Kind verlassen kann, denn nur so gelingt es ihm auch, stärkende und lebensbejahende Antworten auf die »Wo bist du?«-Frage zu erhalten.

Bereits 2001 gab es die erste Studie, die über die Bindung zwischen Baby und Mutter in den USA erstellt wurde. Dabei wurden 80 Mütter begleitet. Der Oxytocinspiegel nimmt während der Schwangerschaft zu und bleibt bis zur Geburt am höchsten. Mütter und Kinder, die viel Hautkontakt haben, haben einen noch höheren Oxytocinspiegel. Das sorgt dafür, dass Mama noch fürsorglicher ist. Das Gehirn vermittelt der Mutter ein Gefühl der Belohnung, wenn es mit dem Baby interagiert. Je höher der Spiegel, desto intensiver ist das Bonding. Die Welle des Oxytocinspiegels geht auf einen speziellen Bereich des Gehirns, die Amygdala. Dies lässt Mütter wachsam sein, egal wie alt das Kind ist, sie passt auf ihr Baby auf.

Doch was ist mit den Vätern? 2010 gab es eine bemerkenswerte Studie, dass der Oxytocinspiegel der Väter mit jenem der Mutter identisch ist! Je mehr Väter mit dem Baby interagieren, sich um es kümmern und die Rolle des Vaters richtig ausleben, desto mehr Oxytocin wird ausgeschüttet. Diese biologische Bindung gilt für Väter wie für Mütter. Die Welle der Oxytocinausschüttung trifft im Gehirn eines Vaters zwar nicht auf die Amygdala, sodass diese Wachsamkeit bei Müttern deutlich höher als bei Vätern ist, nichtsdestotrotz sind Väter biochemisch gesehen gleichfalls dazu in der Lage, sich um ihren Nachwuchs zu kümmern, wie Mütter es sind. Wenn es in einer Familie keine Mama gibt, weil diese verstarb oder die Väter homosexuell sind, zeigt diese Studie, dass, sobald ein Mann die Rolle der Mutter übernimmt, er dieselbe Amygdala-Fähigkeit aufweist wie die Mutter! Eine intensive Beschäftigung mit dem Baby sorgt also dafür, dass das Gehirn eines Vaters genauso funktioniert wie das einer Mutter. Es wird achtsamer und wachsamer für den Säugling.

Wenn Vater und Mutter durch falsche Ideologien und Vorstellungen jedoch davon abgehalten werden, diese Nähe und Bindung aufzubauen oder durch eigene Traumata nicht dazu in der Lage sind, sie aufzubauen, dann ist das Baby dazu aufgerufen, sich Alternativen zu suchen. Diese Alternativen gibt es bestenfalls innerhalb der Familie. Grundsätzlich geht es aber nicht um die biologische Herkunft des Kindes, sondern lediglich darum, ob ein Erwachsener die Entscheidung trifft, sich um das Kind zu kümmern. Darüber hinaus fand man in einer Studie aus 2019 heraus, dass Babys mit einer guten Bindung sogar ihre DNA verändern und mehr Oxytocin produzieren.

> **EIN RUDEL ZU FINDEN, DAS UNS AUFNIMMT, BEJAHT UND LIEBT, IST ESSENZIELL.**

Wenn es das Rudel der Kita ist, ist es eben das Rudel der Kita. Wenn das Au-pair auf das Baby aufpasst und seine Sache gut macht, dann ist der Schmerz des Abschiedes groß, wenn dieses nach einem halben Jahr wieder verschwindet und Baby sich neu orientieren muss.

Im »Still-Face«-Experiment fanden Wissenschaftler heraus, dass Babys sofort bemerken, wie sich die Bindungsperson verhält. Wenn diese lächelt, lächelt das Baby auch. Wenn diese wegsieht oder sich depressiv zeigt, ist das Kind sichtlich irritiert und will sozial interagieren, indem es die Person animiert, es wieder anzulächeln. Es brabbelt und versucht, eine Reaktion hervorzurufen. Wenn dies nicht klappt, fängt es an zu nörgeln oder zu weinen. Danach nimmt es die Hand in den Mund und beruhigt sich selbst. Es stresst das Baby enorm, wenn die Bindungsperson nicht positiv mit dem Kind interagiert, so sehr, dass das Stresshormon Cortisol beim Baby ansteigt. Denn Baby und Bindungsperson stimmen sich aufeinander ab. Es ist sehr wichtig für das

Kind, dass die Bindungsperson rasch auf das Kind reagiert und mit ihm interagiert, damit es wieder Vertrauen fassen kann. Das bedeutet, man konnte feststellen, dass der Umgang mit dem Baby den späteren Charakter beeinflusst. Oft wissen Eltern nicht, was genau ein Baby braucht, wenn wir es aber immer weiter versuchen, werden wir es herausfinden. Wenn wir den Kindern und unserem Instinkt vertrauen, finden wir schnell Lösungen und dadurch entsteht eine gute Bindung. Denn Eltern oder Kindheits-Begleiter wollen grundsätzlich, dass es dem Baby gut geht.

Nina, 42, erzählt: »*Meine Eltern waren immer arbeiten. Deshalb wuchs ich bei meinen Großeltern auf. Als diese, als ich neun Jahre alt war, zurück nach Serbien gingen, musste ich bei meiner Mutter bleiben. Alle dachten, dass ein Kind zu seiner Mutter gehört. Das war das Schlimmste, was mir je passiert ist. Ich vermisse meine Oma so sehr, denn sie war immer meine Bezugsperson und plötzlich nicht mehr da.*«

Elke, 32, drei Kinder, erzählt: »*Meine Eltern waren beruflich viel unterwegs und meine Mama hatte wenig Zeit für mich. Was jedoch nie ein Problem für mich war, denn ich hatte ein wundervolles Kindermädchen namens Cilly, das ich über alles liebte. Sie war immer für mich da und wie eine Mama. Eines Tages, ich war gerade mal vier Jahre alt, wachte ich auf und Cilly war weg. Meine Eltern hatten sie einfach so entlassen, weil meiner Mutter der Job gekündigt wurde und sie nun zu Hause blieb. Es war die Hölle für mich. Ständig stand ich am Fenster und hoffte, dass sie zurückkehren würde. Zu meiner Mama habe ich kein enges Verhältnis, wir verstehen uns gut und ich liebe sie auch, aber das war's. Nachts träume ich noch hin und wieder davon, dass Cilly mich im Arm hat und wiegt. Dann wache ich schreiend auf und rufe ihren Namen. Ich sah sie nie wieder und es ist, als hätte man mir meine Mama weggenommen.*«

Wenn die Beziehung gestört wird, hat das heftige Auswirkungen auf das Baby und den Erwachsenen, dies erkannte mittlerweile auch die Wissenschaft. Für das Kind ist das plötzliche Verschwinden der ersten Bindungsperson ein großes Trauma, wenn es keine Gelegenheit hatte, sich zu verabschieden oder weiter den Kontakt zu halten.

Aus diesem Grund hat Daniela alles richtig gemacht und verantwortungsbewusst gehandelt, denn der Papa war die erste Bindungsperson für ihre Kinder. Ihr war bewusst, dass sie durch ihre Krankheit nicht an erster Stelle der Bindungshierarchie für ihre Kinder stand, sondern vielmehr der Vater. Aber selbst dann, wenn Mütter sich nach einer Trennung oder aus beruflichen Gründen dazu entscheiden, dass die Kinder beim Vater besser aufgehoben wären, sollte dies mit dem soeben erlangten Hintergrundwissen kein Grund für Mom-Shaming sein. Väter können wunderbare Begleiter für ihre Kinder sein und Mütter, die erkennen, wenn diese für die Kinder in der Bindungshierarchie weiter oben als sie selbst stehen, sind genauso verantwortungsbewusst wie jene, die mit ihren Kindern zusammenleben. Ich wünsche mir sehr, dass gerade in dieser Beziehung deutlich weniger Mom-Shaming und Verurteilung Müttern gegenüber stattfindet. Denn es leiden alle. Die Mütter, die Kinder und die Väter. Denn auch sie können oftmals überhaupt nicht verstehen und leiden vielfach darunter, wenn das Umfeld oder gar Gerichte darauf bestehen, dass die Kinder automatisch bei der Mutter bleiben, obgleich diese eine andere Wahl treffen möchte.

Eva, 24, Mutter eines Sohnes, erzählt: *»Als ich schwanger wurde, war ich gerade einmal 19 Jahre alt. Da ich mein Studium gerade erst begonnen hatte und der Vater meines Sohnes finanziell und beruflich ausgesorgt hatte, kümmerte er sich um unser Kind. Mein Studienplatz lag in einer anderen Stadt, sodass ich nur am Wochenende zu Hause war. Für uns drei war das völlig in Ordnung. Nicht aber,* so schien es, für den Rest der Welt. Einmal fand ich einen anonymen Brief im Postfach, auf dem stand, dass sie meine Vernachlässigungen beim Jugendamt angezeigt hätten. Ich war völlig außer mir. Wenn es sich um einen Papa handeln würde, der nur am Wochenende nach Hause käme, um seine Kinder zu sehen, hätte dieses böswillige Mom-Shaming sicherlich nicht stattgefunden! Als wir der Dame vom Jugendamt unsere Situation erklärten, schüttelte sie nur den Kopf und wünschte uns alles Gute. ›Kaum zu glauben, wie engstirnig und verbohrt das Denken und Rollenverständnis mancher Leute sind‹, meinte sie beim Abschied. Sie hatte recht. Ich wünschte, es würden mehr Leute aufhören, auf Müttern herumzuhacken, die andere Wege gehen, als sie es bisher von uns gewohnt waren. Ich bin deshalb keine Rabenmutter! Ich liebe mein Kind.«

Wenn die Bindung schiefgeht …

Die Frage der Bindung birgt viel Konfliktpotenzial in sich. Zahlreiche typische Mom-Shaming-Situationen fußen auf verschiedenen Ansichten dazu. Vor allem während einer Scheidung, bei der Eingewöhnung in die Kita, vor dem Familiengericht oder der Entscheidung, wer nun wann das Baby hüten soll und wo die Kinder am besten aufgehoben sind, ist das Thema Bindung immer wieder der Knackpunkt. Wenn wir die Hintergründe dazu aus der Forschung wissen, fällt es uns deutlich leichter, eine klare Haltung einzunehmen, Entscheidungen zu treffen und Mom-Shaming auszuweichen.

Es gibt vier verschiedene Bindungsmuster, so nennen wir das Verhalten in Beziehungen fachsprachlich. Ich möchte dir diese vier Typen näherbringen und intensiver darauf eingehen, weil es nicht nur eine entscheidende Basis für Mom-Shaming ist, sondern auch warum manche Mütter sich auf Beziehungen besser einlassen können als andere, aber jene trotzdem »gute Mütter« sein können.

Die Bindungsforschung unterscheidet grob zwischen »sicher«, »unsicher« und »desorganisiert« gebundenen Kindern und Erwachsenen. Um zu messen, in welche dieser Kategorien ein Kind fällt, entwickelte Mary Ainsworth, eine Mitarbeiterin des bekannten Bindungsforschers John Bowlby, in den 1950er-Jahren den »Fremde-Situation«-Test. Dabei begibt sich eine Mutter mit ihrem 12 bis 20 Monate alten Kind in ein unbekanntes Zimmer mit vielen bunten Spielsachen. Dann kommt eine dem Kind unbekannte, aber freundliche Frau hinzu. Nach drei Minuten verlässt die Mutter den Raum, nach weiteren drei Minuten kehrt sie zurück. Der Wechsel von Trennung und Wiederkommen wiederholt sich insgesamt zweimal. Die Reaktionen des Kindes werden aufgezeichnet und daraus der jeweilige Bindungstyp abgeleitet. Natürlich hat so ein Test auch seine Tücken. Je nach Tagesform und Alter reagieren Babys nämlich sehr unterschiedlich auf die künstliche Umgebung und die Trennung von der Mutter. Eine große Rolle spielt dabei sicherlich auch das Temperament. Schon die kleinsten Zwerge zeigen deutliche Unterschiede in ihrer Persönlichkeit.

Kein Wunder also, dass der Fremde-Situation-Test selbst bei Bindungsforschern mittlerweile auf einige Skepsis stößt. Immerhin lässt sich jedoch so viel sagen: Grob stimmen die im Labor gemessenen Bindungstypen mit dem Verhalten der Kinder im echten Leben überein – selbst wenn das Temperament ebenfalls eine große Rolle spielt. Wenn beispielsweise die Mutter eines *sicher gebundenen* Babys den Raum verlässt, so protestiert das Kind ziemlich schnell, indem es zur Tür krabbelt oder zu weinen beginnt. Es lässt sich von der fremden Frau etwas beruhigen, wartet jedoch mit dem Blick zur Tür gerichtet, dass Mama schnell wieder reinkommt. Sobald diese die Tür betritt, krabbelt das Baby Mama entgegen, lässt sich von ihr auf den Arm nehmen, schmiegt sich an sie und findet dort Trost.

Anders bei *unsicher-vermeidend gebundenen* Kindern.

Diese zeigen nach außen kaum eine Reaktion, wenn Mama den Raum verlässt. Sie schauen verstohlen zur Tür und sind etwas betrübt ob der Situation. Wenn Mama wiederkommt, tun sie meist so, als würden sie Mama nicht wahrnehmen. Festgestellt wurde, dass diese Kinder nach außen »sehr entspannt« wirkten, doch in Tests eine stark erhöhte Herzfrequenz sowie einen erhöhten Stresshormonspiegel aufwiesen. Wenn wir also denken, dass es einem Baby nichts ausmacht, wenn Mama den Raum verlässt, sollten wir uns nicht täuschen lassen und genauer hinsehen, wie es dem Kind wirklich geht. Vor allem in Kindergärten und Krippen ist das ein großes Thema, dem mehr Beachtung geschenkt werden sollte. Vor allem deshalb, weil die meisten fälschlicherweise davon ausgehen, dass diese Kinder »brav sind«, wenn die Mama geht, und es ihnen nichts ausmacht, ob sie da oder nicht da ist.

Dann gibt es noch die Gruppe *unsicher-ambivalent gebundener* Kinder. Diese schreien oft sehr laut, lassen sich von der fremden Frau gar nicht beruhigen, toben, sobald Mama wiederkommt, krabbeln zu ihr hin, lassen sich auch auf den Arm nehmen, wollen dann aber schnell wieder weg. Sie zeigen eine Ambivalenz in ihrem Bedürfnis nach Nähe und Beruhigung. Einerseits sind sie autark, andererseits sehr anhänglich. Die Mamas fragen dann: »Was willst du jetzt? Hoch oder runter?« Diese Kinder haben von Mama gelernt, dass sie zwar willkommen sind, aber nur unter bestimmten Umständen. Manches Mal ist Mama sehr überschwänglich und zugänglich, andere Male reagiert sie gestresst und hat wenig Zeit oder Aufmerksamkeit für das Baby. Dieses reagiert demnach ebenso ambivalent Mama gegenüber.

Die vierte Gruppe ist die der *bindungsgestörten Verhaltensweisen*. Man nennt sie destruktive Bindungstypen. Hier reagiert das Kind so, dass es zur Mama krabbelt oder läuft, dann mit sehr plötzlichen und völlig unkoordinierten Bewegungen ablässt und sich umdreht und wegläuft. Das Kind hat entweder Gewalt erfahren oder lebt mit einer schwer traumatisierten Mutter zusammen, die erstarrt oder »einfriert«, sobald das Kind etwas von ihr benötigt. Daraus entwickeln sich oftmals verstärkte psychische Krankheiten im späteren Entwicklungsalter des Kindes.

In all diesen Beispielen lässt sich das Wort Mama ebenso gut durch Papa, Oma oder Erzieherin ersetzen, denn die Kinder zeigen ihr Bindungsverhalten auch ihnen gegenüber. Manches Mal wundern sich Mamas, dass ihre Kinder nicht gern zu Papa oder Oma gehen oder umgekehrt. Es gibt deshalb sehr viele Konflikte in Familien, wenn das Kind bei dem einen weint und bei den anderen nicht.

Wir nehmen automatisch an, dass Kinder gern zu den Personen gehen, mit denen sie verwandt sind. Doch der Grad der Verwandtschaft ist dem Baby überhaupt nicht bewusst. Es teilt vielmehr sein Umfeld in feinfühlige, besonders feinfühlige und grobe Menschen ein.

Wenn Mama extrem feinfühlig auf das Baby eingeht, steht sie oben in der Bindungshierarchie. Wenn Papa oder Oma weniger feinfühlig auf Babys Bedürfnisse eingehen, fallen diese in der Bindungshierarchie auf Platz 2 und 3. Aber Mama kann genauso gut hinter dem Papa, dem Kindermädchen oder der Oma platziert sein. Das Kind wird, sobald sich Bindungsmensch 1 in der Nähe befindet, immer die Nähe von diesem bevorzugen und Bindungsperson 2 oder 3 eher ablehnen.

Ich habe immer wieder erlebt, dass Mütter oder aber auch Väter und Großväter sich darüber beschweren, dass das Baby sich nicht wahllos von jedem trösten oder zu Bett bringen lässt, sondern einen Bestimmten bevorzugt. Das macht ob dieser Tatsache Sinn und Mom-Shaming ist völlig fehl am Platz.

Ina, 26, zwei Kinder: »*Wie oft stritten wir, weil unsere Kinder tobten, sobald ich nur auf die Toilette musste und sie bei ihrem Papa bleiben sollten. Er warf mir dann immer vor, ich würde ihm die Kinder entziehen, ihm nicht vertrauen oder seine Kompetenz infrage stellen, wenn ich zurückkam, um mein weinendes Baby auf den Arm und mit zur Toilette zu nehmen. Es ging sogar so weit, dass wir uns für zwei Wochen trennten. Ich selbst zweifelte auch schon an meinen mütterlichen Fähigkeiten und wurde völlig unsicher.«*

Das Bindungsprogramm des Babys ist, anders als etwa das der Menschenaffen, zwar nicht auf eine einzige Bindungsperson zugeschnitten, aber es wählt durchaus entsprechend der Feinfühligkeit seiner Bindungspersonen innerhalb eines Hierarchiesystems aus, von wem es am liebsten betreut werden will.

Und das macht evolutionsbiologisch auch richtig Sinn. Denn im Gegensatz etwa zum Schimpansen ist es für den menschlichen Nachwuchs nicht nur wünschenswert, sondern entscheidend, dass sich neben der Mutter auch noch andere Helfer an der Pflege und Erziehung beteiligen, es aber durchaus darüber Bescheid weiß, wer dazu am ehesten in der Lage ist. Schon nach wenigen Wochen beginnt das Baby, eine Betreuungsperson zu bevorzugen, meist diejenige, mit der es die meiste Zeit verbringt, in der Regel also die Mutter. Wenn Mama jedoch weniger adäquat als ein anderer für das Kind sorgt, ändert sich das. Es ist dann für Mütter oft erstaunlich, manches Mal auch sehr kränkend, wenn sie feststellen: »*Sobald Papa bei der Tür hereinkommt, bin ich abgeschrieben*« oder: »*Wenn Papa sie auf den Arm nimmt, ist sie sofort still und lächelt, aber wenn ich sie halte, brüllt sie unentwegt.*« Aber es gibt auch Papas, die ihre Frauen sehr unter Druck setzen, weil das Baby ständig an ihnen hängt und sich partout nicht von Papa betreuen lässt. Mama sieht sich dann, wie Ina, in einer schwierigen Situation. Einerseits fühlt sie, dass ihr Baby sie braucht, andererseits sieht sie sich in der Position, ihrem Baby auch den Papa schmackhaft zu machen. Viele Männer fordern ihre Frauen dann auf, einfach zu gehen und das Baby weinend zurück bei Papa zu lassen. Sie sagen dann: »Es muss sich einfach damit abfinden lernen.«

Für das Baby ist das allerdings gar nicht so einfach, weil aus seiner Sicht das Überleben von der Anwesenheit der Person abhängig ist, die sich am feinfühligsten um es kümmert. Babys wissen schnell, wer sich wirklich gut kümmert und wer darin etwas ungeübt ist. Sie verlangen immer nach demjenigen, der dies am besten beherrscht.

Ein »Tausch« funktioniert nur dann, wenn Mama tatsächlich das Haus oder die Wohnung verlässt und außer Reichweite für das Baby ist. Denn es wird wittern, ob Mama nur im Nebenzimmer oder wirklich nicht verfügbar ist. Papa sollte infolge dem Baby liebevoll erklären, dass Mama bald wiederkommt und er nun feinfühlig für es sorgen wird.

BABYS SIND UNFASSBAR INTELLIGENTE UND FEINFÜHLIGE WESEN.

So auch deren Biochemie, die sagt: »Schau, um jeden Preis, dass du mit demjenigen, der sich am feinfühligsten um dich kümmert, am meisten Kontakt hast!«

Mamas, die warum auch immer sehr gestresst sind oder an einer postnatalen Depression leiden, sind oft so sehr mit sich oder anderen Dingen beschäftigt, dass es ihnen nicht so gut gelingt, eine feinfühlige Bindung zum Baby aufzubauen. Manches Mal liegt das daran, dass das Umfeld der Mütter belastend ist. Eine anstrengende Schwiegermutter, weitere zu betreuende Kinder, finanzielle Sorgen oder eine belastende Beziehung überfordert junge Mamis oft so sehr, dass sie schnell überreizt oder viel zu spät auf die Bedürfnisse des Säuglings reagieren können. Sie brauchen an dieser Stelle mehr Hilfe und Unterstützung vom Umfeld, ansonsten läuft die Beziehung zwischen Mama und Baby Gefahr, eine unsichere oder gar destruktive zu werden.

Umso wichtiger ist es, dass junge Mütter sich so viel Kontakt mit anderen liebevollen und wohlwollenden Müttern und Menschen suchen und sich nicht mit ihren Babys isolieren. Gerade das fällt Mamas, die selbst unsicher gebunden sind, oftmals schwer. Vor allem dann, wenn Mom-Shaming an der Tagesordnung steht. Sie denken dann noch mehr, sie wären nicht gut genug, würden versagen oder müssten allein für die Verpflegung ihres Kindes sorgen. Das führt zu einer erneuten Einsamkeit und Überforderung und der Teufelskreis beginnt erneut.

Ich kann gar nicht oft genug sagen, wie wichtig es ist, dass wir uns von der Vorstellung trennen, dass ein Baby nur auf einen Menschen angewiesen ist und niemanden außer der Mutter braucht. Ja, es hat eine Bindungshierarchie und ja, es bevorzugt eine Person, aber nicht nur. Damit überfordern sich Mütter enorm. Zeitgleich ist es jedoch wichtig, dass wir dem Kind den Raum anbieten, in dem es sich sicher und verlässlich eine feinfühlige Bindungshierarchie aufbauen kann.

Besonders zu Zeiten unserer Großmütter war die Denkweise noch sehr verbreitet, dass ausschließlich die Mutter die Rolle der Erziehung übernehmen und die Väter sich weitgehend aus der Betreuung der Kinder herauszogen. Das führte zu einem sehr engen Rollenbild, einer Unausgeglichenheit in der Bindungshierarchie und zu einer Vereinsamung für Frauen hinter ihren Kochherden und den Männern hinter ihren Büroschreibtischen.

Dass aber auch Männer von Natur aus als »Bindungskandidaten« vorgesehen sind, zeigt sich schon an ihren körperlichen Reaktionen. Während der Schwangerschaft ihrer Partnerinnen steigt in ihrem Blut der Spiegel des eigentlich für das Stillen notwendigen Hormons Prolaktin deutlich an. Gleichzeitig fällt das »Männlichkeitshormon« Testosteron ab. Und auch nach der Geburt gilt, je mehr sich Väter mit ihren Kindern befassen, desto höher steigt der Blutspiegel des Prolaktin an. Und das Testosteron fällt nach der Geburt um satte 30 Prozent ab. Auch noch so kleine Babys lassen sich vom Geschlecht ihrer Betreuer nicht beirren. Sie bauen selbstverständlich auch zu ihren Papas und zu Männern eine Bindung auf. Wenn es, wie bereits erwähnt, Papa ist, der zuverlässig und emphatisch mit Baby umgeht, so wird er bindungshierarchisch auf der Nummer eins stehen. Genau das müsste auch von Familiengerichten beachtet werden, wenn die Entscheidung getroffen werden muss, bei wem das Kind aufwachsen soll. Es würde die ein oder andere Mama durchaus entlasten, wenn sich die Väter der Kinder deutlich mehr einbringen und ihnen dies auch in der Realität gewährt wird.

Viele Studien zeigen: Je unsicherer und belasteter die Lebenssituation von Mama nach der Geburt des Kindes ist, desto schwerer fällt es ihr, eine sichere Bindung zu ihrem Baby aufzubauen. Das ist sehr bedauerlich, zumal Mütter unendlich darunter leiden, wenn sie bemerken, dass die Bindung zu ihrem Baby nicht die ist, von der sie geträumt haben. Wenn Mamas eine schwere Geburt erlebt haben, die für sie traumatisierend war, dann ist Mama den Großteil des Tages gedanklich und emotional mit der Bewältigung dieses Traumas beschäftigt, dadurch sinkt natürlich auch die Feinfühligkeit dem Baby gegenüber. Umso wichtiger ist es, dass ihr Umfeld, vor allem aber auch der Vater des Kindes, sich deutlich mehr einbringt und Mama und Baby unterstützt.

Klara, 28, ein Kind, erzählt: »*Es war schrecklich. Ich hatte einen Notkaiserschnitt, weil ich eine Gestose hatte, und hätte beinahe mein Leben und das Kind verloren. Gleich nach der Geburt musste ich lange auf der Intensivstation bleiben und mein Mann kümmerte sich um unsere Tochter. Als ich wieder zu Hause war, fühlte ich mich wie in einem anderen Körper. Ich weiß, es klingt schreck-*

lich, aber ich fragte mich des Öfteren, ob das wirklich mein Baby ist oder ob es vielleicht vertauscht wurde. Ich konnte es ja erst 48 Stunden nach der Geburt zum ersten Mal sehen. Die Wochen danach, als mein Mann wieder arbeiten ging, sah ich oft minutenlang dabei zu, wie mein Baby im Stubenwagen weinte, und wartete darauf, bis jemand anders es hochnahm. Ich fühlte mich aus irgendeinem Grund nicht zuständig und konnte nicht wahrnehmen, dass ich es war, nach der sie rief. Wir entschieden uns dazu, eine gemeinsame Mutter-Kind-Kur zu machen. Ich hatte mein Baby immer bei mir und das war auch gut so, denn ich war nicht mehr so allein mit ihr. Dort lernte ich über das Geburtstrauma zu sprechen, es zu verarbeiten und wie ich eine gesunde Bindung zu meiner Tochter aufbauen kann. Sie ist jetzt drei Jahre alt. Auch wenn Papa noch immer die erste Anlaufstelle bei einem Wehwehchen ist, so achte ich darauf, dass auch ich schnell wahrnehme, wenn sie etwas braucht. Das gelingt mir seit der Kur sehr gut, weil ich nicht mehr so in Gedanken versunken bin, irgendwie bin ich jetzt mehr da, zurück im Leben.«

Manches Mal geschieht es, dass Mamas unbewusst ihre Babys für die schwere Zeit, die sie durchstehen mussten, verantwortlich machen. Das wiederum tut den Mamas, die ich betreue, immer unglaublich leid und sie fühlen sich schlecht. Wenn dann noch hinzukommt, dass Mama sich von ihrem Partner weder wahrgenommen noch verstanden fühlt, leidet das ganze Familiensystem noch mehr. Dieses Schamgefühl, die Vorwürfe oder die eigenen Schuldgefühle distanzieren Mama jedoch oft noch mehr von einer sicheren Bindung zu ihrem Baby.

Der feinfühlige Umgang mit einem Kind fällt leider nicht vom Himmel. Grundsätzlich will jede Mama feinfühlig sein, das sagt ihr Instinkt, aber es fällt ihr deutlich leichter, wenn sie sich nicht gleichzeitig Sorgen über die nächste Ratenzahlung machen muss oder darüber, ob ihr Ehemann den Abend lieber woanders verbringt als mit einem schreienden Baby. Natürlich auch dann, wenn sie selbst sicher gebunden ist. Denn Eltern mit destruktivem oder unsicherem Bindungsverhalten übertragen ihren Bindungstyp deshalb allzu oft 1:1 auf ihr Baby. Das lässt sich jedoch ändern, wenn diese damit beginnen, sich selbst zu reflektieren, ihre eigene Biografie erfassen und bearbeiten und ihrem Leben eine neue Ausrichtung geben.

Geschieht dies nicht, wird die Kette an Bindungsfähigkeit von einer Generation zur nächsten weitergegeben. Grundsätzlich, das wiederhole ich an dieser Stelle noch einmal, damit keine Missverständnisse entstehen, ist jeder bindungs- und beziehungsfähig, das muss auch jeder von uns sein, ansonsten würden wir, wie bereits mehrfach erwähnt, keine Überlebenschance haben. Der Unterschied liegt einzig und allein darin, wie wir Bindung und Beziehung in den ersten Lebensjahren und den weiteren Beziehungen erlebten und nun umsetzen.

SO, WIE WIR ES VORGELEBT BEKOMMEN HABEN, SO AHMEN WIR GROSSTEILS NACH.

Bis wir uns ein neues Verhalten aneignen. Dies ist jederzeit möglich, vor allem dann, wenn in unserem Umfeld niemand Mom-Shaming betreibt, sondern liebevoll auf uns eingeht und alles daransetzt, dass wir uns selbst wieder näher sein können – und dadurch auch unserem Kind.

Es gab zahlreiche Beobachtungen, dass Säugling, vor allem in rumänischen Waisenhäusern, geistig und emotional stark zurückblieben, verkümmerten oder gar starben, weil lebenswichtige Fragen unzureichend beantwortet wurden. Damals dachte man noch, dass Säuglinge keinerlei Emotionen und Empfindungen haben, gar Wesen ohne Seele oder Verstand wären, und nahm ihnen durch diese Fehlannahme das Wichtigste, das sie zur gesunden geistigen und seelischen

Entwicklung brauchten: menschliche Nähe und die Erfahrung der Liebe. Die psychischen Konsequenzen für Säuglinge sind verheerend. Denn die Neugeborenen starben sogar unter den Umständen dieser Vernachlässigung.

Damit ein Baby sich gesund entwickeln kann und später zu einem gesunden und handlungsfähigen Erwachsenen mit Werten, Empathie und Weisheit wird, braucht es, wie gesagt, ein Gegenüber, das feinfühlig, augenblicklich und präsent auf seine Bedürfnisse eingeht.

Wenn das Neugeborene weint, sollte so schnell wie möglich jemand Sinnvolles (das bedeutet ein vernünftiger Erwachsener, der weder auf Drogen noch im Trauma festhängt) zum Baby laufen, es trösten, füttern, wickeln und schaukeln, und zwar so lange, bis das Baby wieder beruhigt und zufrieden ist. Ich glaube, viel Mom-Shaming entsteht da, wo wahrgenommen wird, dass eine Mama genau zu dieser Handlung nicht in der Lage ist, und dafür verurteilt wird, anstatt zu erkennen, dass sie dringend liebevolle und feinfühlige Unterstützung braucht. Genau das ist der Teufelskreis von Mom-Shaming, der im Grunde nur noch alles schlimmer macht.

Damit eine Mama feinfühlig auf ihr Baby reagieren kann, muss sie entweder selbst jene Fürsorge erhalten haben oder sich diese durch die so genannte »Nachbeelterung« erarbeitet haben. Nachbeelterung findet da statt, wo Menschen, die als Säugling oder Kleinkind Defizite in der »Wo bist du«-Frage erfahren haben, diese Liebe, Fürsorge und Empathie später durch eine Therapie oder den adäquaten Umgang innerhalb einer Beziehung zu einem Menschen erleben.

Ja, du liest richtig. Es ist möglich, diese Defizite auszugleichen! Das sind die Good News, auf die du vielleicht schon seit Seite 1 gewartet hast, und es wird noch besser. Gut, ich lehne mich jetzt sehr weit aus dem Fenster, wenn ich sage, dass selbst ein Trump im Angesicht eines Dalai Lamas, der ihn permanent und über viele Jahre hinweg unter seine liebevollen und einfühlsamen Fittiche nimmt, zu einem umgänglichen und angenehmen Mitbürger mutieren kann, aber ja, ich würde tatsächlich behaupten, dass so etwas möglich ist. Vielleicht bin ich eine Romantikerin, vielleicht aber auch eine realistische Visionärin.

Vor allem unsichere Mütter sind sehr überfordert damit, herauszufinden, wann denn nun eine gute Bindung stattfindet und was »feinfühlig« wirklich heißt.

Ein Beispiel: Sagen wir mal, Mama hat gelesen, dass es das Beste für das Kind ist, wenn es so lange wie möglich im Bett der Eltern schläft. Mama hat nun also ein 2,5-jähriges Kind zwischen sich und Papa liegen, dass sie, weil Papa schnarcht, mehrfach die Nacht aufweckt. Wie wir wissen, gilt Schlafentzug in vielen Staaten dieser Welt nach wie vor als Foltermethode. Deshalb ist Mama meist schlecht gelaunt, überfordert oder leicht reizbar. Logisch. Irgendwie schafft sie es nicht, als liebevolle Mama ihren Stress an ihrem Kind auszulassen, deshalb muss Papa herhalten. Da dies nun seit zweieinhalb Jahren der Fall ist, hat Papa die Nase gestrichen voll und zieht ins Wohnzimmer. Ein Jahr später schläft die mittlerweile dreieinhalbjährige Tochter noch immer bei Mama im Bett, die Papa zwar weniger anmault, dafür aber mit der Tochter öfters mal in gereiztem Tonfall spricht und tagsüber zu nichts mehr zu gebrauchen ist, weil sie gefühlt seit knapp vier Jahren nicht mehr geschlafen hat.

Papa und Mama leben mehr oder weniger in einer WG zusammen, denn es gibt keinen Sex mehr, seit Langem. Mama ist dafür zu müde und das Bett jede Nacht besetzt. Da Papa und Mama sich eigentlich lieben und vorhatten, bis an ihr Lebensende zusammenzubleiben, treffen sie schweren Herzens die Entscheidung, sich doch zu trennen, weil es einfach unerträglich wird und sie zu viel vermissen. *Was soll man tun, wenn man sich auseinandergelebt hat?*«, sagen sie ihren Freunden, wenn diese nach den Gründen fragen.

Mama ist nun alleinerziehend und noch überforderter als zuvor. Die Tochter schläft noch immer im Bett, diesmal in einem 1,40-m-Bett, mehr passt nicht in Mamas neue Wohnung. Manches Mal liegt Mama wach und wünscht sich, es wäre wieder wie früher, ohne Kind. Doch dann bekommt sie ein schlechtes Gewissen, nimmt ihr Kind in den Arm und küsst es auf die Stirn. »*Immerhin haben wir beide uns, das ist alles, was wirklich zählt.*«

Mama ging davon aus, dass eine gute Bindung dadurch entsteht, dass das Kind nachts bei ihr im Bett schläft. Nur hat ihr niemand gesagt, dass das nur dann aufgeht, wenn alle Beteiligten auch zufrieden mit der Situation sind. Es führt natürlich zu einer Bindungskrise, wenn Mama keinen Schlaf mehr findet, Papa auszieht und sie sich letzten Endes trennen.

Feinfühligkeit bedeutet, dass Mama in diesem Fall wahrnimmt, dass es ihrer Paarbeziehung und ihrem eigenen Wohl nicht guttut, wenn das Kind, das bereits im Kindergartenalter ist, zwischen den beiden schläft. Es wäre viel sinnvoller für eine gute Bindung, wenn das Kind im eigenen Bettchen, von mir aus auch im Schlafzimmer der Eltern, beherbergt ist, Mama schlafen kann, Papa daneben liegen darf und auch Sexualität wieder stattfinden kann. Oder wenn Mama zweimal die Woche mit Papa Sex im Wohnzimmer hat und am Wochenende ausschlafen kann. Die individuellen Lösungen für ein Miteinander finden sich nur, wenn wir von unseren Dogmen abkommen und den Freiraum für Gestaltung ermöglichen.

Ich weiß, dass all jene, die ein Familienbett haben, nun die Hände über dem Kopf zusammenschlagen. Ich traue mich das, wie du zu Beginn schon gelesen hast, deshalb so zu sagen, weil auch ich ein Familienbett zu Hause habe. Doch ein Familienbett macht nur dann Sinn, wenn sich alle damit wohlfühlen. Es gibt in der Erziehung und elterlichen Fürsorge keine Dogmen. Es muss immer die individuelle Situation der Familie näher betrachtet und danach entschieden werden, was das Beste für alle Beteiligten ist.

Vorrangig und ganz oben in der Rangliste steht die Mama. Denn sie ist es, mit der sich das Kind, vor allem wenn sie es allein oder hauptsächlich betreut, am meisten verbunden ist. Deshalb ist es von Vorteil, darauf zu achten, was Mama besonders guttut. Ich gehe davon aus, dass dazu sowohl Schlaf als auch die körperliche Nähe zum Partner gehört. Persönlich kann ich sagen, dass ich es immer sehr gern hatte, wenn meine Säuglinge bei uns im Bett geschlafen haben. Ich fühlte mich deutlich wohler und konnte ruhiger schlafen, wenn sie direkt neben mir lagen. Nach und nach bekamen sie dann ihr eigenes Bettchen, welches an das unsere offen darangestellt wurde.

Manche meiner Kinder wanderten schon recht früh ins durch eine Schiebetür angrenzende Zimmer und genossen dort ihre Nachtruhe, andere fühlten sich bis drei oder vier doch noch recht wohl im Elternschlafzimmer. Wenn alle Beteiligten damit gut leben können, spricht nichts dagegen, denn auch für die elterliche Zweisamkeit lassen sich einfach andere Orte finden, an denen man sich näherkommen kann. Auch das hat einen gewissen Charme und sorgt dafür, dass man mit einer gewissen Kreativität an die gemeinsamen Begegnungen herangeht und die Liebe frisch bleibt. Doch sobald es derart ausartet wie in meinem Beispiel vorhin, sollten wir schnell die Reißleine ziehen. Für eine gute Bindung sorgt alles, was allen Beteiligten, allen voran Mama, guttut.

Erwachsene, deren Bedürfnisse als Kind oftmals übergangen wurden oder deren Kindheitsbegleiter wenig auf sie eingegangen sind, haben oftmals später Probleme damit zu erkennen, was das Gegenüber brauchen könnte. Dann gibt es meist Streit, wenn es darum geht zu entscheiden, wie man nun am besten zusammenleben, schlafen oder das Kind großziehen möchte. Neulich lauschte ich einem bewegenden Vortrag einer Psychotherapeutin, Katharina Kless, und las später in ihrem Buch, »Traumasensible Paartherapie«, dass der Großteil ihrer Patienten, meist Paare, deshalb in stark destruktiven Paarbeziehungen lebten, weil sie in ihrer Kindheit von großteils durch den Krieg traumatisierten Eltern großgezogen wurden. Die Autorin untersuchte und erforschte dabei über 3.000 Paare! Der einzige Weg, aus dem Teufelskreis zu entrinnen, ist es, aus den Schuhen der eigenen Biografie herauszutreten und eine neue Geschichte schreiben zu lernen.

Therapien haben oftmals einen sehr schlechten Ruf. Das liegt vielfach daran, dass sie sich meist auf die Vergangenheit konzentrieren. Viele denken, dass sie darauf sowieso keinen Einfluss mehr haben, und konzentrieren sich auf die Gegenwart. Doch die Wahrheit ist, dass wir die Gegenwart nur dadurch in unserem Sinne gestalten können, wenn wir unsere Vergangenheit hinter uns lassen können. Und zwar nicht, indem wir sie verdrängen oder so tun, als hätte es sie nicht gegeben. Sondern vielmehr, indem wir uns mit ihr aussöhnen.

Ich persönlich halte es für sehr wichtig, dass wir erörtern, welche Verhaltensweisen wir im Heute haben, die aber auf Erfahrungen des Gestern beruhen, damit wir sie letzten Endes für das Morgen neu überschreiben können.

Spuren, die Beziehungen hinterlassen, und das Gefühl eines emotionalen Mangels

Unser Leben bietet meist gleichbleibende Erfahrungen und ändert sich wenig, wenn wir nicht begreifen, dass wir den entscheidenden Einfluss darauf nehmen können, indem wir in die Hände spucken und aus dem Nebel der Vergangenheit den Sonnenaufgang von morgen machen. Es wird immer Menschen in unserem Leben geben, die Dramen inszenieren, uns ärgern oder hintergehen. Es wird auch immer jene geben, die uns verstehen hätten müssen oder uns besser behandeln sollten. Es wird sie immer geben, die Müttermafia, und wenn wir ehrlich sind, wird es Mom-Shaming auch immer geben. Die Frage ist nur, wie sehr lasse ich diese Menschen an mich heran und erlaube ihnen, meine Gedanken und mein Leben zu dominieren?

Wie sehr lasse ich Mom-Shaming an mich heran und dadurch mein Leben dominieren? Eine neue Zukunft lässt sich nur dann gestalten, wenn wir die Dämonen der Vergangenheit unter der Erde liegen lassen können und nicht ständig neu ausbuddeln müssen. Das bedeutet konkret, dass es uns gelingen muss, Frieden mit all den Emotionen und Gefühlen der Vergangenheit zu schließen, die andere Menschen oder Umstände in unserem Leben in uns ausgelöst haben.

Frieden schließen wir, indem wir uns die einzelnen Verletzungen unserer Seele ansehen und dem inneren Kind eine neue Erfahrung schenken, indem wir uns für die Wahrheit, neue Einsichten, Perspektiven, Wege und somit auch Erfahrungen öffnen.

Das große Problem für viele Mütter, die beispielsweise alleinerziehend sind, ist, dass sie sagen oder das Gefühl haben: *»Ich muss alles allein schaffen und bewältigen.«*

Dieses enorme Gefühl entspricht vermutlich ihrer eigenen Realität. Denn immerhin stimmt es, dass sie selbst arbeiten gehen müssen, das Kind versorgen und im Haushalt niemand da ist, der hilft. Aber warum ist das so? Du hast vermutlich schon von der selbsterfüllenden Prophezeiung gehört. Dieses Phänomen beschreibt gut, worauf ich hinauswill. Solange wir uns immer und immer wieder erzählen, dass »niemand da ist«, und wir Referenzwerte im Gestern dafür als »Beweis« finden, werden wir diese Beweise auch im Heute finden. Je länger wir uns damit beschäftigen, dass zu unserer Realität das Alleinsein dazugehört, umso wahrscheinlicher ist es auch, dass wir genau das auch morgen erleben werden.

Den Kreislauf durchbrechen wir nur, indem uns bewusst wird, dass es Männer in der Vergangenheit gab, die uns allein gelassen haben, oder dass wir dieses Gefühl der Überforderung vermutlich auch schon als Kind gefühlt haben. Schon damals sehnten wir uns danach, endlich so geliebt zu werden, wie wir es verdient und gebraucht hätten. Schon damals fühlten wir einen Mangel. Dieser Mangel war unser ganzes Leben eine Realität. Wir gehen also seit vielen Jahrzehnten davon aus, dass Alleinsein und niemanden an der Seite zu haben tatsächlich das Leben ausmacht. Also kommen wir gar nicht auf die Idee, uns intensiv mit den Gefühlen auseinanderzusetzen, die wir haben können, sobald wir jemanden an unserer Seite wissen, der auch wirklich für uns und unser Kind da ist. Wir träumen zwar davon, ja. Aber mit dem Gefühl des Mangels. Was ich damit meine? Wir schmachten in Liebesfilmen dem Helden auf dem Schimmel insgeheim nach und fühlen zugleich eine Wut, Enttäuschung, Verbitterung oder Trauer, wenn wir eine glückliche Mutter mit ihrem Mann und dem Kind oder eben Liebesfilme sehen.

Genau diese Emotion, die wir seit Kindheit an aufgestaut haben, ist oftmals dafür verantwortlich, dass wir eine Mauer zwischen dem, wonach wir uns wirklich sehnen, und dem, was wir tatsächlich erleben, aufgebaut haben.

Es gibt allerdings auch Studien, die zeigen, dass die erste Beziehung, die wir zu jemanden, den wir liebten, geführt haben, einen direkten Einfluss darauf hat, wie wir weitere Beziehungen führen oder sehen. Demnach lohnt es sich sehr, diesen Erfahrungen auf die Schliche zu kommen. Immerhin könnten dort die Wurzeln unserer Enttäuschung begraben liegen.

Enida, 28, ein Kind: »*Ich bin immer schon alleinerziehend. Mein Kind entspringt einem One-Night-Stand und das ist auch gut so. Ich kann mir nicht vorstellen, mit einem*

Mann glücklich sein zu können. Als ich 17 war, hatte ich eine Beziehung. Sie dauerte drei Jahre und war die Hölle. Ich wurde nach Strich und Faden betrogen und habe beschlossen, dass nie wieder ein Mann so etwas mit mir machen wird.«

Wenn wir eine glückliche Familie haben wollen und einen Partner, der wirklich für uns da ist, dann ist es wichtig, dass wir die Spuren, die alte Beziehungen in uns hinterlassen haben, entdecken und Gefühle, die uns daraus resultierend belasten, fühlen. Denn meist sorgen aufgestaute oder verdrängte Gefühle dafür, dass wir uns schlecht fühlen.

Die Freude, die Ekstase, die Dankbarkeit, die Gnade, die Erfüllung und der Zauber, die eine Beziehung mit sich bringen kann, können nur dann unser Herz und unsere Sinne erreichen, wenn wir Platz dafür machen. Es ist, als würden wir uns dazu entscheiden, unsere Wohnung neu einzurichten. Das geht nur dann, wenn wir uns von allem trennen, was neuen Möbeln im Weg steht.

Es gibt alleinerziehende Mütter, die wollen unbedingt einen Partner, aber sie sind so traurig darüber, dass sie keinen haben, dass sie kaum noch vor die Tür gehen oder in Dating-Portale schauen. Sie sagen sich, dass es sowieso keinen Sinn macht und alle guten Männer vergeben sind. Als Außenstehender würdest du sagen, dass es logisch und wirklich schwer ist, mit so einer Einstellung einen Partner zu finden. Wie denn auch, sie gehen ja nie vor die Tür.

Schau mal, genau dasselbe geschieht, wenn wir uns nichts mehr im Leben gönnen, weil wir sagen, dass wir kein Geld haben. Wenn wir uns nichts mehr gönnen, werden wir auch keine Freude mehr erleben und die Gefühle der Missgunst und des Ärgers schleichen sich mehr und mehr in unser Leben.

WAS IMMER WIR IM LEBEN VERMISSEN, ES IST NUR EIN GEFÜHL VON UNS ENTFERNT.

Genau aus diesem Grund gibt es Therapeutinnen, geschultes Fachpersonal oder einfach besonders liebevolle Mitmenschen, die füreinander da sind und einander nachbeeltern. Denn wenn wir uns wiedergeliebt fühlen, können wir der Liebe auch wieder die Tür aufmachen.

Zerreißprobe Wiegezeit – Angriffszeit für Mom-Shamer und Mom-Shaming in der Partnerschaft

Die erste Zeit mit dem Baby ist nicht immer nur der Siebte-Eltern-Himmel, sondern kann zu einer Belastung für junge Eltern werden. Allein der Gedanke daran, die Bindung zu ihrem Baby besonders »gut hinzubekommen«, setzt besonders bedachte Eltern zusätzlich unter Druck. Das Kind schreit plötzlich, als würde ihm ein Arm amputiert werden, nur weil man den Body wechseln möchte, aber sobald es den Nippel der Brust in den Mund nimmt, jauchzt es wieder. Doch die Mutter muss erst damit zurande kommen, dass die Nächte zum Tag werden. Kein Wunder also, dass wir da starke Nerven brauchen. Umso wichtiger ist es, dass wir jemanden an unserer Seite haben, dem wir sagen können: *»Hör mal, ich bin heute total ausgelaugt und merke, dass ich keine Geduld mehr aufbringen kann. Bitte übernimm du für eine Stunde, damit ich ein Bad nehmen, einen Spaziergang machen oder einfach nur mal schlafen kann.«* Dass dies »normal« sein sollte, ist für viele Mütter jedoch nur ein Traum. Denn oftmals geschieht Mom-Shaming in der Partnerschaft vor allem dann, wenn alte Rollenbilder noch an der Tagesordnung stehen. *»Ich verdiene das Geld, du schau* *aufs Kind.«* Oder: *»Ich muss morgens aufstehen und arbeiten, du ja nur fürs Kind da sein.«* Oder aber auch, weil unbewusst ein Ungleichgewicht zwischen dem Paar entstanden ist, weil Papa vorübergehend sehr viel arbeiten muss und Mama zu Hause alles allein auf der Backe hat.

Der gute Tipp, wir sollten uns einfach mit dem Baby hinlegen, wann immer es schläft, funktioniert nur dann, wenn es ein Einzelkind ist oder die Geschwister so groß sind, dass sie auch einmal eine Stunde allein im Kinderzimmer spielen können, ohne dass Gefahr besteht.

Mütter, die versuchen, krampfhaft alles richtig zu machen oder die Erwartungen Dritter zu erfüllen, und somit über ihre Grenzen gehen, bringen sich selbst und die Beziehung zu ihrem Kind in Gefahr. Denn ein übermenschliches Verhalten führt dazu, dass wir zwangsläufig müde, ausgelaugt und erschöpft werden und dadurch einfach weniger Achtsamkeit und Feinfühligkeit an den Tag legen können. Selbst wenn wir meinen, dass wir die liebsten Mütter der Welt sind, wissen wir, wie schnell es gehen kann, dass wir uns nach wochenlangem Schlafentzug zu »Bestien« verwandeln können. Perfektion führt in allen zwischenmenschlichen Bereichen zu Distanz, im schlimmsten Fall sogar zu Angstzuständen, Depressionen und Selbstzweifeln.

> **MÜTTER, DIE DAVON AUSGEHEN, DASS SIE PERFEKT SIND ODER SEIN MÜSSEN, TRAGEN OFTMALS EINE GROSSE LAST MIT SICH HERUM.**

Das bedeutet, sie gehen davon aus, dass sie unfehlbar sein müssen, alles meistern können und auch müssen, was ihnen das Leben oder andere in die Hände legt. Hier ist es sehr wichtig zu lernen, klar und deutlich für die eigenen Bedürfnisse einzustehen und diese auch zu kommunizieren. Manches Mal muss man sich auch von alten Rollenbildern verabschieden, um wieder mehr Raum und Kraft für sich und seine Beziehungen zu gewinnen.

Damit eine sichere Bindung entsteht, müssen allerdings auch die Umstände passen. Diese liegen zwar nicht unbedingt immer in unseren Händen, aber viele lassen sich dennoch beeinflussen, mitgestalten oder bewusst verändern. Kinder von Eltern beispielsweise, die unter finanziellen Schwierigkeiten leiden, einen schwachen sozialen Status haben oder deren Eltern selbst unter schwierigen Umständen groß wurden und sich aus diesen noch nicht befreien konnten, weisen deutlich weniger oft ein sicheres Bindungsverhalten auf als Kinder von Eltern, deren Umfeld stabil ist.

Wieso hast du ein Kind, wenn du es dir nicht leisten kannst? Oder: Geld ist nicht alles

Mom-Shaming der durchtriebensten Sorte hört sich manchmal so an: »*Wie kann man nur Kinder in die Welt setzen, wenn man so wenig Geld hat?*«, oder: »*Wenn eine Frau alleinerziehend ist, dann sollte sie keine Kinder mehr bekommen können.*« Anstatt alleinerziehenden Müttern oder Eltern das Gefühl zu geben, sich wegen ihrer finanziellen Situation schlecht zu fühlen, sollte darauf geachtet werden, diese konstruktiv zu unterstützen. Lass dich nicht davon beeinflussen, wenn andere Mütter damit angeben, was sie ihren Kindern alles an materiellen Gütern bieten. Darauf kommt es nicht an. Kinder sind auch bei Eltern gut aufgehoben, die finanziell eingeschränkt leben, ihren Kindern aber dennoch die elterliche Liebe und Fürsorge geben, die sie brauchen, um gesund heranzuwachsen.

Denn das Spannende ist, dass es laut Studien keine Rolle spielt, wie viel Geld die Eltern besitzen oder in welcher

Wohngegend das Kind groß wird, sondern lediglich, wie die Eltern mit ihrer Situation, einer Krankheit oder Armut umgehen.

> **» GELD IST NICHT ALLES!
> WIE WILLST DU LIEBE BEZAHLEN?**

Leiden die Eltern aufgrund der Situation oder streiten sie sich viel, leidet das Kind deutlich mehr. Mom-Shaming führt dazu, die Situation noch zu verschlimmern!

Haben sich die Eltern auf eine wohlwollende Weise damit »abgefunden«, dass sie weniger Geld besitzen oder womöglich körperlich eingeschränkt sind oder die Umstände sich aus anderen Gründen schwierig gestalten, und sich gleichzeitig dazu entschieden, dennoch ein inneres Empfinden der Zufriedenheit dem Leben gegenüber zu haben, weil sie von liebevollen Menschen unterstützt werden, so wirken sich diese Einstellung und Haltung selbstverständlich positiv auf die Kinder aus. Eltern, die ständig grübeln, können natürlich weniger präsent sein als Eltern, die mit sich und ihrem Leben im Reinen sind. Eltern, die sich ständig gegen Kritik von außen wehren müssen, ebenso.

Ich erinnerte mich an Estelle. Sie war eine junge Frau, die ich in den USA kennenlernte. Sie arbeitete als Reinigungskraft und war Mutter von zwei entzückenden Kindern. Sie lebten in sehr einfachen Verhältnissen, doch wenn man ihr Haus betrat, fühlte man, dass es ein Zuhause war. Estelle war eine unglaublich positive Frau, die in ihrer Kirchengemeinde verankert war und ihren Kindern ein stabiles Zuhause ermöglichte, auch wenn sie nur sehr wenig Geld hatten. Außerdem war sie sehr kreativ, wenn es um ihre Kinder ging. Jeden Tag nach der Arbeit ging sie mit ihnen in die Natur, auf Spielplätze, zum Picknick oder in den Fluss baden. Sie sagte zu mir: »*Weißt du, ich brauche nicht viel, denn wenn man die Augen aufhält, beschenkt uns die Natur mit allem, was wir zum Glücklichsein brauchen.*«

Die anderen sind schuld

Stellen wir uns vor, wir sind mit unserer besten Freundin beim Essen. Wir erzählen, wie es uns geht, und bemerken, dass unser Gegenüber irgendwie gedankenverloren ist. Die Antworten sind knapp, unschlüssig und gleichen eher einem Murmeln als ganzen Sätzen. Dadurch haben wir das Gefühl, dass sie nicht wirklich »bei uns ist«, und das Gespräch wird nach einiger Zeit überflüssig. Da wir erwachsen sind, fragen wir nach: »*Wie geht es dir? Ich habe das Gefühl, dich belastet etwas.*« Schnell werden wir erkennen, dass unsere Wahrnehmung richtig war. Vielleicht offenbart die Freundin uns, dass sie sich mit ihrem Mann so sehr gestritten hat, dass sie über eine Trennung nachdenkt, aber Angst um die Kinder und die Finanzen hat. In diesem Augenblick bewahrheitet sich unser inneres Gefühl, dass »etwas nicht stimmt«. Wenn wir an dieser Stelle dazu in der Lage sind, unsere eigenen Werte, Vorstellungen, Rollenbilder und Normen über die Ehe, Scheidungen und Kindeswohl zurückzustecken, können wir einfühlsam zuhören, Vertrauen aufbauen und dadurch womöglich einen Rat geben, der positiv angenommen wird und vielleicht auch noch eine Kehrtwendung in der Entscheidung der Freundin nimmt.

Viele Mom-Shamer verhalten sich bei Problemen Dritter wie Kleinkinder. Sie jammern, toben, sind wütend, suchen nach Schuldigen und fordern andere dazu auf, es »wieder in Ordnung zu bringen«. Sie machen dann das Leben, die anderen, ihre Kinder, den Staat, die Politik oder die Gesellschaft für alles in ihrem Leben, das schiefläuft, verantwortlich. Mom-Shaming ist, als würde man im Gerichtssaal sitzen, ohne jemals Jura studiert zu haben.

Jede Lage, ausnahmslos, bietet uns erwachsenen Menschen die Möglichkeit, uns weiterzuentwickeln, um Hilfe zu bitten, sie anderen anzubieten, Neues zu lernen und dadurch das Leben nachhaltig und positiv zu verändern. Solange wir uns aber als Opfer der Umstände sehen oder als Richter für andere, verhalten wir uns wie Kleinkinder, die mit ihren Gummistiefeln im Matsch feststecken. Wir kommen ohne Hilfe nicht mehr vor und auch nicht mehr zurück.

Claudia, 32, ehemalige Drogenabhängige: »*Als ich auf Koks war, dachte ich, die Welt könne mich mal. Ich hasste es, am Leben zu sein, es ödete mich an. Ich machte alles und jeden für meine Lage verantwortlich, am meisten meine Mutter, am wenigsten mich selbst. Als mein Sohn geboren wurde und ich ihn im Brutkasten leiden sah, änderte sich alles. Ich übernahm die Verantwortung über mein Leben und kam von dem Scheißzeug endlich weg. Jetzt erst erkenne ich, dass ich sehr wohl dazu in der Lage bin, mein Leben in den Griff zu bekommen, ich muss nur wollen. Niemand sonst trägt ab einem gewissen Zeitpunkt im Leben, den man ›Erwachsensein‹ nennt, die Verantwortung. Mein Sohn hat mir damals, glaube ich, mein Leben gerettet.*«

Nina, 24, Mutter von Zwillingen, sagt: »*Ich fand junge Mütter immer furchtbar. Ich redete wirklich schlecht über sie und fand sie verantwortungslos und einfach nur dumm. Als ich dann selbst mit erst 21 Jahren mit Zwillingen schwanger wurde, änderte sich alles. Ich hörte plötzlich auf, über sie zu richten, und erkannte, dass das Leben einem einfach manches Mal anders mitspielt, als man es selbst geplant hätte.*«

Henriette, 39, drei Kinder: »*Ich konnte die Ehe mit meinem Mann einfach nicht mehr ertragen. Er ging mir dermaßen auf die Nerven, dass ich ihn für alles verantwortlich machte, was in meinem Leben je schiefgelaufen war.*

Ich fing wegen allem Streit an, einmal schlug ich ihn sogar und machte ihm das Leben zur Hölle. Als er mir dann sagte, er hätte sich in eine andere verliebt und wolle die Scheidung, war ich so zornig auf ihn, dass ich ihm die Kinder, das Haus, sein Vermögen und seinen guten Ruf wegnahm. Mir war egal, ob er das überleben würde oder nicht. Ich wünschte ihm sogar den Tod. Hasserfüllt plante ich meinen nächsten Rachefeldzug, als meine kleine Tochter plötzlich in der Tür stand und bitterlich weinte. Sie konnte sich erst nach einer halben Stunde beruhigen und erzählte mir, dass sie von einem bösen Drachen träumte, der ihren Papa auffressen will. Als ich sie schluchzend in meinen Armen hielt, wurde mir plötzlich klar, dass ich dieser Drache bin. Da ich meine Kinder über alles liebte, konnte ich nicht ertragen, auch sie so leiden zu sehen, und hörte damit auf, der Drache im Leben meines Exmannes und somit auch in dem meiner Kinder zu sein. Ich dachte zuvor, er würde mein Leben zerstören, und war der Meinung, er wäre der größte Mom-Shamer von allen, weil er es wagte, mich zu verlassen. Die Wahrheit war, er war weder ein Mom-Shamer noch gegen mich. Ich vertrieb ihn und brachte ihn dazu, Dinge zu tun, die er sicherlich zuvor nie vorhatte zu tun. Mich zu verlassen.«

Sobald wir erwachsen sind, sollten wir uns dafür öffnen, dass, wir trotz dessen, was vielleicht in unserer Kindheit passiert ist, nun durchaus in der Lage dazu sind, das Steuerrad unseres Lebens selbst in die Hand zu nehmen. Andere für die eigenen Umstände verantwortlich zu machen, ist niemals sinnvoll. Mom-Shaming ist ein schmerzhaftes Ablenkungsmanöver, das niemals Frieden bringen wird. Wann immer wir auf andere losgehen, verurteilen wir im Grunde uns selbst.

Auch wenn wir meinen, es wäre gerechtfertigt, weil beispielsweise unsere Kindheit von Menschen geprägt war, die uns nicht unterstützten, so liegt es an uns, nun Beziehungen zu Menschen zuzulassen, denen wir wichtig sind. Dies gelingt niemals über Mom-Shaming. Auch nicht unserer eigenen Mama gegenüber, sondern nur über ein innerliches Ja, das wir unserem Leben, unserem Schicksal und den Menschen darin geben.

Dieses Ja, das ein erfülltes Leben braucht, um gelebt werden zu können, können wir nur geben, wenn wir Hass, Wut, Zorn, Angst, Mom-Shaming und Rachegelüste bewusst hinter uns lassen und die Frage stellen:

 WER WILL ICH SEIN UND WAS MUSS ICH DENKEN, FÜHLEN UND TUN, UM DAS ERLEBEN ZU KÖNNEN?

Wenn wir feststecken, können wir uns nur dann selbst befreien, wenn wir erkennen, dass wir über Potenziale, Ressourcen und somit über Möglichkeiten verfügen, von denen wir bisher womöglich nichts ahnten, und andere um Hilfe bitten, diese freizusetzen. Mom-Shaming trennt uns jedoch von den anderen, die vielleicht für uns da sein könnten.

SO ENTWAFFNEN WIR MOM-SHAMERINNEN UND DIE MÜTTERMAFIA

Stell dir vor, du sitzt am Spielplatz, spielst mit deinem Kind im Sand und plötzlich schlägt jemand von der Seite mit einem »gut gemeinten« Ratschlag verbal auf dich ein. »*Na, ein vernünftiger Haarschnitt würde dem Kind auch nicht schaden, dem hängt ja alles ins Gesicht, das arme Ding kann ja gar nicht mehr richtig sehen.*«

So eine Aussage ist irritierend und du denkst womöglich: »*Was für eine Schnepfe, die Frisur meines Kindes geht sie nun wirklich nichts an.*« Bevor du zum Rückschlag ausholst, tritt einen Schritt zurück. Mach dir klar, dass dein Gegenüber aus irgendeinem Grund, der in der Regel absolut nichts mit dir zu tun hat, im »eigenen Sumpf«, vielleicht in pinken Gummistiefeln, mit grünen Pünktchen drauf, festhängt und sich durch seine Mom-Shaming-Aktion davon ablenken möchte. Dann gelingt es dir deutlich besser, souverän darauf zu reagieren, ohne dich von dieser unnötigen Bemerkung irritieren zu lassen.

 DU ERKENNST DIE ANGREIFERIN ALS DAS, WAS SIE IST: EINE VERZWEIFELTE PERSON, DIE IRGENDWO FESTHÄNGT.

Wo genau, kann dir in dem Moment egal sein. Was jedoch nicht egal ist, ist die Tatsache, dass sie sich an dir festbeißen möchte, das muss verhindert werden. Das heißt jedoch nicht, dass du zurückschlagen musst oder dir das Verhalten gefallen lassen sollst, sondern nur, dass du nicht mehr in Scham oder Ärger verfallen musst, wenn jemand Mom-Shaming betreibt.

Du bist keine Zauberfee – tue dir Gutes und erzähle anderen davon!

Klara, 42, Mutter von zwei Kindern, sagte zu mir: »*Ich habe mich als völlige Versagerin gefühlt. Einfach so, aus dem Nichts heraus. Dabei war ich immer sehr selbstbewusst. Ich weiß auch nicht, wie es dazu kommen konnte. Ich glaube, die Meinung anderer hat mich mit der Zeit einfach total umgehauen.*«

Mama wird, sobald sie mit ihrem Kind das sichere Zuhause verlässt, entdecken, dass es in der Welt da draußen in Wahrheit unfassbar viele unterschiedliche Meinungen darüber gibt, was eine wirklich »gute« Mama ausmacht. Wie sie sein und was sie tun oder lassen solle und wie schmerzhaft diese Unterschiedlichkeit und Vielfalt an Meinungen und Ansichten sind, die in der Gesellschaft verbreitet werden. Sie wird außerdem bemerken, dass es Menschen gibt, die sehr ungemütlich werden, wenn es um das Thema Mutterschaft und Erziehung geht.

Sie wird auf Menschen treffen, die sie verurteilen, beschämen, anklagen und verletzen. Sie wird mit Gefühlen konfrontiert werden, die unangenehmer als jede Wurzelbehandlung beim Zahnarzt sind. Damit sie auch nur irgendwie in dieser Welt existieren kann, wird sie sich eine Identität als Mutter aufbauen, die sie inmitten der Müttermafia halbwegs atmen und überleben lässt.

Eines vorweg: Du bist toll, vergiss das nie! Ja, auch wenn sich die Wäsche türmt, du einen Kundentermin verbummelt hast, dein Baby sich den Kopf gestoßen hat, deine Kinder ständig streiten und du deinen Mann regelmäßig an die Wand klatschen möchtest, nur um zu sehen, ob vielleicht doch der lang ersehnte Prinz in ihm stecken könnte.

Du bist auch toll, wenn du manches Mal am liebsten aus dem Haus rennen willst, heimlich im Internet nach Yoga-Retreats suchst, an denen du allein teilnehmen kannst, und insgeheim davon träumst, endlich mal wieder so richtig guten Sex zu haben, mit wem auch immer.

Du bist außerdem und trotzdem großartig, wenn du keinen Plan davon hast, wie du die nächsten 18 Jahre überstehen sollst, und deine Augenringe sowie Schwangerschaftsstreifen dich in tiefe Selbstzweifel stürzen. Und ehe ich es vergesse, du bist auch toll, wenn dein Neugeborenes abends weint, dein Vierjähriger dich »total und megablöd« findet und dein Teenager sagt, er würde dich hassen.

 WIR SIND UND BLEIBEN MENSCHEN. AUCH WENN WIR MÜTTER SIND.

Wir müssen endlich damit aufhören, irgendwelchen Idealen hinterherzuhecheln, denn genau diese sind die wahre Müttermafia. Wir müssen wieder lernen, uns selbst zu vertrauen und unseren Kindern sowie uns selbst ein entspannteres Leben zu gönnen.

Wir sind keine Zauberfeen. Auch ich suche in dunklen Stunden noch immer nach Mary Poppins, die alles regelt. Und natürlich gebe ich dir sofort Bescheid, wenn ich sie gefunden habe. Und du mir, Deal?

Es gibt Auswege, um dem Druck der Gesellschaft, der inneren und äußeren Müttermafia und hartnäckigen Mom-Shamern standhalten zu können und mit den eigenen Problemen der frühkindlichen Biografie umgehen zu können. Vieles hast du in diesem Buch bereits kennengelernt.

Es ist nicht damit getan, Mütter zu verurteilen oder sich dem Mom-Shaming hinzugeben.

Wir müssen tiefer gehen, forschen und den Ursachen auf die Schliche kommen, sodass wir den schmalen Grat zwischen Verurteilung, Scham und Schuld und Verantwortung, Fürsorge und positiven Mutterrollen finden können.

Ich bin überhaupt dafür, dass wir die Selbstfürsorge mehr kultivieren. Vor allem wir Mütter, die mit so vielen Anforderungen konfrontiert sind, dürfen lernen, uns selbst und gegenseitig mehr Gutes zu tun. Das ist nicht einfach, aber dringend notwendig.

Vor 20 Jahren fragte ich eine Mama und meine damalige Mentorin, die unglaublich glücklich aussah und ihr Leben als Mama enorm genoss, was genau sie tue, um so zu strahlen.

Sie zeigte mir eine Liste, die neben ihrem Badezimmerspiegel hing. Ich erinnere mich noch gut daran, dass ich damals jeden der Punkte sorgfältig abschrieb und in mein erstes Mama-Danke-Tagebuch klebte. Was mich an ihr so faszinierte, war, dass sie besonders nett und liebevoll mit jeder einzelnen Mama umging. Nie gab es ein negatives Wort über eine andere Frau, sondern immer nur die Frage: »Was kann ich dir Gutes tun?«

Ich bin ihr sehr dankbar und möchte ihre Liste gern mit dir teilen:

- Ich gehe regelmäßig zur Massage, selbst, wenn die Zeit oder das Geld knapp sind, gönne ich mir zumindest 20 Minuten.
- Ich gehe zum Friseur, in aller Ruhe.

- Ich gönne mir Hautcremes und wohltuende Bäder, sodass ich mich weiterhin weiblich und wohl in meiner Haut fühle.
- Ich gehe in Ruhe zur Toilette und duschen. *(Das mag banal klingen, aber vor allem Mamas wissen, dass dieser existenzielle Gang zur täglichen Hygiene ein großer Akt sein kann, je kleiner die Kinder sind.)*
- Ich spreche über meine Gefühle und führe ein Tagebuch.
- Ich gönne mir Weiterbildungen oder ein gutes Buch, das ich in Ruhe lese.
- Ich treffe mich regelmäßig mit meinen Freunden, Freundinnen oder meinem Partner, um schön essen zu gehen.
- Ich koche mir etwas Leckeres. *(Es gab Zeiten, da dachte ich: »Jeden Tag komme ich nach Hause und esse nur ein Brot mit Salami zu Abend. Aber wenn Freunde kommen, koche ich ein dreigängiges Menü. Warum gönne ich mir selbst nicht auch so etwas Schönes?«)*
- Ich rechtfertige mich nicht mehr, wenn ich mir etwas Gutes tue.

Ich finde, diese Liste ist wie das erste Stück Schokolade nach einer Fastenkur. Probiere es gern aus und zeige sie so vielen Freundinnen wie möglich. Sie wirkt Wunder!

Einander zu berichten, dass wir uns auch mal etwas Gutes tun, ist enorm wichtig, denn gerade diese Erfahrungen gehen oftmals im Alltag unter. Ich habe die Erfahrung gemacht, dass Mütter sich sehr schwer damit tun, sich selbst etwas Gutes zu tun. Viele Frauen, vor allem Mamas, sorgen sich von Natur aus mehr um andere als um sich selbst.

Die Sicherheitsregeln in einem Flugzeug besagen, dass man bei Druckabfall erst sich selbst die Sauerstoffmaske aufsetzen und sich erst danach um andere kümmern soll. Als ich diese Anweisung zum ersten Mal hörte, dachte ich empört: »Wie kann jemand von mir verlangen, zuerst mich und dann erst mein Kind zu versorgen?« Erst Jahre später erkannte ich, dass dies die beste Lektion für mich war, die ich als Mama erhalten konnte. Natürlich macht genau das am meisten Sinn! Denn was passiert, wenn wir zuerst alle anderen versorgen und uns selbst dabei die Luft ausgeht?

Wir können am besten für andere, vor allem für unsere Kinder, da sein, wenn wir auch für uns selbst da sind. Das klingt so einfach und banal und doch ist es das Herausforderndste im Lernprozess von uns Müttern.

Folgendes Mantra sagte ich mir deshalb selbst viele Jahre beinahe täglich vor. Denn auch ich musste lernen, für mich selbst gut zu sorgen.

> »MEINE BEDÜRFNISSE SIND WICHTIG UND IN ORDNUNG. INDEM ICH GUT FÜR MICH SORGE, SORGE ICH AUCH GUT FÜR MEINE KINDER.«

Manches Mal haben Mütter Sorge, deshalb als egozentrisch oder zu ichbezogen rüberzukommen. Doch eine Mama, die sich fragt, was sie sich selbst und somit ihren Kindern Gutes tun kann, ist niemals egozentrisch. Ich mache es als Mama nun bewusst so, dass ich meinen Kindern so gut es geht vorlebe, wie man sich gut um sich selbst kümmert. Mal gelingt es mir besser, mal schlechter, aber immer öfter besser.

Wir alle sind Menschen, deshalb dürfen wir uns Fehler eingestehen. Nur bitte ich dich inständig, nicht den Fehler zu machen, dich selbst zu vernachlässigen. Frauen, die das tun, werden in der Regel verbittert, aggressiv oder depressiv, und sobald wir uns in dieser Schleife befinden, wird es schwer, wieder herauszukommen.

Miteinander statt gegeneinander

Wenn wir uns über andere aufregen, dann hat das mit uns und den anderen zu tun. Logisch. Denn wir stehen in einer Beziehung zueinander. Die Frage ist jedoch immer: In welcher Form, Qualität und auf welche Art und Weise?

Diese haben wir nämlich stets selbst in der Hand. Selbst wenn wir das Verhalten des anderen weder durch Nörgelei oder Druck verändern können, so können wir doch immer auf uns selbst Einfluss nehmen, indem wir unsere eigene Haltung überprüfen.

Die entscheidende Frage lautet: *Welche Haltung habe ich in Bezug auf mich selbst und den anderen und trägt diese zum Wohlbefinden oder zu Problemen bei?*

Wenn wir verstehen, dass es immer Menschen geben wird, die weder durch ihre Meinung noch ihren Lebensstil oder ihre Werte zu uns passen, und wir den Versuch aufgeben, sie zu unseren Gunsten und in unsere Richtung zu verändern, dann ist das Leben miteinander durchaus angenehmer.

Dich regt jemand auf? Das passiert, denn es ist ein Teil des Lebens, den wir alle kennen. Dich greift jemand an? Auch das passiert, denn es wird immer gesellschaftliche Rumpelstilzchen geben. Frage dich, anstatt deine Energie und Kraft in sie zu investieren, was du stattdessen möchtest, und sorge dafür, dass du in deinem Leben alles hast, was du wirklich brauchst. Dazu gehören im Idealfall keine Rumpelstilzchen, Nörgler und Mom-Shamerinnen.

Manches Mal gelingt uns das, indem wir aufrichtig miteinander reden, andere Male, indem wir uns von bestimmten Personen distanzieren. Wenn es uns gelingt, nicht den anderen zum einzigen Lieferanten für das eigene Glück zu machen, sondern es uns selbst durch mehr Achtsamkeit schenken, erschaffen wir die Umstände, das Umfeld und die Bedingungen, dass es uns gelingt »Ja!« zu unserem Leben sagen zu können.

Vermutlich wird es Mom-Shaming noch sehr lange geben, aber wir entscheiden, wie wir damit umgehen. Natürlich ist es enorm herausfordernd, wenn uns beispielsweise jemand Folgendes, wie es Maria passiert ist, vorwirft. Im Angesicht einer solchen Unterstellung braucht es viel Kraft, bei sich bleiben zu können und ohne Angst und Zorn weiterzuleben:

Maria, Mutter und Influencerin (Name geändert), 39, erzählt: »*Eines Tages gab es eine Kampagne im Internet gegen Mütter, die Fotos ihrer Kinder ins Netz stellen. Da ich als Influencerin für Mütter davon lebe, mein Leben öffentlich zu teilen, waren die Kommentare, die ich daraufhin erhielt, nicht nur beschämend, sondern auch weit unter der Gürtellinie, manches Mal sogar sehr bedrohlich. Es warf mir beispielsweise jemand vor: ›Wenn du Fotos deiner Kinder weiterhin im Netz zeigst, machst du dich an Pädophilie mitschuldig. Du wirfst ihnen deine Kinder zum Fraß vor und deshalb müssen verantwortungslose Mütter wie du hinter Gitter.‹ Ich bekam daraufhin massenhaft anonyme Anzeigen wegen vermuteter Kindeswohlgefährdung und das Jugendamt stand vor meiner Tür. Selbstverständlich wurde ich für nichts behördlich belangt, immerhin steht es jedem Elternteil frei, das ein oder andere Bild seiner Kinder zu teilen. Ich hatte nichts weiter getan, als ab und zu Bilder meiner Kinder, mit Gummistiefeln im Garten herumlaufend oder am Tischchen sitzend malend, geteilt und damit soll ich so kranke Menschen wie Sexualstraftäter unterstützen?! In welcher Welt leben wir eigentlich? Diese Anschuldigungen und Verhaltensweisen war Mom-Shaming vom Feinsten. Es ist furchtbar, wenn man als liebende Mutter mit solch unfassbaren Unterstellungen zu tun hat. Natürlich ist der Gedanke daran, was jemand mit den Fotos meiner Kinder anstellen könnte, schrecklich. Aber seien wir mal ehrlich, da dürfte keiner von uns mehr das Haus verlassen, weil überall auf der Welt Gefahren und Verbrechen lauern könnten.*«

Jede darf ihre Meinung dazu haben und mit den eigenen Kindern entsprechend umgehen. Doch Maria geriet zwischen die Fronten und das auf eine sehr unangenehme Weise. Sie hatte im Anschluss die Wahl, ob sie sich aus Angst und Scham aus der Öffentlichkeit zurückzieht oder weiterhin ihren Weg geht und, wenn ja, in welcher Form. Maria entschied sich dazu, ohne Wut und Angst, dafür mit mehr Achtsamkeit weiterzumachen und über Mom-Shaming und deren Folgen, aber auch über den verantwortungsvollen Umgang im Netz aufzuklären.

Diese Art von Mom-Shaming bedrohte sie nicht nur als Mutter, sondern auch in ihrer finanziellen Existenz, sie entschied sich trotzdem, einen Weg zu finden, der ein humanes Miteinander wieder möglich macht. Die Wahrheit ist, dass sie nicht diejenige ist, die ein Verbrechen begangen hat, doch der Müttermafia gelang es kurzzeitig, sie auf die gleiche Ebene wie Schwerverbrecher zu stellen. Das ist ein No-Go. Aufklärung ist wichtig und auf Themen wie Pädophilie zu sensibilisieren ebenso, doch Hetzjagden auf Mütter zu initiieren kann niemals zu einer konstruktiven Lösung führen.

> **WIR ALLE HABEN DIE WAHL. JEDEN TAG AUFS NEUE. ENTSCHEIDEN WIR UNS FÜR ANGST, HETZE UND VERURTEILUNG ODER FÜR MITEINANDER, WOHLWOLLEN UND KONSTRUKTIVE LÖSUNGEN?**

Die Antwort darauf kann nur jeder für sich selbst finden. Wann immer wir in einem heftigen Konflikt mit uns selbst oder anderen stehen, fehlt uns meist etwas. Diesen Mangel können andere nicht ausgleichen. Sie sind selbst meist damit beschäftigt, ihren eigenen Mangel in den Griff zu bekommen. Also fangen wir damit an, uns zu fragen: Was will ich stattdessen? Anstatt wie ein Kleinkind am Rockzipfel eines anderen zu hängen. Wenn wir erwachsen werden, sind wir dazu aufgerufen unser eigener Rockzipfel zu werden, an dem wir uns festhalten können, und andere zu entlasten. Wir machen uns ansonsten nur abhängig von anderen. Aus dem Eigenen zu agieren bedeutet keineswegs, dass wir zur Einzelgängerin werden oder keine Beziehungen mehr führen können, nein. Miteinander statt gegeneinander lautet die Devise und das funktioniert am besten, wenn jeder der Beteiligten weiß, dass wir alle im selben Boot sitzen und jeder darin eine bedeutsame Aufgabe hat, die man sich weder gegenseitig streitig noch madig machen sollte.

Das geht nur dann, wenn jeder seinen Platz kennt und diesen gelernt hat anzunehmen, frei von Selbstzweifel und Gehässigkeiten. Es wird immer Menschen geben, die sich dazu berufen fühlen, die Welt zu einem besseren Ort zu machen. Dies gelingt jedoch nur dann, wenn es nicht auf Kosten Dritter geht. Miteinander statt gegeneinander leistet hier einen wertvollen Beitrag.

Selbstzweifel, die uns weiterbringen – die Kunst der Selbstreflexion

Selbstzweifel sind per se nicht schlecht. Sie können uns durchaus weiterbringen. Eine wichtige Frage der Selbstreflexion, die oft mit negativen Selbstzweifeln verwechselt wird, lautet: »*Ist das, was ich tue, auch wirklich nützlich und sinnvoll?*«

Wenn wir Mütter uns selbst und unser Tun hinterfragen, ist das ein sehr sinnvoller Prozess, den wir »reflektierte Selbstzweifel« nennen. Durch diese Frage können wir eine Korrektur vornehmen, wenn etwas nicht mehr stimmt. Und genau das ist der Unterschied zwischen jemandem, der auf seinem Standpunt beharrt, weil er Angst vor Neuem hat, und jemandem, der wirklich ein Interesse daran hat, dass es ihm selbst und anderen gut geht. Die wahre Selbstliebe, aber auch die mütterliche Liebe zum Kind hat mit der Fähigkeit zu tun, reflektiert Korrekturen vornehmen zu können. Denke an einen Elternteil, der unabdingbar und stur an einer Einstellung festhält, die antiquiert oder längst überholt ist. Beispielsweise eine Mama, die ihren Kindern partout nicht gestattet, ins Internet zu gehen, weil sie der Ansicht ist, dass digitale Medien per se schlecht sind. Diese Frau verhindert, dass ihre Kinder in ihrer Medienkompetenz für die eigene Zukunft gewappnet sind. Deutlich sinnvoller wäre es, sie würde reflektieren und sich selbst und ihren Kindern einen sinnvollen Umgang mit dem Internet beibringen.

Doch es braucht jede Menge Mut und die nötige Souveränität, sich reflektierten Selbstzweifel hingeben zu können. Selten wurde uns das in die Wiege gelegt. Wir sind vielfach dazu aufgefordert, uns diese Eigenschaften zu erarbeiten, und genau das ist gar nicht so einfach. Denn wir verwechseln reflektierte Selbstzweifeln oftmals mit unangenehmer Selbstkritik. Die Angst, etwas Unangenehmes zu entdecken oder festzustellen, dass wir womöglich schon lange auf dem falschen Dampfer waren, lässt uns die Illusion aufrechterhalten, wir seien in unserem Tun perfekt. Obgleich wir häufig wissen, dass dem nicht so ist, ändern wir selten etwas. Dabei handelt es sich jedoch um ein Missverständnis der Reflexionsfähigkeit.

> **ES GIBT EINEN UNTERSCHIED, OB WIR UNS SELBST ODER UNSER TUN HINTERFRAGEN.**

Wie kommt es, dass wir diesen Unterschied oft nicht erkennen und deshalb der Selbstreflexion aus dem Weg gehen?

Um dies zu erforschen, müssen wir gedanklich wieder

mal in die Kindheit zurückgehen. Als Kinder waren wir noch nicht dazu in der Lage zu erkennen, dass Kritik anderer nicht unsere Existenz hinterfragt, sondern lediglich unser Handeln. Wenn mit einem Kind geschimpft wird, interpretiert es das so, dass es als Person »falsch« oder »nicht richtig« ist. Kritik trifft es hart, denn jedes Kind will von seinen Kindheitsbegleiterinnen und -begleitern voll und ganz angenommen und akzeptiert werden. Nur so ist das eigene Überleben gesichert. Fühlt sich das Kind getadelt, bestraft, zurechtgewiesen oder kritisiert, denkt es, das »familiäre Rudel« würde es vom Clan ausschließen. Genau hier geschieht Anpassung. Kinder beobachten ihre Umgebung und sind sehr achtsam, wie mit ihnen umgegangen wird. Wenn sie bemerken, dass sie deutlich mehr Lob und Anerkennung oder Aufmerksamkeit erhalten, wenn sie brav, still oder gut in der Schule sind, wird das Kind sein Verhalten entsprechend anpassen. Kinder, die »stören«, sehnen sich oftmals danach, das Gefühl zu bekommen, wirklich »gewollt« zu sein, und zwar genau so, wie sie sind.

Ein Lösungsansatz ist, dass wir unseren Kindern von klein auf beibringen, dass wir lediglich *ihr Verhalten* kritisieren, *nicht aber ihr Sein*. Wenn wir sagen: *»Das, was du hier getan hast, gefällt mir nicht, dich liebe ich jedoch«*, hat das eine andere Wirkung als: *»Du bist so schlimm. Ich halte dich nicht mehr aus.«* Es braucht im Umgang miteinander eine gewisse Kritikkultur, um zu selbstbewussten Persönlichkeiten zu werden. Denk an deine eigene Kindheit zurück. Wie oft hattest du das Gefühl, deine Eltern würden dich und nicht das, was du getan hast, ablehnen? Je stärker dieses Gefühl der Ablehnung ist, umso wahrscheinlicher ist es, dass wir später unter Selbstzweifeln und mangelnder Reaktionsfähigkeit leiden.

Im Alltag weichen wir genau deshalb reflektierten Selbstzweifel-Fragen aus, weil sie unangenehm sind und uns an die Angst erinnern, nicht mehr angenommen oder wertvoll zu sein. Wir stellen sie meist erst dann, wenn wir uns innerlich in einer ausweglosen Situation befinden oder uns das Umfeld dazu drängt, etwas zu ändern. Vielfach ist es bei uns Müttern sogar so, dass wir sie uns erst dann stellen, wenn unser Kind »ein Problem« hat oder macht.

> *Ist der Weg, den ich gehe, noch der richtige? Ist das Leben, das ich führe, noch das, was mich glücklich macht? Sind die Hobbys, denen ich seit 20 Jahren nachgehe, überhaupt noch die, die mir Spaß machen? Ist die Art der Beziehung noch eine, die mich glücklich macht, oder muss ich etwas ändern? Sollte ich womöglich eine Therapie machen? Schluss machen? Miteinander mehr sprechen? Ist der Arbeitsplatz einer, der mich so richtig erfüllt? Oder sehen meine Tage so aus, dass ich am liebsten nicht mehr aus dem Bett krabbeln möchte? Ist die Art und Weise, wie ich meine Kinder erziehe, auch die, die ihnen guttut?*

Leben heißt permanente Veränderung. Wenn wir diese Fragen nicht stellen würden, dann würden wir uns im Grunde selbst im Weg stehen, etwas zu verändern und an der Art von Leben teilzunehmen, die uns wirklich erfüllt. Veränderungen, die außer der Mutterschaft auch andere, äußere Umstände betreffen, sind besonders herausfordernd für frischgebackene Mütter. Denn das weibliche Gehirn wählt von allen Grundbedürfnissen, die wir im Leben haben, als wichtigsten Faktor die Sicherheit. Wir sehnen uns, sobald wir Mütter geworden sind, instinktiv und evolutionär bedingt, nach mehr Sicherheit im Job, im Umfeld, in unserer Beziehung, in unseren Finanzen und vor allem in der Beantwortung von wichtigen Entscheidungen, die unsere Kinder betreffen. Wir Mütter tun uns mit Unsicherheit gerade in dieser Zeit oft besonders schwer und genau dies bringen solche Fragen jedoch mit sich. Die Antworten und vor allem das Resultat sind oftmals ungewiss, deshalb meiden wir sie.

Wichtig ist, dass wir uns bewusst machen, dass es diese zweifelnden Fragen sind, die uns weiterbringen können. Häufig fühlen wir uns dem Leben und uns selbst erst dadurch wieder näher, weil wir sie gestellt haben. Auch wenn wir zuerst einmal vor einem scheinbar unüberwindbaren Graben stehen, weil wir im Augenblick noch keine befriedigenden Antworten auf diese Fragen haben, so stellen wir fest, dass es sich immer lohnt, wenn wir sie dennoch stellen. Manches Mal brauchen wir zur Beantwortung andere, hilfreiche Menschen oder Mentoren, andere Male reicht es, wenn wir uns in die Stille zurückziehen und uns einfach mal die Zeit gönnen, eine Antwort in uns selbst entstehen zu lassen.

Wir verfallen dann nicht in Schuld oder negative Selbstvorwürfe, sondern hinterfragen unsere Handlungen, wenn wir uns als Beobachter unserer selbst wahrnehmen können. Dies ist etwas völlig anderes, als unser Selbst als eine Art Richter zu hinterfragen. Genau das müssen wir jedoch üben, denn es ist ein wichtiger Unterschied, den viele von uns so nicht gelernt haben. Bedauerlicherweise wird dies bis dato nicht an Schulen unterrichtet, ansonsten gäbe es weitaus mehr selbstbewusste und reflektierte Menschen in dieser Welt.

Andere Selbstzweifel sind jedoch richtige Impulsbremser. Diese lassen uns in eine Art Handlungsstarre verfallen. Das sind beispielsweise Gedanken, mit denen wir uns selbst permanent negativ kommentieren:

Ist das jetzt richtig, dass ich eine Hausgeburt mit meiner geliebten Hebamme mache, oder sollte ich lieber, wie meine Schwiegermutter meint, in die Klinik gehen, weil ich ansonsten das Leben meines

Kindes gefährde? Darf ich meine eigene Meinung als Mutter haben und diese auch vertreten? Ist sie überhaupt richtig? Steht mir das als Mutter zu, Autoritäten zu widersprechen, wenn ich fühle, dass meinem Kind gerade etwas anderes guttun würde, als diese behaupten? Bin ich da falsch, wenn alle denken, sie würden genau wissen, was das Beste für mein Kind ist? Die Schwiegermutter sieht mich seit Kurzem immer so seltsam an, bestimmt, weil sie meine Erziehungsmethoden seltsam findet oder ich ihr nicht gut genug bin, darf ich sie darauf ansprechen? Was denken die anderen in meinem Umfeld, sind sie womöglich auch ihrer Meinung? Sollte ich es vielleicht doch so machen, wie sie meint? Sind mein Denken und Handeln als Mama ethisch und moralisch vertretbar und korrekt?

All diese Fragen führen uns gerade dann in eine negative Denkspirale, wenn wir uns im Grunde schon sicher waren ob unserer Einstellung, diese aber dennoch infrage stellen. Es beginnt ein innerer Dialog, der in nagende Selbstzweifel übergehen kann. Du stellst dir selbst Fragen und gibst dir selbst Antworten. Dieser Vorgang, den wir gemeinhin als Denken bezeichnen, wird ein bestimmtes Gefühl in dir auslösen. Dieses Gefühl wiederum lässt dich einen Entschluss fassen oder eine Handlung ausführen, welches deinen Alltag und dein Erleben beeinflussen. Unsere Gedanken sind so lange wie Narren, ehe wir lernen, sie einzufangen und zu dirigieren. Wie im folgenden Beispiel eine meiner Klientinnen erzählte:

Anne, 29, ein Kind: *»Ich wusste wirklich ganz genau, dass ich zur Geburt unserer Tochter nicht in eine Klinik gehen wollte. Ich hatte mich ausreichend erkundigt, Bücher gelesen und mich in die Hände einer liebevollen Hebamme* begeben. Mein Mann stand auch hinter mir und wir freuten uns sehr darauf, unsere Tochter in den eigenen vier Wänden willkommen zu heißen. Als jedoch meine Schwiegermutter davon erfuhr, rief sie mich täglich an, um mich mit ihren Vorwürfen zu bombardieren. Sie sagte, ich wäre jetzt schon eine miserable Mutter, obwohl das Baby noch gar nicht auf der Welt ist. Sie fragte mich, ob ich denn nicht wüsste, was ich meiner Tochter antun würde, wenn ich sie der modernen Medizin vorenthalte. Die Art und Weise, wie sie mich und meinen Entschluss hinterfragte, erlebte ich als zutiefst verletzend und beschämend. Selbstverständlich wusste ich genau, was ich tat. Dennoch bewirkten ihre Anrufe etwas in mir und ja, auch in meiner Partnerschaft. Plötzlich wurden wir sehr unsicher, konnten nicht mehr schlafen und quälten uns damit, die ›Tauglichkeit‹ unserer zukünftigen Elternschaft zu hinterfragen. Es dauerte einige Wochen, ehe ich mich wieder sicher mit der von mir getroffenen Entscheidung fühlen konnte und ich unsere Tochter letzten Endes gesund zu Hause zu Welt brachte.«

Wenn wir mit den Ergebnissen in unserem Leben unzufrieden sind, sollten wir zuerst damit beginnen, die Art und Weise, wie wir denken, zu ändern. Am besten fangen wir damit an, dass wir die Fragen, die wir uns stellen, abändern, sodass wir andere, positive Antworten darauf finden können. Denn es macht einen Unterschied, ob wir uns die oben genannten Fragen stellen oder uns Folgendes fragen:

> *Wie kann ich am besten bei mir bleiben, obwohl es äußere Widerstände gibt? Wie könnte ich mich ob der Vorwürfe meiner Schwiegermutter besser abgrenzen? Was müsste ich tun oder denken, damit ich abends das Gefühl habe, genau richtig in meiner Entscheidung zu sein? Wie kann ich mir selbst nach einer Mom-Shaming-Attacke Liebe, Dankbarkeit und Güte zeigen? Mit wem müsste ich spre-*

chen, damit ich mich in meiner Entscheidung als Mama wieder wohl und sicher fühle? Was genau müsste ich tun, denken oder sein, damit ich das Gefühl habe, eine gute Mutter zu sein? Von welchen Menschen oder Verhaltensweisen muss ich mich verabschieden, um mich als Mama wieder sicher und richtig zu fühlen?

Diese selbst reflektierenden Fragen führen unser Gehirn in einen neuen Denkprozess und sorgen dafür, dass wir kreativ werden. Kreativität ist die erste Stufe zu einer positiven Veränderung des Selbstbildes.

> **WENN WIR KREATIV WERDEN, ÖFFNEN WIR UNSEREN INNEREN HORIZONT FÜR NEUES UND IM NEUEN LIEGT OFT GENAU DIE ART VON ZUKUNFT BEGRABEN, NACH DER WIR UNS SEHNEN.**

Der Haken dabei ist, dass wir uns meist nur die Antworten geben können, die wir auch kennen. Denn damit wir uns selbst neue Antworten geben können, müssen wir uns weiterbilden und Neues lernen. Die Fähigkeit, anders auf Mom-Shaming zu reagieren als bisher gewohnt, beginnt mit neuen Sichtweisen, neuen Inputs und anderen Möglichkeiten, diese kommen meist von außen. Selten sind wir selbst dazu in der Lage, uns diese eigenständig, ohne die Hilfe Dritter anzueignen.

Deshalb ist es so wichtig, dass wir uns untereinander austauschen. Jedoch nur mit Menschen, denen es möglich ist, uns eine neue, positivere Sichtweise auf bestehendes Verhalten geben zu können. Wenn wir Glück haben, sind das diejenigen, mit denen wir uns täglich umgeben. Freunde haben vielfach die Eigenschaft, dass sie uns wohlgesonnen sind und ähnliche Ansichten teilen, unser Partner ebenso. Sobald wir uns selbst infrage stellen, reden sie uns meist gut zu oder bestätigen uns im altbekannten Verhalten, vor allem dann, wenn wir uns über das Verhalten eines anderen aufregen. Eine Aussage wie: »Ja, ich sehe das wie du. Die spinnt wohl«, kann uns natürlich kurzfristig in unserem Selbst stärken, und wenn es angemessen ist, ist dies sicherlich sehr hilfreich. Doch was, wenn wir im Unrecht sind und durch die Perspektive des anderen dazu aufgerufen werden, unsere eigene Einstellung zu ändern? An diesem Punkt helfen Mentorinnen oft besser weiter als Freunde oder der eigene Partner. Denn eines ist sicher, ein Perspektivenwechsel ist die beste Brücke, um einander zu verstehen.

Mentorinnen und Mentoren sind Menschen, die uns die Fähigkeit der Selbstreflexion näherbringen, indem sie uns fragen:

- Was könnte dieses Ereignis mit dir selbst und der Art und Weise, wie du dich siehst, gemeinsam haben?
- Bist du dir zu 100 Prozent sicher, dass dein Gegenüber schlechte Absichten mit seinem Tun hatte?
- Kann es sein, dass du dir selbst genau das vorwirfst, was du der Person, mit der du Streit hast, auch vorwirfst?
- Ist das, was du dir selbst oder dem anderen vorwirfst, wirklich wahr?
- Wie würdest du dich fühlen, ohne diesen negativen Gedanken über den anderen?
- Besteht die Möglichkeit, dass du dich gerade so ärgerst, weil du nicht wirklich das Leben lebst, nach dem du dich sehnst oder in dem deine Potenziale liegen, und die andere Person dir dies wie einen Spiegel vorhält?
- Wäre es möglich, dass du durch die übergriffigen Fragen des anderen nun lernst, für dich selbst mehr einzustehen?

- Könnte es sein, dass du in dieser Angelegenheit richtig bist und der andere schlichtweg falschliegt oder umgekehrt? Wie könntest du dir das selbst beweisen und dem anderen kommunizieren?
- Was, wenn es keine Rolle spielen würde, was der andere über dich denkt, sondern nur, was du über dich selbst denkst?
- Bin ich oder ist der andere vielleicht nur deshalb zurzeit so schlecht gelaunt, weil ein Vitamin-D-Mangel vorherrscht, sich falsch ernährt wird oder zu wenig geschlafen wurde? Ich meine, manches Mal können die Gründe so simpel sein, denn es muss nicht hinter allem eine seelische Baustelle stecken! Wenn dir etwas am anderen liegt, hinterfrage sein Handeln, wenn nicht, wünsche ihm alles Gute und verabschiede dich.

Wenn wir davon sprechen, wie wir selbst unsere Lebensqualität und Souveränität steigern können, indem wir uns reflektierte Fragen stellen und besser aufeinander achten, führt uns dies zwangsläufig zu der Erkenntnis, dass wir selbst mehr schöpferische Kraft in uns tragen, als wir denken. Je selbstbewusster wir Mamas sind, umso mehr sind wir dazu in der Lage, unsere Kinder zu selbstbewussten Menschen zu erziehen. Selbstbewusst sein bedeutet, dass wir reflektiert annehmen können, wer wir sind, und bewusst ablehnen, wenn wir etwas tun, das uns selbst oder anderen schadet. Es bedeutet aber auch, dass wir über unseren Schatten springen können, wenn unsere Perspektive nicht die sinnvollste ist.

Sei stolz auf deine Leistung – du bist nicht allein!

Ich befand mich gesundheitlich ein Jahr lang in der körperlichen Verfassung einer 75-Jährigen. Und das mit gerade mal

36 Jahren! Ich konnte also nicht mehr auf Bäume klettern, Spielplätze besuchen, im Akkord in meiner Praxis arbeiten. Es reichte nicht einmal mehr, um den Kindern zu Mittag das Essen auf den Tisch zu stellen oder Kunden-E-Mails und Mathematikaufgaben zu erklären. Wir konnten nicht einmal mehr einen Tag in der Stadt bummeln, geschweige denn in den Urlaub fahren.

Die beschränkenden Maßnahmen, denen ich mich auf ärztliche Anordnung hin zu unterziehen hatte, betrafen damals allerdings nicht die gesamte Öffentlichkeit, sondern nur mich und die Kinder. Und das sorgte in meinem Umfeld für Unverständnis.

»Warum kommt sie nicht zu Elternabenden oder bringt sich bei Schulaktivitäten mehr ein?« »Wieso braucht sie so lange, um E-Mails zu beantworten?« »Warum hat sie abgenommen?« »Wieso sieht man sie kaum noch auf Bühnen oder anderen Events?« »Wieso muss sie jetzt bekocht werden? Zu fein zum selbst Kochen, die Dame?« »Ob sie ihren Kindern mit der Krankheit noch eine gute Mutter sein kann?«

Mit all diesen Fragen wurde ich konfrontiert und ja, es tat enorm weh! Bei Mom-Shaming wird ein falsches Image bedient. Es ist Zeit für eine Imagekorrektur! Spätestens jetzt, seit der Pandemie, ist der Zeitpunkt erreicht, an dem sich Frauen, die sich für ein Kind entschieden haben, großes Lob und einen wohlwollenden und wertschätzenden Perspektivenwechsel verdient haben und nicht Mom-Shaming ausgesetzt werden sollten. Zum ersten Mal kommt, so hoffe ich, vielen Menschen in dieser globalen Ausnahmezeit zu Bewusstsein, was Mütter jeden Tag wirklich leisten, unter welchem Druck und welcher Verantwortung sie für ihre Lieben sorgen und welchen unersetzlichen gesellschaftlichen Beitrag sie leisten.

Jetzt plötzlich, durch die Auswirkungen der Pandemie, stellen Menschen rund um den Globus ähnliche Fragen, wie eine Mutter, sobald ihr Baby auf die Welt kommt.

Wird alles gut gehen? Werden alle wohlauf sein, die mir lieb sind? Wie kann ich Beruf und Familie vereinen? Können wir es uns wirtschaftlich leisten, mehrere Wochen oder gar Monate auf Einkommen zu verzichten? Wie werde ich die soziale Isolation meistern, die diese Zeit mit sich bringt?

Es stellt sich die Situation, dass es Verzicht auf vieles gibt, diesmal aber nicht nur für Mütter. Bei frischgebackenen Müttern ist das ganz »normal«: Es gibt plötzlich mindestens einige Wochen lang weder Kino noch Theater, weder die Pasta beim Italiener noch einen Friseurbesuch. Alle üblichen Zerstreuungen werden auf ein Minimum heruntergefahren und es tauchen Fragen auf wie:

Wie geht es mit unserer Beziehung weiter, wenn wir so eng aufeinandersitzen? Wie wird mein weiteres Leben ab jetzt aussehen? Wie kann ich das alles schaffen?

Kommt dir das bekannt vor? Die ganze Welt erlebt durch Corona etwas, womit Mütter sich schon immer täglich auseinandersetzen müssen. Es geht um Ängste, Unsicherheiten, wirtschaftliche Einbußen, Statusverlust und soziale Isolation. Mütter müssen sich zurücknehmen, überlegen, was sie essen, wo sie hingehen können und wohin besser nicht mehr, sie verzichten oft auf ihre Karriere.

Jene, die auf die Sorgen der Mütter früher leichtfertig

antworteten, dass es ja ohnehin Mutterschutz und Elterngeld gibt, wissen nun hoffentlich, dass das nicht reicht. Vor allem dann nicht, wenn Mama jahrelang für den Job studieren oder arbeiten musste und nun alles von heute auf morgen mal eben zurückschrauben muss.

Vieles davon war bisher für die Gesellschaft selbstverständlich. Bis jetzt. Hoffentlich – denn in dieser Zäsur haben wir die Chance, vieles zu überdenken und Wertigkeiten zu überprüfen. Ich sehe nun die Möglichkeit, dass mehr von uns verstehen, was Mütter täglich leisten, wie es sich anfühlt, isoliert zu sein oder keinen Ort zu haben, um nur an sich selbst zu denken und durchzuatmen.

Vielleicht haben wir als Gesellschaft jetzt einen Impuls, unseren Müttern den Respekt zu zollen, der ihnen gebührt. Empathie entsteht oftmals erst dann, wenn man selbst Ähnliches erlebt hat. Wenn man sich unmittelbar in die Situation versetzen kann und am eigenen Körper erlebt, was es heißt, Tag und Nacht für jemanden wirklich da zu sein.

MÜTTER LEISTEN IMMER GROSSARTIGES – NUR LEIDER WISSEN ES NICHT ALLE.

Gerade Mütter sind es, neben vielen Berufsgruppen wie den Pflegekräften, die – wie sonst auch – gerade jetzt Großartiges leisten. Homeschooling, Homeoffice, das Betreuen von Kleinkindern im zwölften Stock eines Hochhauses, bei Ausgangsbeschränkungen – Mammutaufgaben, die liebenswerte Beachtung finden und nicht einfach als selbstverständlich und bedeutungslos gelten sollten!

Ich bin aus genau diesem Grund schon lange dafür, dass für Mütter deutlich mehr Möglichkeiten der Unterstützung geschaffen und gefunden werden müssen als bisher. Denn gerade, wenn es um die Zukunft von uns allen geht, sollten jene, die dafür maßgeblich verantwortlich sind, auch die meiste Unterstützung erhalten, sowohl moralisch, ökonomisch, wirtschaftlich als auch emotional.

Doch was kennen wir bisher? Mom-Shaming der übelsten Sorte. So viele fühlen sich berufen, auf anderen herumzuhacken, sie zu kritisieren, ihnen ungefragt Ratschläge zu erteilen und alles besser zu wissen.

Wie viele Mütter kennen die Diskussionen mit ihren Partnern, Schwiegereltern, Arbeitskollegen: *»Beschwere dich doch nicht! Du darfst den ganzen Tag zu Hause sitzen, während andere zur Arbeit gehen.«* Tja ... »zu Hause sitzen«, das merken wir gerade alle, ist nicht so romantisch verträumt, wie es klingen mag. Es erfordert sehr viel mehr Kraft, als viele denken. Denn es bedeutet Verzicht. Dieser wurde bisher mit Aussagen wie: *»Aber warum beschwerst du dich, du hast doch so etwas Tolles wie ein Kind«*, niedergeschmettert. Das eine hat mit dem anderen allerdings so wenig zu tun wie ein Skilift mit der Sahara.

Nein, selbstverständlich lässt sich das Virus nicht mit einem Kind vergleichen. Darum geht es mir nicht. Sondern um die Parallelen, die ich beobachte, aufzuzeigen und zu mehr Empathie mit Müttern aufzurufen. Es kann sein, dass sich nach der Ausgangsbeschränkung nichts ändern wird und alle so schnell wie möglich zu business as usual zurückkehren. Das fände ich schade. Wenn wir genau hinsehen, fallen uns gerade viele Missstände auf an dem, was bisher unser business as usual war. Für manche mag es das Gefühl des Getrieben-Seins sein, für andere die Unterbezahlung unserer Pflegekräfte. Für mich ist es das Ansehen und die Behandlung von Müttern in Deutschland wie in Österreich und der Schweiz.

Wenn Solidarität, Menschlichkeit und Empathie gerade die Werte sind, die uns zusammenhalten und aus der Krise befreien, dann ziehe ich den Kreis noch weiter und sage: Das ist genau das, was unser Bild vom Muttersein braucht.

Brich dein Schweigen, sprich an, was dir missfällt, und ziehe deine Konsequenzen

Mom-Shamerinnen sind als Drachen getarnte, lästige Mücken, die sich aufplustern, weil sie denken, es wäre ihr Job, dies zu tun.

 SIEH DIE MÜCKE, NICHT DEN DRACHEN UND DEIN TAG IST GERETTET.

Manches Mal kannst du den Brand, den sie beim Toben gelegt haben, eigenständig löschen, manches Mal musst du dir dazu Hilfe holen. In dem verhältnismäßig harmlosen Beispiel weiter vorne, wo eine Fremde ungefragt die Haarlänge des Kindes anspricht, gelingt es dir vermutlich deutlich besser, einfach weiter im Sand zu spielen, als in eine Diskussion über Haarschnitte und Erziehung zu verfallen. Vielleicht sagst du: »*Pssst ... kommen Sie mal näher, ich verrate Ihnen ein Geheimnis. Ich habe mal in einem sehr weisen Insider-Buch gelesen, dass langes Haar Glück und enormen Wohlstand bringen. Vielleicht versuchen Sie es auch mal, kann nicht schaden, es auszuprobieren.*« Oder du sagst: »*Bedauerlicherweise hat mein Kind eine Scherenallergie, so wie auch ich. Wir sind deshalb in Behandlung. Sobald wir kurzes Haar haben, sehen Sie, dass sie gewirkt hat.*« Oder du sagst: »*Ich glaube nicht, dass Sie die Frisur meines Kindes etwas angeht. Gern möchte ich mit meinem Kind, ohne externe Ratschläge, weiterspielen.*« Oder: »*Wissen Sie, es ist schon erstaunlich, wie übergriffig manche Menschen sind, finden Sie nicht auch?*«

Je nachdem, ob du eher jemand bist, der humorvoll mit anderen interagiert oder Klartext spricht, finde eine Antwort auf Mom-Shaming, die dir und deiner Persönlichkeit entspricht und hinter der du stehen kannst. Manches Mal braucht das Zeit herauszufinden, was zu uns passt, und andere Male erlernen wir, dass sie situativ entschieden werden muss.

Dann gibt es wieder Vorfälle, die uns eine passende Reaktion deutlich schwerer machen:

Lisa, 44, Mutter von zwei Söhnen, erzählt: »*Einfach so, aus dem Nichts heraus, stapfte eine Mutter am Schulfest zu uns und sagte vor allen anderen Eltern mit lauter Stimme neben meinen Söhnen: ›Na, der eine ist ja viel dicker und hässlicher als der andere, war da der Postbote am Werk!? Man hört ja so einiges, Stichwort: Kuckuckskind.‹ Sie lachte laut los und dachte wohl, diese miese Verleumdung sei nur ein schlechter Scherz gewesen. Mir verging jedoch alles. Ich brach in Tränen aus, schnappte meine Jungs und verschanzte mich zu Hause. Es ging sogar so weit, dass ich meine Söhne von der Schule nahm. Jetzt habe ich ständig Angst, dass uns das wieder passiert. Ich kann ja nicht immer Schule wechseln, sobald uns wer so blöd kommt, oder?*«

Nein, das geht wirklich nicht. Wir können uns nicht immer verstecken, so tun, als wäre nichts passiert, oder davonlaufen. Manches Mal, wie in dem Beispiel von Lisa, ist es unabdingbar, dass wir kontern. Entweder, indem wir klar sagen: »*Ich fordere von dir, dass du diese Beleidigung und falsche Annahme sofort vor allen Anwesenden zurücknimmst und dich bei uns entschuldigst!*«

Geschieht dies nicht und die Mom-Shamerin bleibt bei ihrer Meinung, müssen wir zum verbalen Gegenschlag mit darauffolgendem K.o. ausholen und sagen: »*Wie ich sehe, bist du dazu nicht gewillt, also sehe ich mich dazu gezwungen, diesen Vorfall beim Rektor zu melden. Solltest du dich danach noch immer nicht entschuldigen und deine Aussagen nicht zurücknehmen, werde ich anwaltliche Schritte einleiten.*«

ES IST GLEICHGÜLTIG, WAS ANDERE ÜBER UNS DENKEN, ABER NIEMALS, WAS SIE ÜBER UNS SAGEN.

Genau das ist der bedeutsame Unterschied in der Reaktion auf Mom-Shaming. Und ja, ich weiß, es ist manches Mal alles andere als einfach, spontan zu kontern, und oft genug fällt uns eine passende Antwort erst im Nachhinein ein. Sobald andere Dinge über uns oder unsere Kinder erzählen, die falsch, verletzend und rufschädigend sind, müssen wir intervenieren. Es ist nicht immer notwendig, dies sofort zu tun, aber in jedem Fall im Anschluss. Du darfst Mom-Shaming in so einem unverschämten Ausmaß niemals auf dir sitzen lassen. Denn dadurch signalisierst du: »Mit mir kann man sich alles erlauben.«

Wir sollten also stets reagieren, aber wie? Nicht, indem wir ebenso Mom-Shaming betreiben oder mit gleichen Waffen zurückschlagen, sondern indem wir klar unsere Stellung beziehen und uns gegebenenfalls Hilfe von Experten holen. Wenn wir jedoch schweigen oder davonlaufen, wütend werden, toben oder zurückschlagen, machen wir uns erst recht zum Opfer oder gar zur Täterin. Dadurch wird dieser Teufelskreis nie enden.

Denn was wir in Wahrheit erreichen wollen, wenn uns jemand ungerechtfertigt anklagt, ist die Befreiung der Abhängigkeit zu ihnen. Abhängig machen wir uns dann, wenn wir erlauben, dass es ihnen gelingt, uns aus der Fassung zu bringen. Wenn wir hingegen lernen, im Angesicht von Mom-Shaming uns selbst, unseren Bedürfnissen, Werten und Grenzen treu zu bleiben, ohne den anderen genauso zu verletzen, wie er es bei uns getan hat, dann befreien wir uns von Mom-Shaming und der Müttermafia. Das braucht Zeit und Übung und in jedem Fall unsere Entscheidung dazu.

Die Wahl zu haben, sich im Angesicht von Mom-Shaming entscheiden zu können, wie wir reagieren, bedeutet letzten Endes Frieden und Freiheit. Wir befreien uns aus emotionalen Mom-Shaming-Notsituationen, indem wir lernen, bei uns zu bleiben.

Im Spiegel findest du die Lösung für alle Mom-Shaming-Probleme

Die Lösung für viele Mom-Shaming-Probleme ist die simple Erkenntnis, dass wir ein großes Geschenk erhalten haben, indem wir erwachsen geworden sind. Zum Erwachsensein gehört dazu, dass wir nicht mehr alles hinnehmen müssen, was uns vorgesetzt wird. Wir können großteils und anders als in Kindheitstagen selbst entscheiden, wie wir leben, wie wir unsere Zeit verbringen und mit wem wir das tun. Wir können auch entscheiden, ob wir uns alles gefallen lassen oder Ungerechtigkeiten entgegenhalten und frei entscheiden, in welcher Form wir das tun. Denn wenn wir erwachsen sind, sind wir mit einer deutlich höheren Wahrscheinlichkeit dazu in der Lage, uns von Ungerechtigkeiten und Abhängigkeit zu befreien. Manches Mal brauchen wir dabei Hilfe, einfach deshalb, weil wir, wie du jetzt gelernt hast, in alten Mustern und längst abgetragenen Schuhen feststecken und deshalb oftmals vor lauter Wald den Baum nicht sehen.

Wir sind, sobald wir das erkannt haben, frei zu sagen, was wir uns wünschen, was wir nicht mehr wollen oder zu ändern bereit sind. Genauso sind wir dazu in der Lage, uns bewusst von Menschen zu trennen, die uns nicht guttun, oder mit all jenen Lösungen zu finden, die wir lieben. Es muss weder unnötige Dramen im eigenen Leben geben noch Menschen, die diese in unser Leben bringen. Sobald wir das begriffen haben, wählen wir die Art und Weise, mit anderen umzugehen, deutlich bewusster und lassen die Dinge nicht mehr einfach so über uns geschehen.

Wir wehren uns allerdings oftmals lange gegen diese Tatsache, denn Erwachsensein beinhaltet auch jede Menge Verantwortung. Sobald es ungemütlich wird, geben wir diese erst mal lieber ab. Ein völlig menschliches Verhalten, aber nicht immer sinnvoll. Wir halten Ausschau wie früher, nach »dem einen«, der die Dinge für uns leichter macht, bereinigt und sie uns abnimmt. Wir wollen oftmals lange nicht sehen, dass wir diesen einen in Wahrheit ganz in unserer Nähe vorfinden, *und zwar vor uns im Spiegel.*

Solange wir danach suchen, dass andere uns Liebe, Sicherheit, Aufmerksamkeit oder eine Daseinsberechtigung im Leben geben, sind wir sehr anfällig für Enttäuschungen und Abhängigkeit.

Wir glauben, wie damals als Kind, wir wären auf die Zuneigung und Fürsprache Dritter angewiesen und hätten nicht das Recht, eine eigene von ihnen unabhängige Meinung zu haben. Sicherlich tun wir das auch noch lange ins Erwachsenenleben hinein, weil wir Angst vor den möglichen Konsequenzen haben, vor allem dann, wenn wir einen Fehler machen. Wenn wir uns selbst die Chance nehmen, Fehler zu machen, berauben wir uns eines Werts, nach dem sich viele sehnen: der eigenen Freiheit.

Dies festzustellen, endet, wie schon häufig erwähnt, in Gefühlen von Wut, die sich in Mom-Shaming äußert, oder in Traurigkeit, die sich in Depressionen zeigt. Denn wir alle wollen letzten Endes frei sein. Frei von Dramen, Schuldgefühlen, Schmerzen, Mangeldenken und Mom-Shaming. Der Preis dafür beinhaltet nun mal die Bereitschaft, die Konsequenzen für alles zu tragen, was wir tun oder nicht tun.

WENN DU MOM-SHAMING IN DEINEM LEBEN ZULÄSST, IST DER PREIS DAFÜR, DASS DU DEINE INNERE FREIHEIT EINBÜẞT.

Logisch, denn solange wir zulassen, dass andere uns bevormunden, ohne unsere Grenzen klar aufzuzeigen, erlauben wir ihnen, uns wie ein kleines, hilfloses Kind zu dominieren, und wir berauben uns selbst, erwachsen und somit frei zu sein.

Solange wir da draußen nach »dem einen« suchen, der uns das Gefühl gibt, geliebt und wertvoll zu sein, sind wir genauso von anderen abhängig, ob wir wollen oder nicht. Deshalb ist es so wichtig, sich Umstände im Leben zu kreieren, in denen wir uns wohl und geborgen fühlen können und hinter denen wir stehen können.

Klara, 36, ein Kind, erzählt: »*Ich hätte nie gedacht, welch großen Einfluss mein Umfeld auf mich hat, bis ich mich damit beschäftigt habe. Es gab da ein paar Freundinnen, die mich zwar mochten, aber mir gleichzeitig auch offenkundig das Gefühl gaben, nicht gut genug zu sein. Sie fanden immer irgendwas, was ich besser machen könnte, und das nervte mit der Zeit enorm. Früher grämte ich mich deshalb und hatte das Gefühl, nicht gut genug zu sein. Ich begann damit, mir jedes Mal, bevor es ein gemeinsames Treffen gab, im Job und zu Hause extra viel Mühe zu geben, nur um von meinen Leistungen berichten zu können. Dann, als ich nicht mehr konnte und müde und ausgelaugt war, beschäftigte ich mich mit mir selbst und erkannte, dass ich es war, die diese Freundschaften gewählt hatte. Außerdem war ich es, die sich extra viel Mühe gegeben hatte, anstatt die Wahrheit zu sagen. Plötzlich wusste ich, dass ich mein Leben selbst in die Hand nehmen musste. Ich lernte neue Menschen kennen. Menschen, die mich auch mit meinen Fehlern gut fanden, aber auch wertschätzend Kritik äußer-*

ten, wenn ich sie danach fragte. Das ist jetzt fünf Jahre her und mein Leben ist ein vollkommen anderes als vorher. Nur deshalb, weil ich niemandem mehr hinterherlaufe, der mich einfach nur duldet.«

Gerade nahe Freundschaften haben einen großen Einfluss auf uns. Es macht einen Unterschied, ob wir von einer Freundin hören: »*Immer tust du so, als wärst du die bessere Mutter, dabei machst du permanent Fehler*«, oder: »*Ich fühle mich manches Mal unfähig, eine gute Mama zu sein, ich weiß nicht, woran das liegt. Kann es sein, dass auch du sehr darauf bedacht bist, alles richtig zu machen, genauso wie ich es auch bin? Manches Mal hab ich Lust, einfach mal die Mama-Performance sein zu lassen und mit dir zusammen auf der Sonnenliege abzuhängen.*«

Es gibt keine anstrengenderen Zeitgenossen als jene, die sich selbst nicht hinterfragen und denken, alle anderen hätten einen an der Waffel, nur nicht sie selbst. Es gibt aber auch keine angenehmeren als jene, die sich reflektieren und in den konstruktiven Dialog gehen können.

Elena, 52, vier Kinder: »*Das Leben mit meinem Mann und seiner Mutter war die Hölle. Wir lebten im Obergeschoß, sie im unteren Stockwerk. Mutter und Sohn hielten ein Leben lang zusammen und ich war das fünfte Rad am Wagen. Keiner der beiden sah ein, dass es an der Zeit war, dass mein Mann endlich erwachsen wird und sich aus den Fängen seiner Mutter befreien musste. Ich kämpfte viel zu lange darum, dass ich endlich von ihr anerkannt wurde und er zu mir stehen würde. Egal worum es ging, er verteidigte sie und letzten Endes wurde es so gemacht, wie die zwei wollten. Ich kann mir heute gar nicht mehr vorstellen, wie ich es geschafft habe, dort zu überleben. Ich muss irgendwie funktioniert haben. Eines Tages sagte meine jüngste Tochter zu mir: ›Mama, bald werde auch ich ausziehen und du wirst weiter in dieser Hölle schmoren. Wie lange willst du noch am Spieß von Oma gegrillt werden?‹ Ich war entsetzt und schockiert darüber, dass sie mich so sah. Es dauerte einige Jahre, bis ich die Kraft hatte, diese Hölle zu verlassen, und erkannte, dass es an mir liegt, etwas zu ändern. Es war das Beste, was ich tun konnte. Erwachsen, frei und unabhängig werden. Genau das, was ich mir so lange von meinem Mann wünschte, war es, was ich mir selbst schenken musste.«*

Handle! Mit 10 Punkten, die dir weiterhelfen

Darauf zu warten, dass andere sich verändern, ist im Grunde nichts anderes als ein Akt der Selbstopferung und deshalb stets vergeblich. Wenn Mom-Shaming passiert, glauben viele, der andere müsste sich ändern. Ja, wenn wir eine Zauberfee neben uns stehen hätten, dann wäre das wohl möglich. Doch im realen Leben, so gerechtfertigt unser Wunsch auch sein mag, funktioniert das nun einmal selten.

Dieser Tatsache müssen wir uns stellen. Auch das gehört zum Leben eines Erwachsenen dazu. Das Wissen, dass es niemand außer uns selbst regeln kann, erleichtert es, sich dem eigenen Schicksal zu stellen und sich aus dessen Ketten zu befreien. Genauso wie die Tatsache anzuerkennen, dass es vermutlich immer Mom-Shaming geben wird, wir jedoch zunehmend mehr Menschen darauf sensibilisieren können, damit es letzten Endes die Chance hat, deutlich weniger Mütter zu verletzen. Andere Menschen bleiben so lange, wie sie sind, bis sie sich selbst dazu entschließen, sich zu ändern. Es ist nun mal ein Fakt, dass die meisten Menschen der Ansicht sind, nichts an der Art, wie sie mit anderen umgehen, ändern zu müssen. Gerade Mom-Shamer sind oftmals der festen Überzeugung, ihre Einstellung wäre die richtige. Bis eine Änderung bei ihnen geschieht, kann es also lange dauern und wir sollten unsere kostbare Lebzeit nicht mit dem Warten darauf verbringen.

WIR SIND DAZU AUFGEFORDERT, GENAU DAS IN UNSEREM LEBEN ZU ÄNDERN, WAS UNS MISSFÄLLT.

Wenn wir uns in einem Umfeld aufhalten, das uns als Mutter weder respektiert noch wertschätzt, oder wir permanentem Mom-Shaming ausgesetzt sind, dann sind wir dazu aufgefordert zu handeln. Manches Mal kann das bedeuten, dass wir unser eigenes Verhalten überdenken sollten, weil unsere Anforderungen an andere oder uns selbst zu hoch sind. Andere Male können uns auch folgende zehn Punkte weiterhelfen.

1. Kommuniziere klar und deutlich, was du brauchst und willst. Denn nur so hat dein Gegenüber die Chance, dich zu verstehen.
2. Lerne, trotz Widerständen deinen Standpunkt klar zu vertreten. Vor allem dann, wenn du ihn ausreichend geprüft und für gut befunden hast.
3. Baue deinen Selbstwert so weit aus, dass du in immer kürzer andauernden Zeitspannen erkennen kannst, wer dir guttut und wer nicht, und lerne entsprechende Konsequenzen zu ziehen. Am besten frei von unnötigen Dramen.
4. Mach dich unabhängig von Menschen, die dir schaden oder übel nachreden, ohne Groll im Herzen mit dir herumzutragen.
5. Hole dir Hilfe von Expertinnen und Experten und bitte sie um Unterstützung.
6. Brich dein Schweigen und schlucke nicht mehr wie ein hilfloses Kind alles runter, was dir serviert wird.

7. Lerne wahrzunehmen, wann dir etwas zu viel ist und wo deine Grenzen liegen.
8. Erkenne, dass deine Vergangenheit und deine Kindheit womöglich einen größeren Einfluss auf dein heutiges Leben haben als bisher gedacht. Mach sie aber nicht schlimmer und somit zum Sündenbock für dein Leben. Denn darüber entscheidest du nun selbst, was auch immer gestern passiert ist.
9. Hör damit auf, andere für deine Misere verantwortlich zu machen. Beginne vielmehr damit, die Verantwortung für dich und dein Leben zu übernehmen.
10. Erstelle eine Liste mit Menschen und Dingen, die dir guttun, und sorge dafür, dass sie ein Teil deines Lebens werden und bleiben.

Solange wir unsere Eltern oder andere Menschen auf einen Sockel stellen, indem wir ihrer Liebe und Anerkennung oder auch Wiedergutmachung hinterherlaufen, können wir nicht wirklich erwachsen werden und uns frei fühlen.

Das innere Kind von Elena wartete darauf, aus dieser Not befreit zu werden. Ihr Mann und die Schwiegermutter sollten sich ändern oder die Zeit alles wieder besser machen. Manche warten auf Gott, andere sogar darauf, dass jemand sie verlässt, das Zeitliche segnet und sie ihn los sind. Die Realität ist, dass nur wir selbst uns aus dieser Lage befreien können und der Glaube, es nicht zu können, der Einzige ist, der sterben muss.

Ein Satz, der dich groß macht

Damit wir diese Freiheit erlangen, ist es wichtig, dass wir uns selbst in die Lage versetzen, sagen zu können:

»Mama und Papa, x oder y, ich sehe, dass ich mich lange nach eurer Liebe, eurem Zuspruch und eurer Anerkennung

gesehnt habe. Ich weiß, dass ich ein Recht auf diese Sehnsucht habe, und dennoch blockiert sie mich dabei, erwachsen zu werden. Ich sehe dich, Mama, nun auch als Frau mit Sehnsüchten, Träumen, Traumata und erloschenen Hoffnungen und nicht nur als meine Beschützerin, und dich, Papa, als Mann, der auch Träume, Wünsche und Traumata hat, und nicht nur als meinen Versorger. Indem ich euch vom elterlichen Thron stoße, kann ich eure Menschlichkeit erkennen und euch näher sein als je zuvor, als euer Kind, aber auch als erwachsene Frau.

 ICH BIN ICH UND IHR SEID IHR.

Ich lebe mein Leben und ihr lebt das eure und das ist gut so. Ich trage mein Schicksal, meine Last und meine Ängste und ich gebe euch eure zurück. Indem ich euch eure Bürde zurückgebe, gebe ich euch auch die Würde zurück, diese selbst tragen zu können. Ich erkenne mein Schicksal, euer Kind zu sein, an und kämpfe nicht mehr dagegen an, denn das saugt mir die Lebenskraft aus den Adern. Ich danke euch, vor allem für euren Segen.«

Wann wir dazu bereit sind, diese Sätze innerlich und mit ganzem Herzen auszusprechen, obliegt natürlich jedem von uns selbst und manches Mal braucht es sehr viel Zeit, dazu in der Lage zu sein.

Ich habe die Erfahrung gemacht, dass sich, sobald sie gesagt wurden, eine innere Entlastung und Freiheit einstellt und es möglich ist, endlich den eigenen Weg gehen zu können. Dann erst gelingt es auch, nicht mehr andere oder uns selbst schlechtzureden, sondern in die Hände zu spucken und nach Lösungen zu suchen. Fällt es dennoch schwer, tun wir gut daran, uns an die Weisheit eines Mönches zu halten,

der so lange folgende drei Fragen stellt, bis Scham, Schuld und Verurteilung ein Ende finden.
1. Was hat dir derjenige, den du ablehnst, gegeben?
2. Was hast du ihm gegeben?
3. Wo hatte er oder sie es schwer mit dir?

Die 4. Frage: »Wo hattest du es schwer mit dieser Person?«, wird nicht gestellt, denn sie ist die eine, die wir uns ein Leben lang stellen und eine Begründung dafür suchen, warum wir das Recht haben, andere abzulehnen, zu verurteilen oder zu verletzen. Sobald es uns gelingt, den Fokus auf die drei wichtigsten Fragen zu lenken, werden wir herausfinden, dass wir einander von Herzen verstehen können.

Und erst dann, wenn der Großteil der »erwachsenen Kleinkinder« dazu bereit ist, in eine Beziehung zu und mit anderen, ohne Mom-Shaming, zu treten, ist dies möglich.

Bis dahin wirst du für andere Menschen die Elternrolle übernehmen, sie beschämen, erziehen, bestrafen, verherrlichen oder verteufeln und das kann verdammt anstrengend sein, wenn es sich um deinen Mann oder gar die Schwiegermutter, Freundinnen oder andere Eltern handelt. Diese tiefen inneren Verstrickungen machen es so schwierig, Mom-Shaming zu stoppen, aber niemals unmöglich.

Denn ein jeder von uns ist seines Glückes eigener Schmied und dieser Satz hat nach dem Lesen dieses Buches sicherlich eine völlig neue Bedeutung für dich.

VON MOM-SHAMING ZU MOM-HEALING

Danke dafür, dass es dich gibt und wir miteinander ein Stück des Weges gegangen sind.

Lass niemals zu, dass Menschen dich umgeben, die dich daran hindern, dich von alten und schädlichen Dogmen zu befreien.

Deine Zeit ist limitiert. Also vergeude sie nicht damit, das Leben eines anderen zu leben. Erlaube der Stimme anderer nicht, deine eigene verstummen zu lassen.

Und am wichtigsten: Habe den Mut, deinem Herzen und deiner Intuition zu folgen. Denn die beiden wissen bereits, wer du wirklich sein möchtest und bist.

Alles andere ist zweitrangig.

Leg die Waffen nieder, denn du musst niemandem durch Kampf beweisen, wie kostbar und wertvoll du bist.

Vergib dir selbst. Vergib anderen. Sprich über deine Gefühle und suche dir Unterstützung.

Investiere in alles, was dir Freude und anderen Nutzen bringt.

Lass dich niemals dazu verleiten, über andere schlecht zu reden, sie zu verurteilen oder sie zu diffamieren.

Mach den Weg frei, um die zu sein, die schon lange in dir schlummert. Ermutige andere, dir zu folgen. Du bist dazu bereit.

Sieh dich um und übe dich darin, Dankbarkeit für all das zu empfinden, was dich umgibt. Trenne dich von jenen, die dich davon abhalten, und opfere niemals deinen inneren Frieden für sie.

Schau liebevoll in die Augen deines Kindes, setz dich an sein Bett, wenn es schläft und wisse:

 **DU GIBST TÄGLICH DEIN BESTES ...
WAS AUCH IMMER GESCHIEHT**

Deine Katharina.

Anhang

Seminare und Links

Link zur MINDSHIFT Website: www.mindshift.family
Link zur STOP MOMSHAMING Website:
www.stopmomshaming.com
Link zum MINDSHIFT Podcast:
mindshift.buzzsprout.com/
Link zur »The Process Masterclass«:
www.mindshift.family/mindshift-business-masterclass/
Link zum Seminar »Von Mom-Shaming zu Mom-Healing«:
www.mindshift.family/mom-healing

Quellen und Buchempfehlungen

Das Kind in dir muss Heimat finden, Stefanie Stahl
Jeder ist beziehungsfähig, Stefanie Stahl
Lieben, was ist, Byron Katie
Rückkehr zur Liebe, Marianne Williamson
Bindungsstörungen: Von der Bindungstheorie zur Therapie, Dr. Karl Heinz Brisch
SAFE Sichere Ausbildung für Eltern, Dr. Karl Heinz Brisch
Schwangerschaft und Geburt, Dr. Karl Heinz Brisch
Familien unter HOCH STRESS, Dr. Karl Heinz Brisch
Bindung und emotionale Gewalt, Dr. Karl Heinz Brisch
Bindung und frühe Störung der Entwicklung, Dr. Karl Heinz Brisch
Body Encyclopedia: A Guide to the Psychological Functions of the Muscular System, Lisbeth Marcher und Sonja Fich
Silent Domestic Victims, Robert Heal
Frühes Trauma, Franz Ruppert

Traumasensible Paartherapie, Dr. Katharina Klees
Warum bist du immer so, Dr. Sabine und Roland Bösel
Leih mir dein Ohr und ich schenk dir mein Herz, Dr. Sabine und Roland Bösel
Ändere deine Gedanken und dein Leben ändert sich, Dr. Wayne Dyer
Himmel auf Erden ist kein Ort, es ist eine Entscheidung, Dr. Wayne Dyer
Gespräche mit Gott, Neale D. Walsch
Life's golden Ticket, Brendon Burchard
Das Robbins Power Prinzip, Tony Robbins
Frauen brauchen Männer, Raphael M. Bonelli
Perfektionismus, Wenn das Soll zum Muss wird, Raphael M. Bonelli
Ohrfeige für die Seele, Bärbel Wardetzki
Souverän und selbstbewusst, der gelassene Umgang mit Selbstzweifel, Bärbel Wardetzki
Weiblicher Narzissmus, Bärbel Wardetzki
Sarah und die Eule, Esther und Jerry Hicks
Der Alchemist, Paulo Coelho
Der Wanderer, Paulo Coelho
Aleph, Paulo Coelho
Wie man Freunde gewinnt, Dale Carnegie
Denke nach und werde reich, Napoleon Hill
Ich bin, was ich denke, Louise L. Hay
Digitale Brandstiftung, Norman Müller
Ein Kurs in Wundern, Dr. Helen Schucman
Werde übernatürlich, Dr. Joe Dispenza
One Spirit Medicine, Dr. Alberto Villoldo
Seelenrückholung, Dr. Alberto Villoldo
Die vier Einsichten, Dr. Alberto Villoldo
Was ist bloß mit meinem Gehirn los? Datis Kharrazian
Faszinierendes Gehirn, Henning Beck
maiLab, You Tube Kanal, Gender Pay Gap
IAB Institut für Arbeitsmarkt und Forschung, Studie 2019
Bertelsmannstiftung, Studie aus 07/2020
Werde übernatürlich, Joe Dispenza

Ärzteblatt, Feber 2017
Antidiskriminierungsstelle des Bundes; Studie mit 27.000 Befragunge in Schweden USA und Japan
Wikipedia, WHO
Mansuy Isabelle, Departement Gesundheitswissenschaften und Technologie, ETH, Zürich
UN Studie und Schweizer Bundesamt für Statistik
Max-Planck-Institut, Connellys, Labor Universität Virginia
www.naikan.de

Hinweis: Sämtliche Fallbeispiele wurden namentlich abgeändert oder nach Wunsch beibehalten, jedoch wurden die Geschichte anonymisiert oder freigegeben.

Susanne Wendel

Heute komme ich zuerst
Lieben und leben ohne Kompromisse

Vergiss alles, was du über Männer, Frauen, Liebe und Sex denkst

Die meisten Menschen verbringen ihr Leben als Erwachsene angepasst an Alltagstrott und die Erwartung anderer, gewöhnt an Streit und innere Langeweile. Vor allem Frauen kommen mit ihren Wünschen oft zu kurz. Irgendwann führen ständige Kompromisse zu Frust, Wut, Lebenskrisen und zur Feststellung: »Das kann doch noch nicht alles im Leben gewesen sein!«

Bestseller-Autorin **Susanne Wendel** zeigt, wie radikale Richtungsänderungen, kompromissloses Eingestehen eigener Wünsche, klare Ansagen und Offenheit für völlig neue Lebenskonzepte eine neue Liebens- und Lebensqualität ermöglichen.

Sie ermuntert zu einem Ausstieg aus der Gewöhnlichkeit – zu einem Leben ohne Kompromisse.

Klappenbroschur 288 Seiten
Format 13,5 x 21,5 cm
ISBN: 978-3-99060-095-5

Preis: 17,95 €

Bestellen Sie unter +43 (0) 1 505 43 76-30 oder per Fax: +43 (0) 1 505 43 76-20 oder unter verlag@goldegg-verlag.com

Dr. Marcus Täuber

GEDANKEN ALS MEDIZIN

Wie Sie mit Erkenntnissen der Hirnforschung die mentale Selbstheilung aktivieren

Leben positiv denkende Menschen wirklich länger? Können wir mit der Kraft der Gedanken sogar schwere Krankheiten besiegen oder hoffnungslose medizinische Prognosen umdrehen? Was geschieht im Kopf, wenn uns jemand Hände auflegt, mit Akupunkturnadeln piekst oder wir schamanischen Trommeln lauschen?

Dr. Marcus Täuber enthüllt den neuesten Stand der Forschung zur Heilkraft unserer Psyche und wartet dabei mit brisanten Überraschungen auf. Er zeigt, dass Gedanken eine direkte Wirkung auf unsere Gesundheit haben und als Medizin genutzt werden können.

Taschenbuch 184 Seiten
Format 13,5x21,5cm
ISBN: 978-3-99060-152-5

Preis: 22,00 €

Bestellen Sie unter +43 (0) 1 505 43 76-30 oder unter verlag@goldegg-verlag.com

Richard Schneebauer

MÄNNERHERZ

Was Männer bewegt: Freiheit, Beziehung, Selbstbestimmung

Was will das Männerherz?

Viele Männer haben einen inneren Drang nach gelungenen Beziehungen und einem freien, selbstbestimmten Leben – doch die Realität sieht oft anders aus. Im Job, in ihren Freundschaften, im Alltag und in der Liebe fühlen sich mehr und mehr Männer durchs Leben getrieben und suchen ihren Platz. Wie finden sie ihn?

Männer wollen frei und gebunden sein: In jeder Partnerschaft unterscheidet sich der Wunsch beider Partner nach mehr oder weniger Nähe, nach mehr oder weniger Distanz. Wie lässt sich dieses Beziehungsdilemma lösen? Wie lassen sich Geborgenheit und Freiheit vereinbaren?

Klappenbroschur 200 Seiten
Format 13,5x21,5cm
ISBN: 978-3-99060-153-2

Preis: 22,⁰⁰ €

Bestellen Sie unter +43 (0) 1 505 43 76-30 oder unter verlag@goldegg-verlag.com